卓球 練習メニュー200
打ち方と戦術の基本

JOCエリートアカデミー総監督
元日本代表男子監督
宮﨑義仁 監修

はじめに

　近年、男子シングルスでは、中国選手が世界のトップに立っています。彼らがどうして世界選手権やオリンピックで勝ち続けられるのでしょうか？
　私は特に、次の二つが秀でているからだと思います。
　ひとつ目は「最新の卓球技術を身につけていること」。台上チキータ、台上ドライブというのが近年の最新の技術ですが、その技術を世界で一番取り入れているのが間違いなく中国選手です。
　ふたつ目は「最高のフィジカルを持っていること」。世界のトップ選手の中で、中国選手は最高のフィジカルを持っています。彼らの筋金入りの体から繰り出される技は、威力も切れ味も抜き出ています。
　では、どうやったら彼らのように強くなれるのでしょうか。
　プロの卓球選手以外は、一日の練習時間が限られます。その限られた時間の中でいかに効率を上げ、実のある練習をできるかが、上達のカギとなります。
　効率的な練習をするには、「練習相手」を作らないことです。
　たとえば、2人であらかじめコースが定められたシステム練習をするとき、「球出し役」と「ボールを打つ選手」に分かれるとしましょう。そうすると、「球出し役」は、「ボールを打つ選手」にとっての「練習相手」になってしまいますから、意味のある練習ができません。
　どちらにとっても有意義な練習となるよう、時折違うコースに打ったり、最後はオールでラリーしたりするなど、やり方を工夫することが重要です。
　卓球というスポーツは、単に打球の速さや動きのスピードを求める競技ではありません。他のスポーツでは「心技体」が求められますが、卓球はそこに「智」も必要です。
　この本では基本的な技術や、世界で最先端の技術、そして、それを身につけるための練習方法を紹介しています。また、日本のナショナルチームが行う練習や、「練習相手を作らない」効率的な練習方法(※)、さらには卓球に最低限必要な最新のフィジカルトレーニングを紹介しています。
　これらが皆さんの「智」の向上に少しでもお役に立てばと思います。

JOCエリートアカデミー総監督
元日本代表男子 監督　**宮﨑 義仁**

※「練習相手」を作らない工夫は、本書の練習メニューで紹介しています。特徴的なメニューには、目次(P17〜26)に＊印をつけています。

お読みいただく前に　**本書の見方・使い方**

このページでは、本書の構成と見方を紹介します。
本書をご覧いただく前にお読みください。

1　本書全体の構成

各章は下記の要素で構成されています。
技術解説や基本概念を読んで練習の目的を明確にしてから、練習メニューに取り組んでください。

●「技術解説」ページ

技術解説

各章で登場する、習得してもらいたい技術を連続写真と文章で解説しています。ここで紹介する技術を理解してから、練習に入ってください。

基本概念

戦術や考え方などをまとめています。練習の効果を上げるためにも、理論を理解してから練習に取り組んでください。

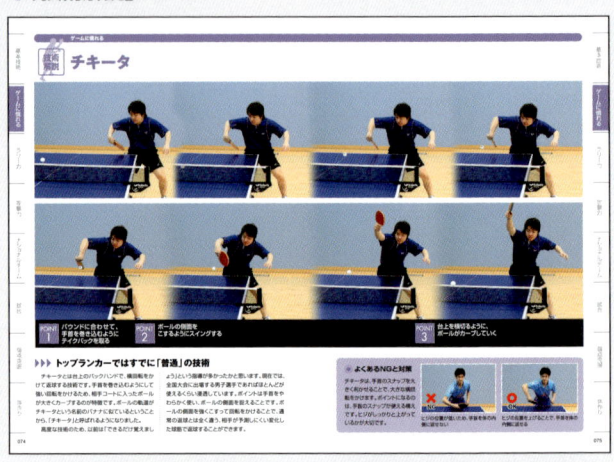

●「練習メニュー」ページ

練習メニュー

各章の技術を覚えるための、具体的な練習メニューです。この内容の見方については、次のページで紹介します。

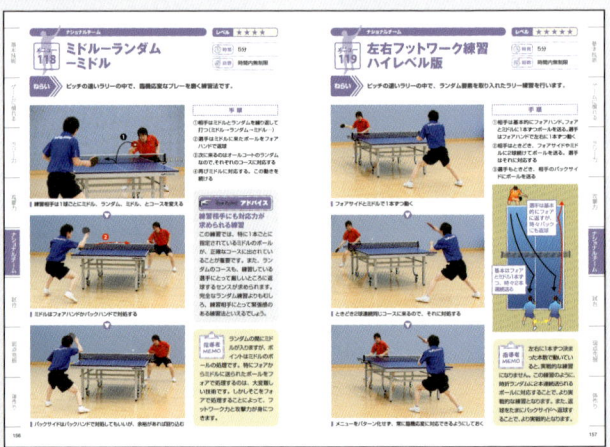

2 練習メニューページの見方

それぞれの練習メニューを、写真やイラストを使って解説しています。

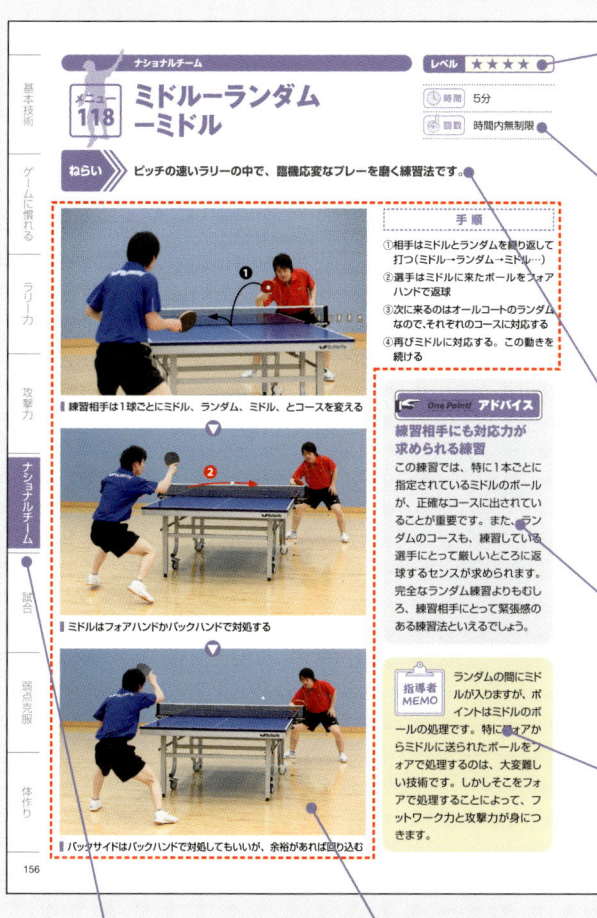

レベル
メニューの難易度を5段階で表しています。★が多いほど、難易度の高い内容になります。

時間・回数
練習にかかる時間や回数を表しています。あくまでも目安ですので、選手の力量や練習人数など、環境に応じてアレンジしてください。

ねらい
練習メニューの主な目的を表しています。

ONE POINT アドバイス
技術の習得に役立つ補足説明などを紹介しています。

指導者MEMO
練習メニューで選手や指導者に気をつけてもらいたいポイントやメニューのアレンジ方法を紹介しています。

簡易インデックス
章ごとに色分けされています。練習したい内容の検索にご利用ください。

写真やイラストと手順
練習のやり方を、写真やイラストと文章で紹介しています。練習全体の流れは手順を、実際の動きは写真やイラストをご覧ください。また、イラスト内の丸数字は、手順の丸数字とリンクしています。

Miyazaki's Coaching Method

宮﨑監督に学ぶ
練習の考え方

卓球の練習における注意点をまとめました。
指導者にも選手にも役立つ内容です。

実際の練習に入る前に、最低限の環境とルール決めをしましょう。

そうすることで、より練習に専念できる環境が生まれ、

同時に不用意なケガや体調不良を予防できます。

ここでは、全日本の合宿や、

JOCエリートアカデミー*で実施している内容を紹介します。

＊日本オリンピック委員会によって開設された「国際大会で活躍できるトップアスリートの育成」を目的とした選手育成プログラム。中学1年生から高校3年生を対象としている。

練習の考え方 その❶
練習環境を整えよう

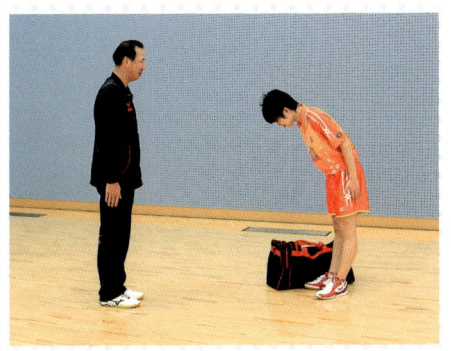

練習場ではきちんと挨拶を

練習場に入るときは「おはようございます!」「お願いします!」、練習が終わって練習場を出るときには、「ありがとうございました!」など、必ず挨拶をする習慣をつけましょう。礼儀正しい態度を身につけることはもちろん、気持ちを「やるぞ!」と高め、だらけず集中した練習環境をつくることにつながります。

靴紐は必ず結びなおす

シューズを履くとき、脱ぐときは、必ず靴紐をほどき、ゆるめましょう。靴紐を結んだまま脱ぎ履きすることが当たり前になっているチームを見かけますが、決してチームのレベルは上がりません。また、ケガ防止の観点からも、シューズの着脱のたびに靴紐をゆるめることは、ルール化しておくべきです。

ボールはたくさん用意しよう

中学校、高校のクラブ活動の時間は限られています。限られた時間の中で効率的に練習するためには、ボールはできるだけたくさん用意しておきましょう。台が5台あるなら、安価なトレーニングボールでいいので、300〜500球くらいは用意しておいてよいでしょう。

球拾いを効率化しよう

防球フェンスで練習環境を囲い、ボールが散らばらないようにしておきます。また、多球練習を行う台には集球ネットがあったほうがよいでしょう。球拾い用のアミは、専用のもの以外にも、ホームセンターなどで売っている虫取りアミでも代用可能です。何本かそろえておきましょう。

練習の考え方 その❷
練習メニューの組み方

ゲーム練習を中心に組み立てる

　卓球の練習メニューにはさまざまなものがありますが、最終的にはそれらはゲーム、試合に結びついていくものです。特に中学校の部活動など、初心者が多い場合、つい基礎練習ばかりでゲーム練習の比率が少なくなってしまいがちです。しかし、ゲーム練習を行うことによってはじめて、「この練習をしたほうがいい」「自分はこの技術を強化したい」といった問題意識が芽生えるのです。

　例えば練習時間が2時間であれば最後の30分は必ずゲーム練習にしたり、「10オールからのゲーム練習（P193）」や「7－9からのゲーム練習（P175）」など、短時間で終わるゲーム練習をプログラムの中に積極的に取り入れていきましょう。

休憩と水分補給はこまめに

　練習は5～15分程度をワンクールとし、1時間程度で休憩を入れ、水分補給を行いましょう。練習メニューは3分程度のものから15分以上かかるものまでさまざまですが、変化のないメニューを10分以上続けることは避けましょう。集中力が低下します。本書では、各メニューの練習時間の目安を上げていますので、参考にしてください。

練習の考え方 その❸
ラリー練習と多球練習の使い分け

　練習には、大きく分けて互いにラリーを打ち合うラリー練習と、多球練習があります。ラリー練習は互いの生きたボールを打ち合うことができるのがメリットですが、互いの技術レベルの違いによって、練習の効果が落ちたり、効率が悪くなってしまうことがあります。

　多球練習は、台の横に大量のボールを置き、それをコーチ役が手にとって球出しをする練習法です。球出し役がボールを出すのでラリー練習に比べて効率的といえますが、あくまで実際のラリーのボールではないというところに注意が必要です。

　多球練習の弱点を補うためには、台の横にボールを置き、ミスをした場合でも球拾いにいかずに次のボールでラリーを再開するという形のラリー練習があります（下図参照）。

　いずれも、メリット、デメリットがありますので、効果的な形を検討してみてください。

ラリー練習

多球練習

効率的なラリー練習
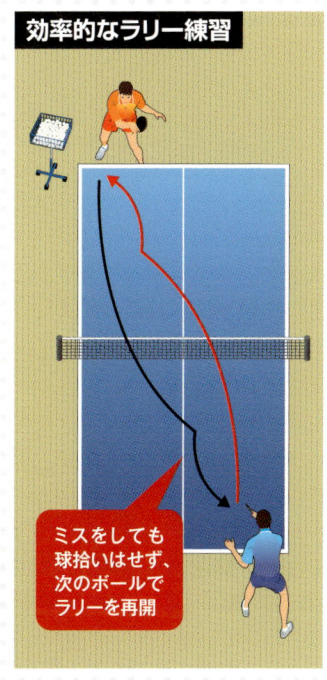

ミスをしても球拾いはせず、次のボールでラリーを再開

こうすれば効率的に、実戦に近い練習ができる。

練習の考え方 その❹
システム練習とフリー練習

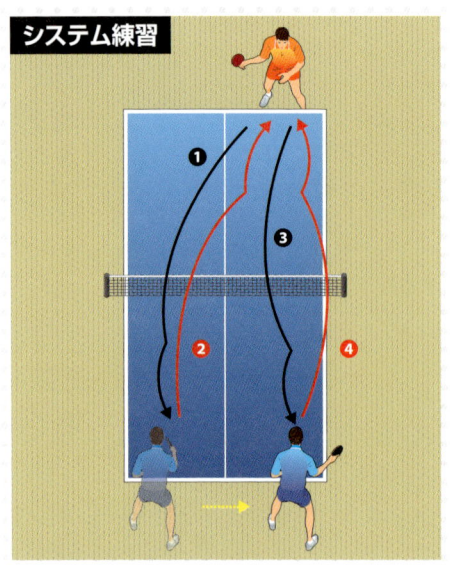

システム練習というのはコースが定められた練習、フリー練習というのはコースが定められていない練習のことです。しかし、現実には、その間にあてはまるような練習が多いでしょう。例えば三球目攻撃練習(P70〜71)などは、三球目攻撃、あるいは五球目攻撃まではある程度コースを決めていますが、その後の展開はオールコートと決めています。

初心者のうちは、コースを決めておかないとミスが増えるため、練習の効率が落ちてしまいます。一方、中級者や上級者の場合は、次第にコースを決めないフリーの要素を増やしていくことによって、さらなる上達へとつながる、質の高い練習メニューに発展していけます。

あらかじめ、お互いがどのように動くのかが決まっているのがシステム練習。

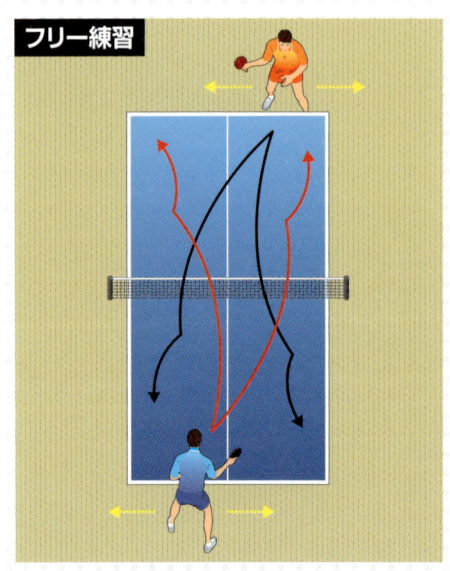

決まり事がないのがフリー練習。生きたボールを打ち合うため、実戦に近い練習となる。

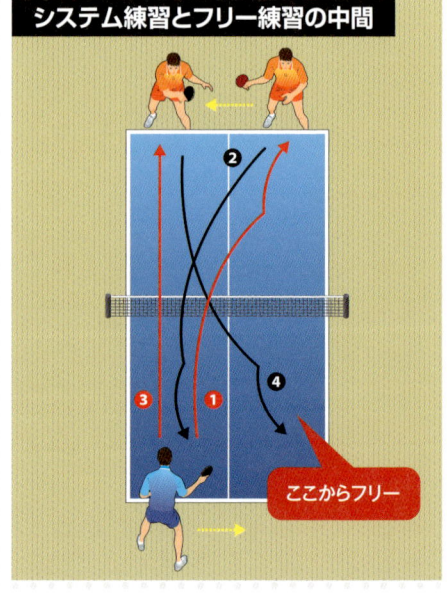

三球目攻撃などは途中までパターンを決め、その後の展開はオールコートで行う。

練習の考え方 その❺
試合会場に行ったら

台の確保と効率よい練習

　試合会場に着いたら、まず台を確保しましょう。中高生の地方予選大会などでは、100名以上の選手が参加することが珍しくありません。10〜20台という卓球台をその人数で取り合うわけですから、普段のように1台を2人で使うような練習は、できない場合がほとんどです。この場合は、ハーフコートでのゲーム練習(P77)など、効率よく台を使いましょう。ただ、試合前には、できるだけオールコートの練習もしておきたいものです。6名以下ならば2名ずつ、全面を使った練習をするのも時間の使い方としては有効です(下図)。台を分け合っている選手に声をかけ、交代でのオールコート練習を提案してみましょう。

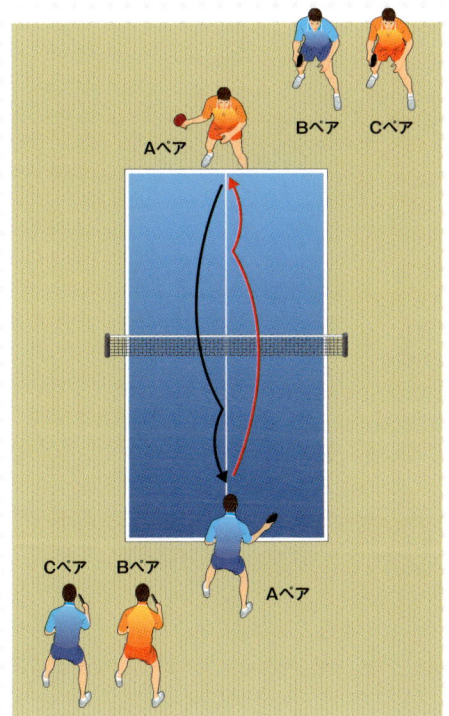

ハーフコートでの打ち合いだけでなく、コート全面を使った練習も取り入れる。

礼儀を守ってお願いする

　台が確保できなければ、ウォームアップを終えたあと、一番人数の少ない台で、半面でも貸してもらうようにお願いしましょう。入れてもらうときには必ず挨拶をして「交代で入れさせてください」とお願いをし、1本交代で練習させてもらいます。日本人は引っ込み思案で、こういったお願いをすることに躊躇する傾向があります。しかし、試合会場では遠慮をする必要はありません。勇気を出してお願いをすれば、多くの場合は譲ってくれるはずです。通常の練習ではフォアハンドを10〜20分打つことも多いと思いますが、試合会場での練習ではフォアハンドは2〜3本で打ち切り、すぐに実戦で使うドライブなどの練習に入りましょう。

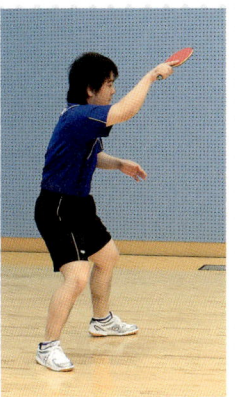

時間のロスをなくす

　球拾いで練習時間を無駄にしないよう、最低でも1人2球、2人で4球のボールを持って練習します。同時にポケットの中には、3球以上を入れておきます。同じチームで練習している場合は、待っている選手が球拾いに回ってもよいでしょう。とにかく球拾いによる時間のロスを少なくします。試合前の練習は個人差はあるものの、本来であれば男子で1時間、女子で1時間半ぐらいが妥当です。時間のロスを減らし、十分な練習時間を確保しましょう。

練習の考え方 その❻
コースの呼び方

　さまざまなコース取りの練習を行うために、コースの呼び方を整理しておきましょう。卓球のコースは右利きと左利き、あるいは自分から見るか相手から見るかで、呼び方が変わってしまうことがあります。本書では解説をわかりやすくするため、ここで紹介するように、「右利きの選手から見た呼び方」で統一することにします。

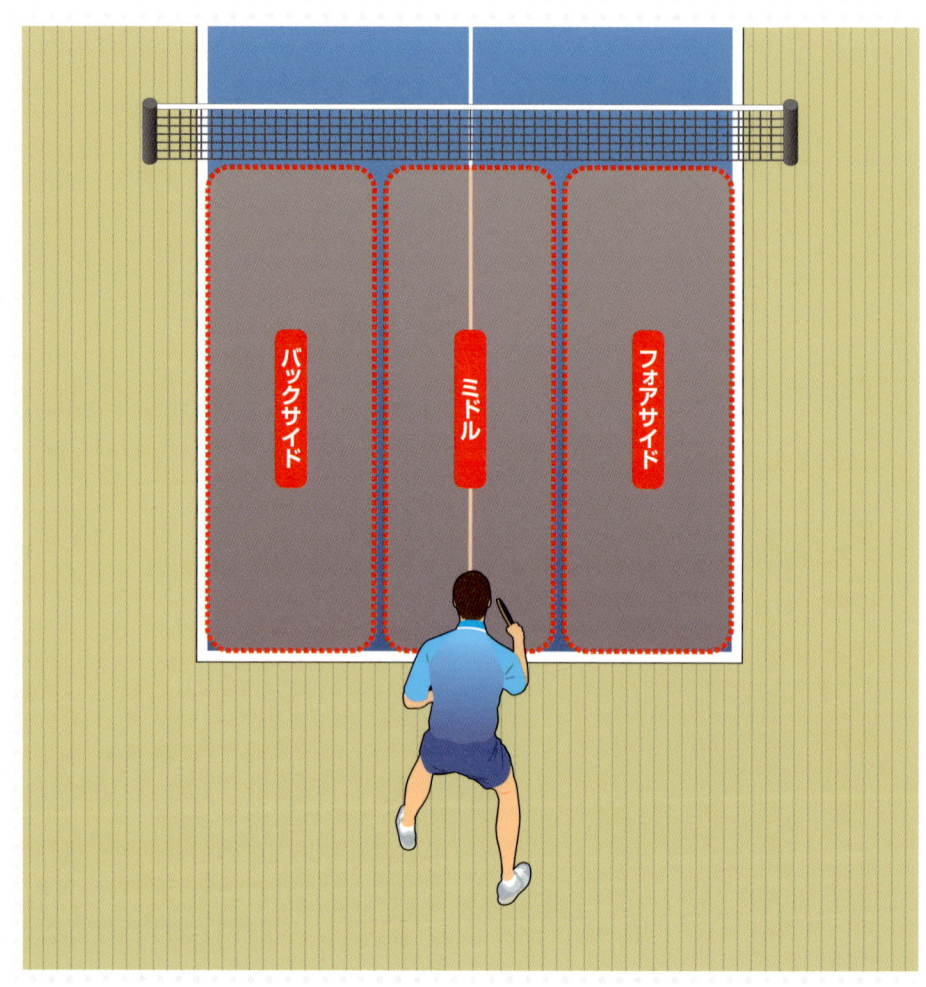

　イラストのように、コースには呼び方があります。主にフォアハンドで打つ範囲をフォアサイド、バックハンドで打つ範囲をバックサイド、状況に応じてフォアハンドとバックハンドを使い分ける範囲をミドルと呼びます。

コースには、クロスとストレートの2つがあります。クロスの場合は、右利きの選手同士がお互いのフォアサイドで打ち合う場合をフォアクロス、お互いのバックサイドで打ち合う場合をバッククロスと呼びます。

ネット寄りのコースについては、フォアサイドをフォア前、ミドルをミドル前、バックサイドをバック前と呼びます。

ストレートでは、打球する選手のバックサイドから相手のフォアサイドに向かうコースをバックストレート、打球する選手のフォアサイドから相手のバックサイドに向かうコースをフォアストレートと呼びます。

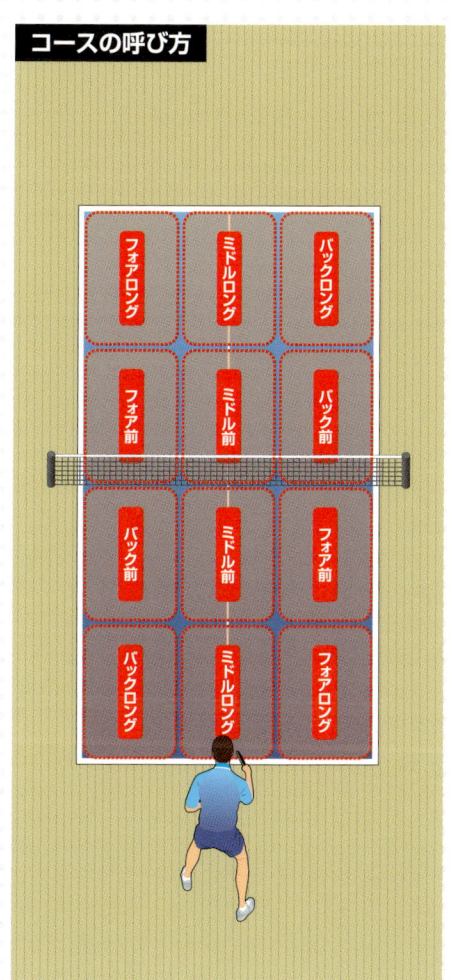

コースの呼び方

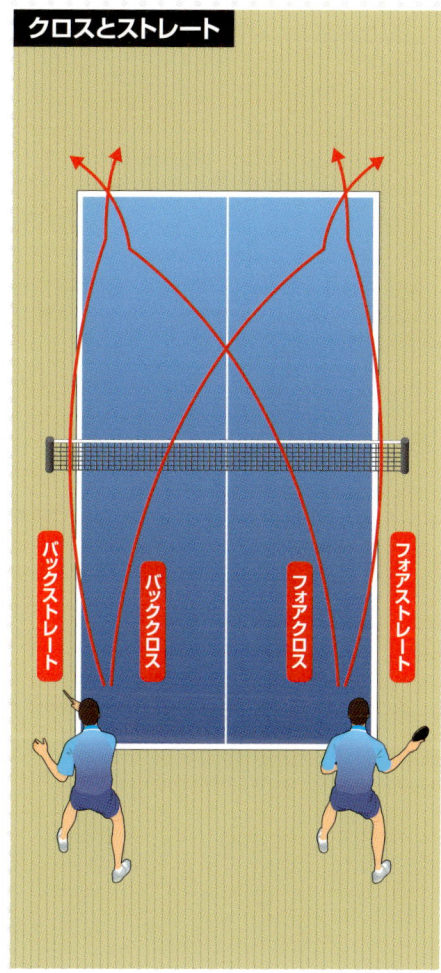

クロスとストレート

練習の考え方 その❼
ゲームの勝敗とサービス

試合は11点先取の3～7ゲーム

　卓球の試合では、1試合を1マッチと言います。1マッチは3ゲームか5ゲーム、7ゲームのいずれかで構成されます。3ゲームの場合は2ゲーム、5ゲームの場合は3ゲーム、7ゲームの場合は4ゲームを先取した方の勝ちとなります。

　また、1ゲームは11点を先取した側の勝ちになります。10対10のスコアになった場合を「10オール」と呼び、2点リードをした側が勝ちとなります。また、通常のサービスは2本ごとに交代しますが、10オールの場合は1本ごとに交代します。

サービスのルール

①ボールを手の平に乗せる
　サービスを打つときは、ボールを乗せた手（フリーハンド）を静止させ、ボールがエンドラインよりも後ろかつ台の表面（プレーイングサーフェス）より上にある状態で構えます。また、ボールは手の平の中央に乗せます。指先にボールを乗せると反則となり「フォルト」を取られますので注意してください。なお、フリーハンドの位置は自由です。

②16cm以上の高さに上げる
　ボールをいったん静止させてから、手のひらから16cm以上の高さにトスを上げて打ちます。トスを上げる前に何度も台上でボールをついてしまうと、プレーを遅らせる行為として警告を受けますので気をつけてください。立つ位置は自由ですが、ボールを常に相手に見せていなければなりません。自分の衣服や体でボールを隠してしまうと反則となり、「フォルト」を取られます。

> 練習の考え方 その❽

有効な返球と無効な返球

有効な返球

　相手の打ったボールが自分のコート内で一度バウンドしてから打ち、ネットを越えて相手コートにバウンドするのが、ルール上有効な打球です。ただし、直接ネットを越えなくても、ネットの横を迂回したり、台の下側から相手コートに入った場合も、例外的に有効打となります。また、台上の端の縁をエッジと呼び、台の側面をサイドと呼びます。エッジにボールが当たった場合には、有効打となります。

無効な返球や打ち方

　相手のコートにボールがバウンドしなければ、有効打になりません。また、エッジではなくサイドに当たった場合も同様です。
　その他に、相手のボールがこちらの台上に2バウンドしたり、バウンドする前に打球した場合、ラケットを手から離した場合も無効打となり、相手の得点となります。

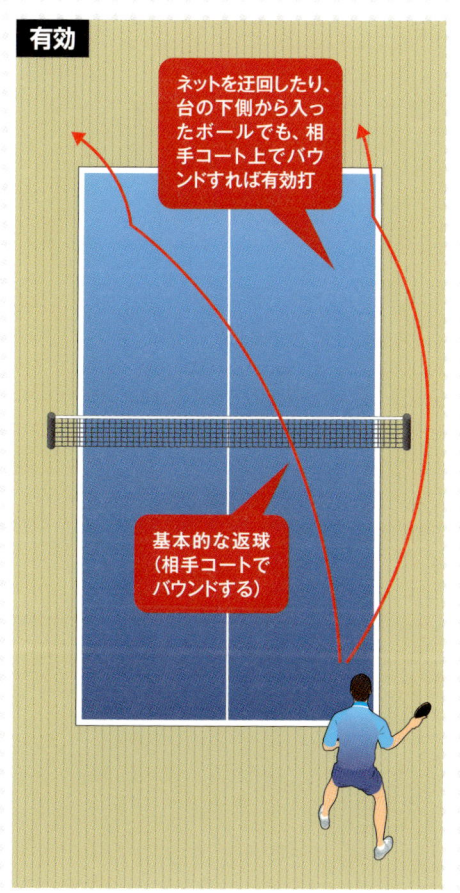

有効

ネットを迂回したり、台の下側から入ったボールでも、相手コート上でバウンドすれば有効打

基本的な返球（相手コートでバウンドする）

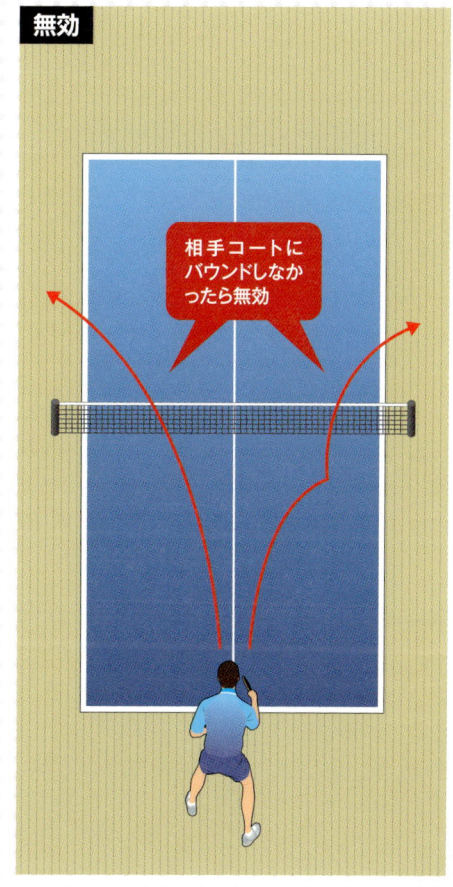

無効

相手コートにバウンドしなかったら無効

練習の考え方 その❾

試合のルール

サービスの打つ順番

ゲーム前のジャンケンで、決めます。ジャンケンで勝った選手は、①サービスかレシーブの選択、②選択権を放棄してどちらのエンドで試合を始めるかを選択、のどちらかを選べます。ジャンケンの勝者が①を選択した場合は、敗者がどちらのエンドで試合するかを選びます。勝者が②を選択した場合は、敗者がサーブかレシーブか選択します。

サービスのローテーション

自分と相手が合わせて2ポイントごとに交代をし、試合が終わるまでこのように続けます。ですが、10オールとなった場合に限り、1ポイントずつ交代で打ちます。

休憩時間

個人戦の場合は、6ポイントごとにタオルを使う短い休憩が入ります。またゲームとゲームの間には、1分以内の休憩が入ります。この間選手は、監督やコーチからのアドバイスを聞いたり水分補給をしたりできますが、競技領域の3m以内にいることが義務づけられています。また団体戦で2試合に連続して出場する場合には、最大で5分の休憩が取れます。

エンドの交代

通常は1ゲームごとに交代します。ですが1マッチの勝敗が決まる最終ゲームでは、どちらかが5ポイント先取した場合に交代します。

タイムアウト

1マッチにつき1回ずつ、1分以内のタイムアウトを要求できます。その場合は、手でTの字を作ります。選手とベンチのどちらからも要求できますが、意見が異なる場合*は、個人戦では選手の要求が、団体戦ではベンチの要求が、それぞれ優先されます。

*選手とベンチの片方がタイムアウトを要求し、片方が必要としなかった場合を指します。

警告とペナルティ

選手や指導者がルール違反を犯した場合には、警告としてイエローカードが出されます。同じ選手や指導者が再び違反を犯すと、イエローカードとレッドカードが出され、相手に1ポイントが加算されます。3回目は相手に2ポイントが加算、4回目は競技が中断となり、原則として失格となります。

卓球 練習メニュー200
打ち方と戦術の基本

CONTENTS

はじめに ……………………………………………………………………… 002
本書の見方・使い方 ………………………………………………………… 004

宮﨑監督に学ぶ 練習の考え方 …………………………………… 006

その① 練習環境を整えよう ……………………………………………… 007
その② 練習メニューの組み方 …………………………………………… 008
その③ ラリー練習と多球練習の使い分け ……………………………… 009
その④ システム練習とフリー練習 ……………………………………… 010
その⑤ 試合会場に行ったら ……………………………………………… 011
その⑥ コースの呼び方 …………………………………………………… 012
その⑦ ゲームの勝敗とサービス ………………………………………… 014
その⑧ 有効な返球と無効な返球 ………………………………………… 015
その⑨ 試合のルール ……………………………………………………… 016

第1章：基礎を覚える ... 027

【技術解説】 **グリップ** ... 028
【技術解説】 **フォアハンド** ... 030

- メニュー001 ◎ その場でボールをつく ... 032
- メニュー002 ◎ ワンバウンドで打ち合う ... 033
- メニュー003 ◎ ノーバウンドで打ち合う ... 033
- メニュー004 ◎ ボールを高く上げ、ノーバウンドでキャッチ ... 034
- メニュー005 ◎ ラケットでキャッチボール ... 035
- メニュー006 ◎ 1人で回転練習 ... 036
- メニュー007 ◎ 1本打ちでフォアハンド ... 036
- メニュー008 ◎ フォアハンドをフォアクロスでつなぐ ... 037
- メニュー009 ◎ バッククロスでフォアハンドをつなぐ ... 038
- メニュー010 ◎ 時間を決めてフォアハンド練習 ... 039

【技術解説】 **バックハンドショート** ... 040

- メニュー011 ◎ 多球練習でバックハンドショート ... 042
- メニュー012 ◎ バックハンドショートをつなぐ ... 043
- メニュー013 ◎ ストレートでのバックハンドショート対フォアハンド ... 044
- メニュー014 ◎ 時間を決めてバックハンドショート練習 ... 045

【技術解説】 **フットワーク** ... 046

- メニュー015 ◎ フォア-バックの切り替え ... 048
- メニュー016 ◎ 時間を決めてフォア-バックの切り替え ... 048
- メニュー017 ◎ フォアハンドの左右フットワーク ... 049
- メニュー018 ◎ 時間を決めたフットワーク練習 ... 049
- メニュー019 ◎ 多球でのフットワーク練習 ... 050

【基本概念】 **多球練習の球出しの極意** ... 051

- メニュー020 ◎ ショート～回り込みをつなぐ ... 052
- メニュー021 ◎ 時間を決めてショート～回り込みフォアハンド ... 052
- メニュー022 ◎ 2本1本の飛びつき ... 053

メニュー 023 ◎ 時間を決めて2本1本の飛びつき	053
メニュー 024 ◎ 2本-2本のフォア-バック切り替え	054
メニュー 025 ◎ 2本-1本のフォア-バック切り替え	055

【技術解説】 **下回転サービス** ... 056
【技術解説】 **ツッツキ（ショートカット）** ... 057

メニュー 026 ◎ 多球練習でのツッツキ	058
メニュー 027 ◎ ツッツキラリー練習	059
メニュー 028 ◎ 多球練習でのフォア・ツッツキ（ストップ）練習	060
メニュー 029 ◎ フォア・ツッツキ（ストップ）のラリー練習	060

第2章：ゲームに慣れる ... 061

【基本概念】 **ゲームの大切さ** ... 062

メニュー 030 ◎ 5本先取のミニゲーム	063
メニュー 031 ◎ 1ゲームマッチのゲーム練習	063
メニュー 032 ◎ エレベーターゲーム	064
メニュー 033 ◎ 王様ゲーム	065
メニュー 034 ◎ 時間制限ゲーム練習	066
メニュー 035 ◎ 多球練習でのスマッシュ	067
メニュー 036 ◎ ショートサービスを短く正確に出す	068
メニュー 037 ◎ ロングサービスをしっかり長く出す	069
メニュー 038 ◎ 三球目攻撃①（回り込みクロス）	070
メニュー 039 ◎ 三球目攻撃②（フォアクロス）	071
メニュー 040 ◎ 三球目攻撃③（回り込みストレート）	071
メニュー 041 ◎ レシーブ練習（ツッツキ）	072
メニュー 042 ◎ レシーブ練習（フリック）	073

【技術解説】 **チキータ** ... 074

| メニュー 043 ◎ 多球練習でチキータを習得 | 076 |
| メニュー 044 ◎ チキータでのレシーブ練習 | 076 |

| メニュー 045 | ◎ オールコートのツッツキ(ストップ)練習 | 077 |

メニュー 045 ◎ オールコートのツッツキ(ストップ)練習 …………………………… 077
メニュー 046 ◎ ハーフコートのゲーム練習 ………………………………………… 077
メニュー 047 ◎ ハーフ対オールのハンディキャップマッチ ……………………… 078

第3章：ラリー力を養う 079

【技術解説】　**スタンス** ……………………………………………………………… 080
【技術解説】　**バックハンド** ………………………………………………………… 082

メニュー 048 ◎ 多球練習でのバックハンドドライブ ………………………………… 084
メニュー 049 ◎ 多球練習でのバックハンドショート-ロング打ち分け …………… 085
メニュー 050 ◎ 中陣で強くフォアクロスラリー ……………………………………… 086
メニュー 051 ◎ フォアクロスで変化をつける ………………………………………… 087
メニュー 052 ◎ 3点のフットワーク(飛びつき) ……………………………………… 088
メニュー 053 ◎ 3点のフットワーク(回り込み) ……………………………………… 089
メニュー 054 ◎ 4本1セットのパターン① …………………………………………… 090
メニュー 055 ◎ 4本1セットのパターン② …………………………………………… 091
メニュー 056 ◎ 多球練習でのフォア2本-バック2本 ……………………………… 092
メニュー 057 ◎ 多球練習でのランダムフットワーク ………………………………… 093
メニュー 058 ◎ オールコートのラリー練習 …………………………………………… 094
メニュー 059 ◎ 多球練習でのフォアハンドドライブ ………………………………… 095
メニュー 060 ◎ 多球練習でのバックハンドドライブ ………………………………… 096
メニュー 061 ◎ ドライブのフットワーク① 左右フットワーク …………………… 097
メニュー 062 ◎ ドライブのフットワーク② フォアバック切り替え ……………… 098
メニュー 063 ◎ ドライブのフットワーク③ 2本-1本の飛びつき ………………… 099
メニュー 064 ◎ ドライブのフットワーク④ 2本1本 ……………………………… 100
メニュー 065 ◎ コート2／3でランダムオールフォア ……………………………… 101
メニュー 066 ◎ フォアクロスのカット打ち …………………………………………… 102
メニュー 067 ◎ バッククロスのカット打ち …………………………………………… 103
メニュー 068 ◎ オールコートのカット打ち …………………………………………… 104
メニュー 069 ◎ 多球練習でのカット打ち ……………………………………………… 105
メニュー 070 ◎ 効率的ラリー練習① 2本-2本&フォアバック ＊ ………………… 106

＊印のメニューは、「練習相手」を作らないように(はじめに参照)、とくに工夫が施された練習です。

メニュー 071 ◎ 効率的ラリー練習② 3点&左右フットワーク＊	107
メニュー 072 ◎ 高難易度フットワーク練習① 左右フットワーク＊	108
メニュー 073 ◎ 高難易度フットワーク練習② 2本-2本＊	109
メニュー 074 ◎ 高難易度フットワーク練習③ 2本1本の飛びつき＊	110
メニュー 075 ◎ 多球練習でのランダムフットワーク＊	111
メニュー 076 ◎ フォアハンドドライブ3分間ラリー＊	112
メニュー 077 ◎ オールコートドライブ3分間ラリー＊	113
メニュー 078 ◎ 多球練習の左右フットワーク	114
メニュー 079 ◎ ストップウォッチ・ラリー① 左右フットワーク	115
メニュー 080 ◎ ストップウォッチ・ラリー② 中陣での左右フットワーク	115
メニュー 081 ◎ ストップウォッチ・ラリー③ 2本1本のフットワーク	116
メニュー 082 ◎ ストップウォッチ・ラリー④ 2本-2本のフットワーク	116
メニュー 083 ◎ ストップウォッチ・ラリー⑤ バックハンドで左右に動く	117
メニュー 084 ◎ ストップウォッチ・ラリー⑥ ミドル-オール	117
メニュー 085 ◎ ストップウォッチ・ラリー⑦ ショート-回り込み	118
メニュー 086 ◎ ストップウォッチ・ラリー⑧ 2／3でオールフォアランダム	118

第4章：攻撃力をつける 119

【技術解説】 対バックスピンのドライブ	120
【技術解説】 対トップスピンのドライブ	122
【技術解説】 スマッシュ	124
【技術解説】 ブロック	125
メニュー 087 ◎ 多球練習で下回転ボールをフォアハンドドライブ	126
メニュー 088 ◎ ツッツキからドライブ	127
メニュー 089 ◎ 変化のついたツッツキをドライブ	128
メニュー 090 ◎ 多球での対バックスピンと対トップスピンのドライブ	129
メニュー 091 ◎ バッククロスのドライブ&ブロック	130
メニュー 092 ◎ フォアハンドのドライブ&ブロック	131
メニュー 093 ◎ ドライブのコース切り替え練習＊	132
メニュー 094 ◎ 三球目攻撃からのフォアクロスドライブ練習＊	133

メニュー 095	◎ 三球目攻撃からのバックドライブ練習 *	134
メニュー 096	◎ 3人でのドライブ&ブロック練習 *	135
メニュー 097	◎ 3人での多球でのドライブ・ブロック練習 *	136
メニュー 098	◎ 多球でランダム攻撃 *	137
メニュー 099	◎ フォアハンド強化練習 *	138
メニュー 100	◎ バック前ショートサービスからの三球目攻撃① *	139

【技術解説】 **フリック** ……… 140

メニュー 101	◎ バック前ショートサービスからの三球目攻撃② *	142
メニュー 102	◎ フォア前ショートサービスからの三球目攻撃① *	143
メニュー 103	◎ フォア前ショートサービスからの三球目攻撃② *	143
メニュー 104	◎ バッククロスのロングサービスからの三球目攻撃 *	144
メニュー 105	◎ フォアサイドへのロングサービスからの三球目攻撃 *	144

【技術解説】 **ストップ** ……… 145

メニュー 106	◎ ハーフロングサービスからミドルを攻める三球目攻撃 *	146
メニュー 107	◎ ストップレシーブへの対応 *	146
メニュー 108	◎ 五球目を見据えた三球目攻撃① *	147
メニュー 109	◎ 五球目を見据えた三球目攻撃② *	147
メニュー 110	◎ 五球目を見据えた三球目攻撃③ *	148
メニュー 111	◎ 五球目を見据えたダブルストップ① *	148
メニュー 112	◎ 五球目を見据えたダブルストップ② *	149
メニュー 113	◎ 五球目を見据えたダブルストップ③ *	149
メニュー 114	◎ チキータレシーブからの攻撃① *	150
メニュー 115	◎ チキータレシーブからの攻撃② *	150
メニュー 116	◎ レシーブのフリックからの攻撃 *	151
メニュー 117	◎ サービスコースを限定したオールコート練習 *	152

第5章：ナショナルチームの練習法 ……… 153

【基本概念】 **コース取りとボールの深さ** ……… 154

【基本概念】 サービスのコース取り ……………………………………………… 155
メニュー 118 ◎ ミドル-ランダム-ミドル＊ …………………………………… 156
メニュー 119 ◎ 左右フットワーク練習 ハイレベル版＊ ……………………… 157
メニュー 120 ◎ 2本-2本の切り替え　ハイレベル版＊ ………………………… 158
メニュー 121 ◎ 3点フットワーク　ハイレベル版＊ …………………………… 159
メニュー 122 ◎ 2本1本の飛びつきの変化＊ …………………………………… 160
メニュー 123 ◎ 2本-2本からのオール練習①＊ ………………………………… 161
メニュー 124 ◎ 2本-2本からのオール練習②＊ ………………………………… 162
メニュー 125 ◎ 2本-2本からのオール練習③＊ ………………………………… 163
メニュー 126 ◎ 4点システムからのオールコート＊ …………………………… 164
メニュー 127 ◎ チキータからのオールコート練習＊ …………………………… 165
メニュー 128 ◎ チキータからのバックハンドフットワーク練習＊ ……………… 166
メニュー 129 ◎ システム練習からのオールコート＊ …………………………… 167
メニュー 130 ◎ YGサービスの練習法 …………………………………………… 168

第6章：試合に強くなる 169

【基本概念】 レシーブのコツ …………………………………………………… 170
【技術解説】 レシーブの立ち位置と上回転レシーブ ……………………………… 171
【技術解説】 レシーブ：下回転とストップ ………………………………………… 172
【技術解説】 レシーブ：横回転 …………………………………………………… 173

メニュー 131 ◎ 公式ルールでのゲーム練習 ……………………………………… 174
メニュー 132 ◎ 7オールからのゲーム練習 ……………………………………… 174
メニュー 133 ◎ 7-9からのゲーム練習 …………………………………………… 175
メニュー 134 ◎ 紅白戦・団体戦 …………………………………………………… 175
メニュー 135 ◎ リーグ戦 …………………………………………………………… 176
メニュー 136 ◎ 多球で苦手なサービスのレシーブ練習 ………………………… 176
メニュー 137 ◎ サービスを見極めてレシーブする多球練習 …………………… 177
メニュー 138 ◎ 下回転のショートサービスをコントロールする ……………… 178

【技術解説】 横回転サービス ……………………………………………………… 179
- メニュー 139 ◎ 横回転のショートサービスをコントロールする ……………… 180
- メニュー 140 ◎ ハイトス・サービスの練習 …………………………………… 181
- メニュー 141 ◎ ロングサービスの練習 ………………………………………… 182
- メニュー 142 ◎ 同じモーションでサービスを打ち分ける …………………… 183
- メニュー 143 ◎ 同じモーションで回転を打ち分ける ………………………… 184
- メニュー 144 ◎ チキータレシーブの精度を上げる① ………………………… 185
- メニュー 145 ◎ チキータレシーブの精度を上げる② ………………………… 186
- メニュー 146 ◎ フォア前ショートサービスのフリック ……………………… 187
- メニュー 147 ◎ サービスのコースを正確にコントロールする ………………… 188
- メニュー 148 ◎ 相手の動きでサービスのコースを変える …………………… 189
- メニュー 149 ◎ 瞬時にサービスのコースを変える …………………………… 190
- メニュー 150 ◎ バックスピンサービスをネットに当てる …………………… 191
- メニュー 151 ◎ 相手の待ちを外すレシーブ練習 ……………………………… 192
- メニュー 152 ◎ 10オールからのゲーム練習 ………………………………… 193

【基本概念】 ダブルスで気をつけること ………………………………………… 194
- メニュー 153 ◎ ダブルスのフォアクロスラリー ……………………………… 196
- メニュー 154 ◎ ダブルスのバッククロスラリー ……………………………… 196
- メニュー 155 ◎ ダブルスの飛びつきフォアハンド練習 ……………………… 197
- メニュー 156 ◎ ダブルスのサービスレシーブ ………………………………… 197
- メニュー 157 ◎ ダブルスの三球目攻撃① ……………………………………… 198
- メニュー 158 ◎ ダブルスの三球目攻撃② ……………………………………… 198
- メニュー 159 ◎ ダブルスのゲーム練習 ………………………………………… 199
- メニュー 160 ◎ ダブルスでのカット打ち ……………………………………… 199
- メニュー 161 ◎ 試合前の練習法① ウォームアップ ………………………… 200
- メニュー 162 ◎ 試合前の練習法② 感覚を整える …………………………… 201
- メニュー 163 ◎ 試合前の練習法③ ゲーム練習 ……………………………… 202

第7章：弱点を克服する ……………………………………………… 203

CONTENTS

【基本概念】	粒高とカットマン	204
【基本概念】	苦手対策の考え方	205

- メニュー 164 ◎ フォア前からの戻りを強化する① ……… 206
- メニュー 165 ◎ フォア前からの戻りを強化する② ……… 207
- メニュー 166 ◎ 粒高ラバー対策① フォアハンドで打つ ……… 208
- メニュー 167 ◎ 粒高ラバー対策② バックハンドでの対応 ……… 209
- メニュー 168 ◎ 粒高ラバー対策③ 粒高を攻める ……… 210
- メニュー 169 ◎ 粒高ラバー対策④ 三球目攻撃 ……… 211
- メニュー 170 ◎ カットマン対策① カット打ちで粘る ……… 212
- メニュー 171 ◎ カットマン対策② 攻撃への対応 ……… 213
- メニュー 172 ◎ カットマン対策③ 前後にゆさぶる ……… 214
- メニュー 173 ◎ カットマン対策④ 左右にゆさぶる ……… 215
- メニュー 174 ◎ カットマン対策⑤ ドライブで打ちぬく ……… 216
- メニュー 175 ◎ 攻撃できるボールを見極める ……… 217
- メニュー 176 ◎ ブロックからの逆襲 ……… 218
- メニュー 177 ◎ ロビング打ち ……… 218

第8章：体作り ……… 219

【基本概念】	トレーニングの目的と効果	220
【基本概念】	ウォーミングアップとクールダウン	221

- メニュー 178 ◎ ウォーミングアップ① ……… 222
- メニュー 179 ◎ ウォーミングアップ② ……… 223
- メニュー 180 ◎ 肩周りのストレッチ ……… 224
- メニュー 181 ◎ アジリティ① ミラードリル ……… 225
- メニュー 182 ◎ アジリティ② フロント&バック ……… 226
- メニュー 183 ◎ アジリティ③ ライト&レフト ……… 226
- メニュー 184 ◎ アジリティ④ 8の字コーン ……… 227
- メニュー 185 ◎ アジリティ⑤ 星形コーン ……… 227
- メニュー 186 ◎ 下肢のトレーニング① スクワット ……… 228

メニュー 187 ◎	下肢のトレーニング② カーフレイズ	228
メニュー 188 ◎	下肢のトレーニング③ ヒップアブダクション	229
メニュー 189 ◎	下肢のトレーニング④ ヒップアダクション	229
メニュー 190 ◎	体幹のトレーニング① クランチ	230
メニュー 191 ◎	体幹のトレーニング② フロントブリッジ	231
メニュー 192 ◎	体幹のトレーニング③ サイドブリッジ	231
メニュー 193 ◎	上肢のトレーニング① プッシュアップ	232
メニュー 194 ◎	上肢のトレーニング② MRベントオーバーロウ	232
メニュー 195 ◎	肩甲帯のトレーニング① WTYA	233
メニュー 196 ◎	肩甲帯のトレーニング② エクスターナルローテーション	234
メニュー 197 ◎	肩甲帯のトレーニング③ エレベーション	234
メニュー 198 ◎	クールダウン①	235
メニュー 199 ◎	クールダウン②	236
メニュー 200 ◎	アクティブレストとアイシング	237

おわりに ……………………………………………………………… 238

第1章
基礎を覚える
Basic Skill

卓球の基礎技術には、フォアハンドやバックハンド、
ツッツキやサービスなどがあります。
この章ではこれらの基本技術と、
ラケットやボールに慣れるための練習方法を紹介します。

基本技術

技術解説 グリップ

▶▶▶ シェイクハンドはチキータ、ペンホルダーはフリック

　現在、新たに卓球を始める場合、多くの人がシェイクハンドを選ぶ傾向にあります。その一方で、世界レベルで活躍するペンホルダー選手もおり、彼らに憧れてペンホルダーを手にする人も少なくないでしょう。

　ただ、シェイクハンドがスタンダードになった現在、ペンホルダー選手が互角に戦うためには、ペンホルダーの特徴をいかしたプレースタイルの研究が求められます。

　ひとつは裏面打法です。中国で開発されたこの打法は、ここ10年ほどの間に、日本の卓球界でもペンホルダーの基本技術といっていいぐらいまで定着しました。ペンホルダーの裏面打法は、基本的にはシェイクハンドのバックハンドと考えればよいのですが、戦術的に少し異なるのは、ミドル～フォアサイドの浅いボールへの対応です。

　シェイクハンドではチキータ（P74技術解説）が広まる中で、ミドルはもちろん、フォア前といっていいくらいの位置でも、浅いボールであればチキータで対応することが増えました。

　しかし、ペンホルダーの裏面打法によるチキータでは、ミドルぐらいまでは対応できても、フォアサイドに対応するのは無理があります。また、ペンホルダーはフォア前のフリックがシェイクハンドよりもやりやすいという特徴があります。チキータは有効な技術ですが、ペンホルダーの人は、ペンホルダーの特徴であるフォア前フリックを習得し、バック前、ミドル前の処理とは区別するほうが、戦術的には整理されるでしょう。

▶▶▶ それぞれの握り方

シェイクハンド

シェイクハンドでは、人差し指と親指でラケット面を挟むように持ち、中指、薬指、小指で、軽くグリップを握るように持ちます。

ペンホルダー

ペンホルダーでは親指と人差し指でグリップを包むように握り、裏面を中指で支え、薬指、小指を添えます。いずれのグリップも力みすぎないように軽く持つのがコツです。ペンホルダーの場合、バックハンドをフォアハンドと同じ面で打つ場合（写真）と、裏面で打つ裏面打法の2種類があります。

上から

上から

正面

正面

後ろ

後ろ

バックハンド

バックハンドショート（後ろ）

基本技術

技術解説 フォアハンド

正面

横

POINT 1	必要に応じてステップして身体の位置を微調整する
POINT 2	ボールに合わせて身体を後方に回転させテイクバック
POINT 3	身体の前でボールを捉える

▶▶▶ 腕だけでなく、身体全体を使ってスイングしよう

　テイクバックのときには右足、インパクトからフォロースルーにかけては左足に体重が移動します。腕だけでなく、上半身、下半身全体の回転運動で、スイングにパワーを与えます。

　1球ごとに、足を止めず、ボールを捉えられる位置に移動します。特に初心者のうちは1本打つごとに足を動かし、動きが止まらないように気をつけましょう。

❶ バウンドをよく見よう

　フォームや打球点が変わると、打球のコースやスピードが安定しません。相手のボールがバウンドする位置、自分のボールが相手のコートでバウンドする位置に注目すると、安定したフォアハンドになります。

| POINT 4 | スイングとともに体重移動 | POINT 5 | 顔の前を通り過ぎるまでフォロースルー | POINT 6 | 相手からの返球に備えて基本姿勢をとる |

❷ 打球点を意識しよう

バウンドの頂点付近を打球点にすると、もっとも安定して、また力強くボールを打つことができます。どこでボールを捉えているかを意識しましょう。

スタンスが前後に開きすぎている

スイングが額の手前で止まっている

基本技術

メニュー 001 その場でボールをつく

レベル ★

時間 3分
回数 10本連続ノーミス

ねらい　ラケットの使い方とボールの動きに慣れる練習です。
練習前のウォーミングアップに取り入れてもよいでしょう。

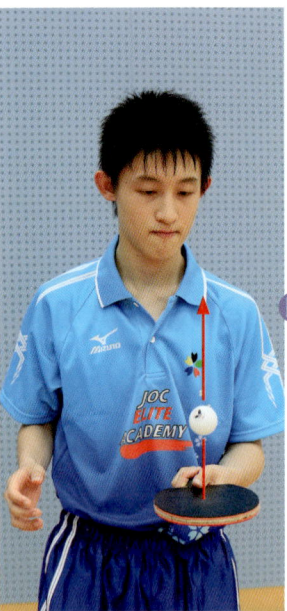
ラケットを床と平行に保って
まっすぐ上にボールをつく

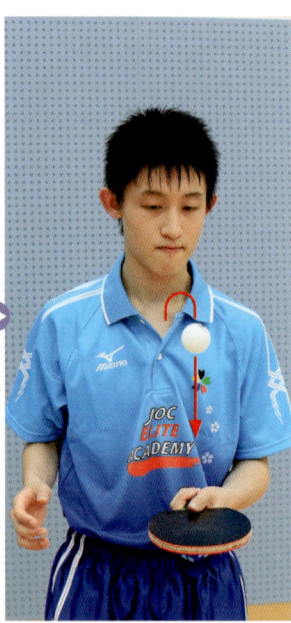
ラケットの中央で落ちてきた
ボールを受ける

足を動かさなければ取れない
場合はミス（NG）

手順

① まっすぐ立ち、身体の前に出したラケットでボールを真上につく
② ミスをしたり、反れたボールを追いかけて足が動いたらやりなおし

指導者MEMO

まだボールやラケットに慣れていない初心者にボールに慣れてもらう練習です。最初はフォア面で、次にバック面で挑戦します。これによって、実際に台についたときに、安定したラケット角度を出すことができるようになります。

10本連続が簡単にできるようになった選手はラケットの先端、中央、手元というふうに、ボールがあたる位置をコントロールできるように練習してみましょう。

基本技術

メニュー 002 ワンバウンドで打ち合う

レベル ★
時間 3分
回数 10本連続ノーミス

ねらい
ラケットでしっかりとボールを捉え、狙ったところへ打ち返す練習です。ラケットの使い方とボールの動きに慣れる練習です。

手順
① 互いに向き合って立ち、相手にワンバウンドでボールを送る
② 互いにワンバウンドでボールを打ち合う。お互いに動かなくてもいいように、まっすぐに打ち返す

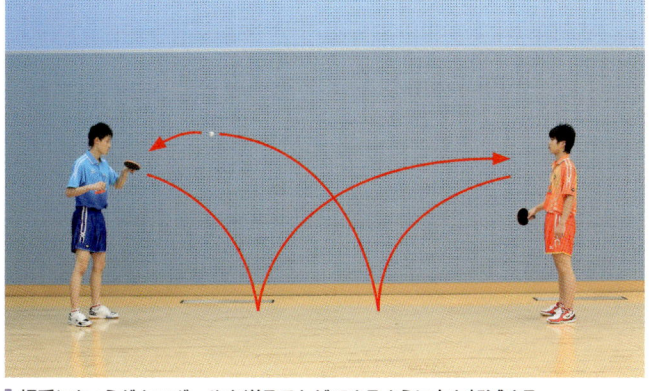

■ 相手にちょうどよいボールを送ることができるように力を加減する

指導者MEMO
初心者がボールやラケットに慣れる練習です。台の数が少ないところでは、時間待ちの間にこうした練習をするのもよいでしょう。

メニュー 003 ノーバウンドで打ち合う

レベル ★
時間 3分
回数 10本連続ノーミス

ねらい
メニュー002の発展練習です。正確にノーバウンドで打てるようなラケットの使い方と打ち方が身につきます。

手順
① 互いに向き合って立ち、相手にノーバウンドでボールを送る
② ノーバウンドでボールを打ち合う。10本ノーミスが目標。お互いに足を動かさなくてもいいよう、まっすぐ正確に打ち返す

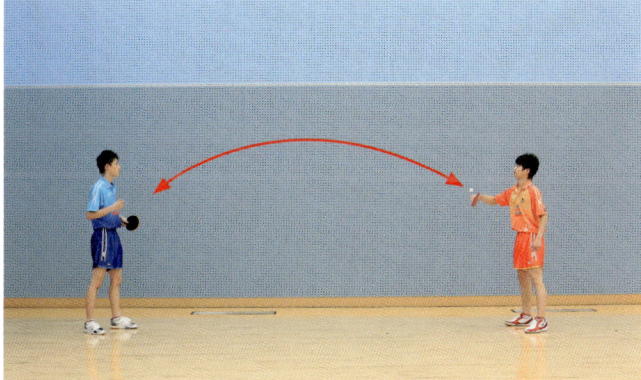

■ ノーバウンドでボールを打ち返す

指導者MEMO
メニュー002と同じく初心者がボールやラケットに慣れる練習です。待ち時間の練習にも変化をつけて、ラケットに早く慣れるようにしましょう。

基本技術

メニュー 004

ボールを高く上げ、ノーバウンドでキャッチ

レベル	★
時間	3分
回数	成功するまで

ねらい 正確にボールを打つ技術と、手首、足首の柔らかい使い方を覚えます。

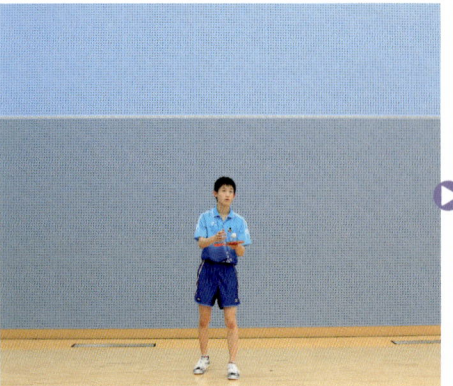

ボールを
小さくついているところから

高く
ボールを打ち上げる

落ちてきたボールを
胸の前で受ける

バウンドさせないように
やさしく受け止める

手順

①ラケットでボールを真上に打ちあげる
②落ちてきたボールを、ラケット上でバウンドしないように、やさしく受け止める

指導者MEMO メニュー001と同じく、初心者が1人でボールやラケットに慣れる練習です。ヒザ、足首を柔らかく使わないとボールがラケット上でバウンドしてしまいます。

基本技術

メニュー 005

ラケットで
キャッチボール

レベル ★

時間 3分
回数 成功するまで

ねらい メニュー004で覚えた技術を使った発展練習です。
ボールタッチを鍛えることができます。

相手が取りやすい高さ、速さでボールを送る

手順

① ラケットでボールを打って、相手に送る
② 相手はラケットで受け取る。ラケット上でバウンドしないよう、包み込むように受ける
③ 相手が打ったボールを、ラケットでバウンドさせないように受け取る
④ ①～③を繰り返す

▼

ラケットの先端でボールを受ける

▼

そのまま全身で抱え込むようにして、バウンドさせずにボールを止める

指導者MEMO メニュー004のラケット上でボールをバウンドさせないコントロールを、2人1組でゲーム的に行います。ヒザと足首を柔らかく使い、ボールがラケット上でバウンドしないようにするのがポイントです。

基本技術

メニュー 006 1人で回転練習

ねらい ボールに様々な回転をかける練習です。

レベル	★
時間	3分
回数	10回

手順

① ラケットでボールを真上につきながら、左右前後にラケットを振って、ボールに回転を与える
② 回転をかけながらも、ボールを床に落とすことなく、10回続ける

最初は少ない回転量から

徐々に回転量を増やしていく

指導者MEMO ボールに回転をかけると、コントロールが難しくなります。卓球はボールの回転に慣れることが非常に重要です。初心者のうちから、回転のかかったボールに慣れましょう。

基本技術

メニュー 007 1本打ちでフォアハンド

ねらい 1本ずつボールを打ち返すことで、フォアハンドの基本を覚えます。初心者におすすめの練習です。

レベル	★
時間	5分
回数	10本連続ノーミス

手順

① 球出し役が選手のフォアハンド側に1球ずつ球を出す
② 選手はフォアハンドで、フォアクロスに返球する。コーチは返球を確認して次のボールを出す
③ 10本連続ノーミスで打てたら終了

球出し役がやさしく出したボールをフォアハンドで打つ

選手が打ったのを確認して次のボールを出す

指導者MEMO 初心者のうちはラリー形式ではボールが続かず、練習の効率がよくありません。1本打ちであれば、効率よく練習できます。

基本技術

メニュー 008 フォアハンドをフォアクロスでつなぐ

レベル ★
時間 5分
回数 30本連続ノーミス

ねらい フォアクロスでフォアハンドを打ち合うことで、技術の安定性を磨きます。

手順

① 選手同士で、フォアクロス方向にフォアハンドで打ち合う
② ノーミスで30本つなげる

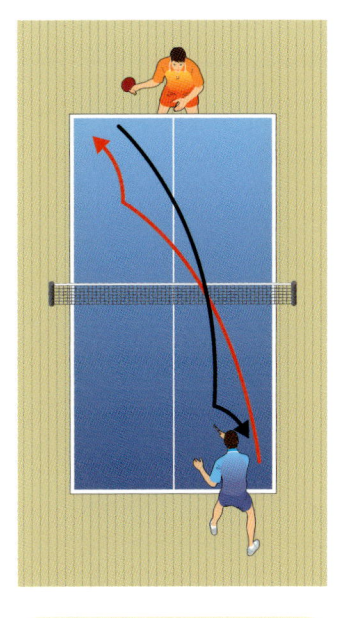

▌フォアハンドでフォアクロスにボールを送る

▌スピードは必要なく、安定して同じコースに返す

▌1往復で1回と数え、30回ノーミスを目標にする

指導者MEMO この練習は、選手のレベルによって意識づけを変えることも重要です。初心者の場合はただ「30本ミスしない」ことを意識すればいいですが、中級者以上であれば、細かいフォームのチェックや、実戦的な威力のあるボールで30本つなぐ、ということを目標にするとよいでしょう。

基本技術

メニュー 009 バッククロスでフォアハンドをつなぐ

レベル ★
時間 5分
回数 30本連続ノーミス

ねらい バッククロスでフォアハンドを打ち合うことで、技術の安定性を磨きます。

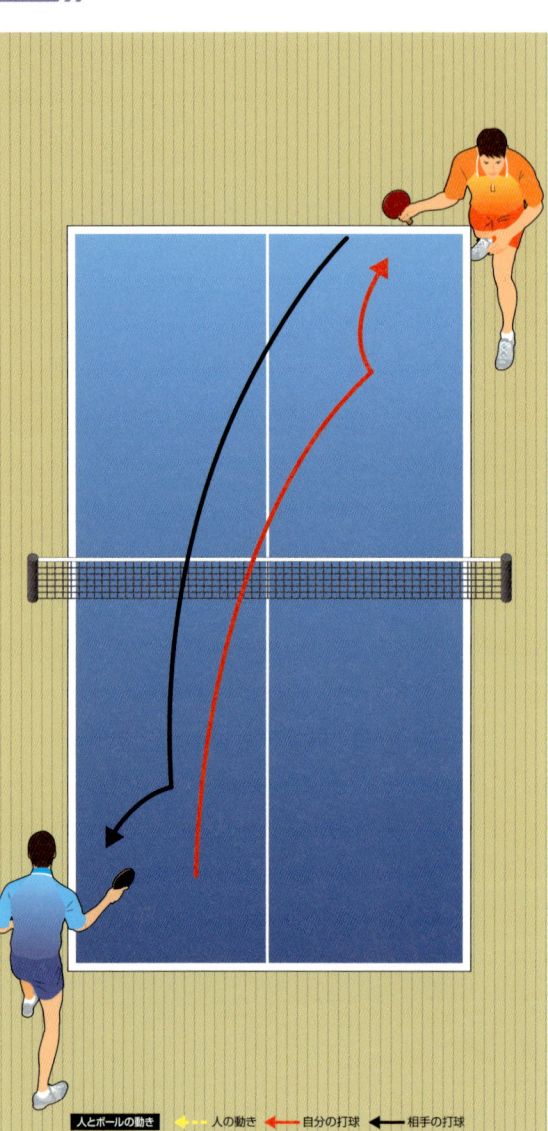

手順
① 選手同士で、バッククロスでフォアハンドを打ちあう
② ノーミスで30本つながれば終了

One Point! アドバイス

コースによるポジショニングの違いに注意

バッククロスでのフォアハンドでは、両足が台のサイドラインに対して並行になるくらい、回り込んだポジションとなります。一方、バックストレートにコースが変わると、ややオープンスタンスになります。自分が打つコースによって、スタンスやポジションが変わることを意識しましょう。スタンスについてはP80の技術解説「スタンス」の項も参考にしてください。

指導者MEMO

フォアハンドでフォアクロスを打つ練習と同じですが、初心者のうちはコースが変わることでフォームが崩れたり、ミスが出ることも少なくありません。フォアクロスでのフォアハンドとこの練習をセットにして、練習のはじめに組み込んでおくとよいでしょう。

バッククロスでフォアハンドで30本つなぐ

凡例: 人とボールの動き / 人の動き / 自分の打球 / 相手の打球

基本技術

メニュー 010

時間を決めて フォアハンド練習

レベル ★
時間 3分
回数 —

ねらい 一定時間フォアハンドを打ち合うことで、動きとフォーム固めを目指します。ミスを気にせず、たくさん打ち合うことが大切です。

手順

① 順番待ちのペアは球拾い用ネットを持ってボール拾いをする
② コーチの合図でフォアクロス方向へのフォアハンドを打つ。コーチはストップウォッチをスタート
③ ミスした後はボールを拾わずに、ボールトレイに入ったボールを使って連続的に打球する。3分で次のペアと交代
④ 順番待ちのペアは、自分たちの番が来る30秒前にはボール拾いを止め、台に入る準備をする

3分間集中!!

人とボールの動き　--- 人の動き　← 自分の打球　← 相手の打球

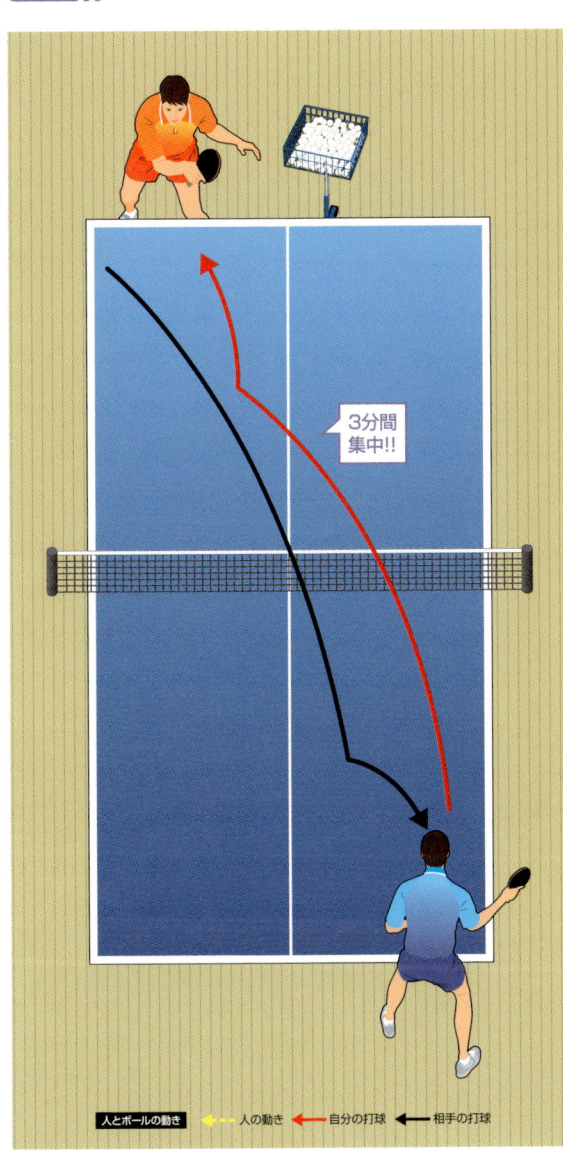

フォアクロスでフォアハンドを打つ。
ミスをしても球拾いに行かず、次のボールを使う

指導者MEMO ミスが多いうちはボール拾いの時間が大きなタイムロスとなります。ストップウォッチを活用したこの練習では2組のペアが交互に3分ずつ集中的に練習することで、タイムロスをなくすことができます。

基本技術

技術解説 バックハンドショート

POINT 1	グリップはやや親指を立て、ラケットの面を縦方向に構える
POINT 2	ワキを開かず、ヒザの屈伸を使ってバックスイングする
POINT 3	ヒジは下げずに高い位置に出しておく

▶▶▶ まずはショートを覚えよう

　バックハンドショートは、フォアハンドのように大きくスイングはしません。自分のコートにバウンドした直後のボールを捉えることで、相手のボールの力を利用する打ち方です。余裕のあるときはバックハンド（P82）で攻撃することもありますが、初心者はまず、ショートを覚えましょう。ショートができるようになると、相手を左右に動かしたり、ブロックしたりというように、練習相手が攻撃的なプレーを練習したいときの役に立つでしょう。

❶ 足が止まらないように

　特にペンホルダーの選手に言えることですが、ショート打法は、足が動きにくくなってしまうのが欠点です。ボールを捉えることに集中するあまり、足が止まってしまっては実戦的な技術になりません。ショートの練習中であっても、練習相手にたまにフォアストレートにボールを出してもらい、フォアハンドで対応できるような練習が望ましいでしょう。

| POINT 4 | ラケットで壁を作るようなイメージを持つ | POINT 5 | ボールに合わせて、ショートバウンドを捉える | POINT 6 | 手首ではなくヒジを使ってスイングを終える |

❷ 慣れてきたらバックストレートへ

コースをバックストレートに変え、練習相手にはフォアハンドを打ってもらいます。バッククロスよりも距離が短くなりますので、オーバーミスが出やすくなります。

NG 脇が閉まりすぎている

OK ショートのときはヒジの位置を高めにしておく

基本技術

メニュー 011 多球練習でバックハンドショート

レベル ★
時間 3分
回数 10本連続ノーミス

ねらい 1本ずつボールを打ち返すことで、バックハンドショートの基本を覚えます。

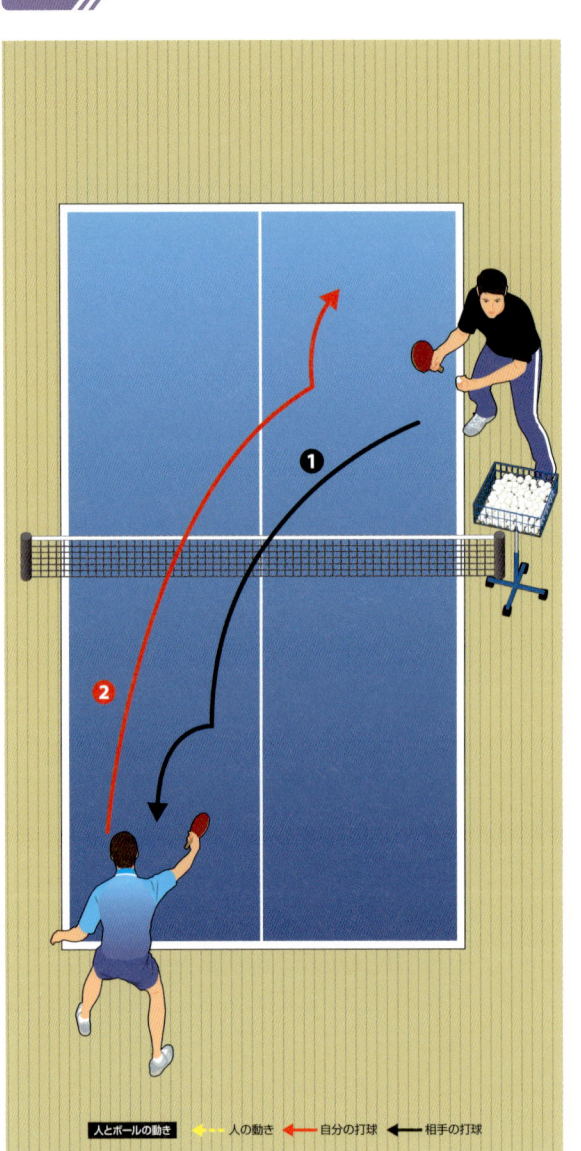

手順

① 球出し役が選手のバックハンドに、やさしく1球ずつ球出しする
② 選手はバッククロスにバックハンドショートで返球する。コーチは返球を確認して次のボールを出す
③ 10本ノーミスで連続できたら終了

One Point! アドバイス

バックハンドショートでは、フォアハンドよりも早いタイミングで打球する必要があります。コーチの球出しのタイミングに遅れないようにしましょう。

指導者MEMO

初心者のうちはミスが多く、ラリー練習ではボールが続かず、効率がよくありません。1本打ちであれば、効率よく練習できます。10本連続ノーミスの目標が楽にクリアできるようになれば、この練習は卒業です。

人とボールの動き　人の動き　自分の打球　相手の打球

1球ずつ確認しながらバックハンドショートで返球する

基本技術

メニュー 012

バックハンドショートをつなぐ

レベル ★
時間 5分
回数 30本連続ノーミス

ねらい 連続してバックハンドショートを打つことで、技術の安定性を磨きます。

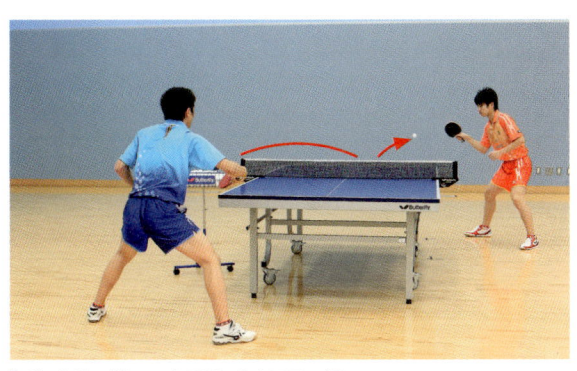

手順

① 互いにバッククロスで構え、選手はバックハンドショート、練習相手はフォアハンドで打ち合う
② ノーミスで30本つなぐことが目標

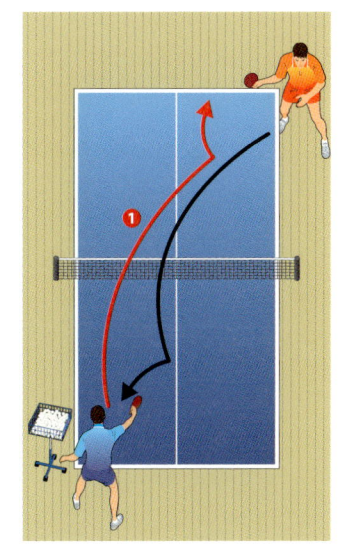

■ バックハンドショートでバッククロスへ打つ

■ 相手はフォアハンドでバッククロスへ打つ

■ 連続して打ち合う。30本ノーミスを目指す

指導者MEMO この練習で相手がフォアハンドで打つ理由は、互いにバックハンドショートで打つとボールの威力がなくなり、かえって打ちづらくなるからです。またこの際、フォアハンドを打つ人は「練習相手」という意識ではなく、自分が「バッククロスのフォアハンドを練習している」という意識で取り組みましょう。

基本技術

メニュー 013 ストレートでのバックハンドショート対フォアハンド

レベル ★★
時間 5分
回数 30本連続ノーミス

ねらい 選手はバックハンドショートで相手のフォアハンドをストレートで打ち合い、ストレートのコースに慣れます。

手順
① 相手がフォアハンドでストレートに打ったボールを、選手はバックハンドショートでストレートに返球する
② 30本ノーミスを目標にする

One Point! アドバイス

ラリーの本数

トップ選手たちの練習で、1000本ラリー（1000本ノーミスができるまでラリー練習をつづける）が行われていた時代もあります。ですが、本数を多くつなげることに意味はありません。100本ラリーがつながるようになったら、今度はもう少し強いボールで打ち合いながら、30〜50本程度つながることを目標とするなど、レベルに応じて練習メニューをアレンジしていくとよいでしょう。

指導者MEMO
ストレートはクロスよりも距離が短く、ミスが増える傾向にあります。特にフォアハンドはオーバーミスしやすく、クロスよりも振り切りにくくなる傾向があります。相手のボールに合わせるだけのスイングになってしまわないように注意して練習しましょう。

人とボールの動き　人の動き　自分の打球　相手の打球

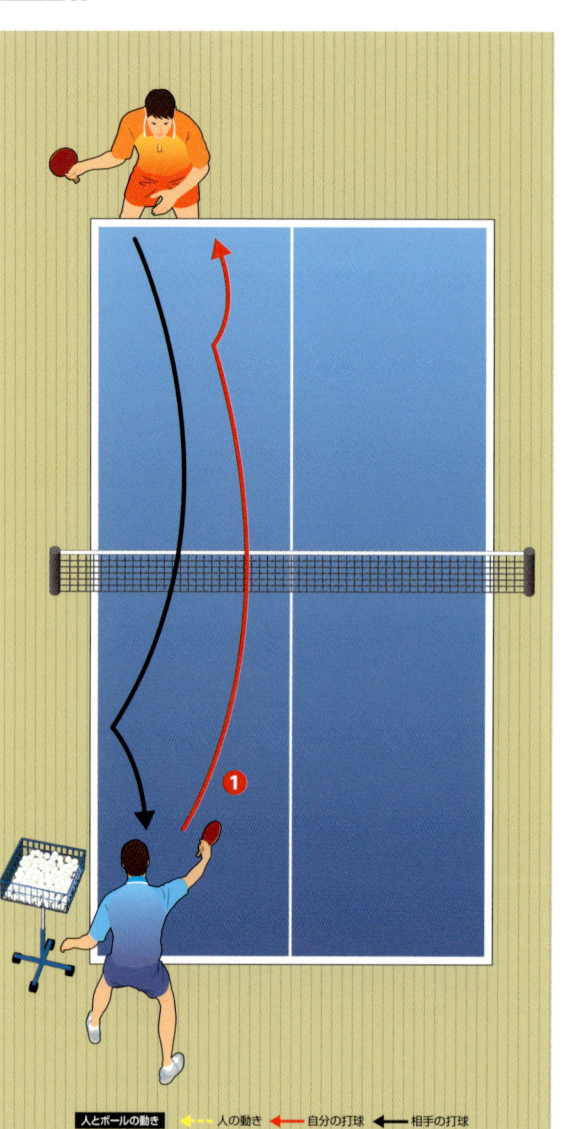

ストレートではクロスよりも距離が短く、ミスが出やすくなる

基本技術

メニュー 014

時間を決めて バックハンドショート練習

レベル ★

時間 3分
回数 —

ねらい ミスを気にせずに、連続してバックハンドショートを打つことで、技術の安定性を磨きます。

手順

① バッククロスで一方はフォアハンド、一方はバックハンドショートで打ち合う。コーチはストップウォッチをスタート

② ミスしたらすぐにボールトレイのボールを使う。3分経ったら終了し、次のペアに交代する

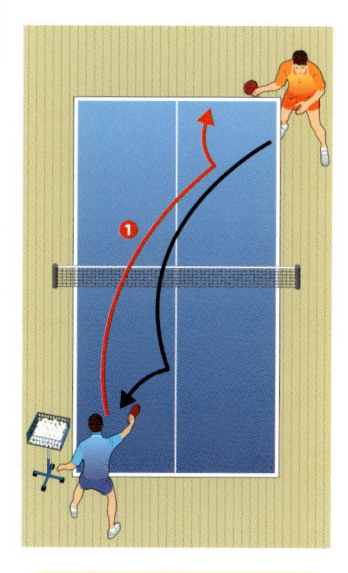

■ 相手のフォアハンドのボールをバックハンドショートで返球

■ ミスしたらすぐに次のボールを使う

■ 時間になったら球拾いをしていたペアと交代する

指導者MEMO

メニュー010と同じく、ストップウォッチを活用した練習です。2組のペアが交互に3分ずつ、タイムロスなく練習することができます。ペアの中でフォアとバックを交代することで、2ペア×2パターンの計12分の練習メニューができます。

基本技術

技術解説 フットワーク

フォアとバックの切り替え

フォアとバックを切り替えるとき、脚の位置そのものはほとんど動かない

左右に動くときのフットワーク(フォアハンド)

フォアハンドで左右に動くときには、脚を真横にステップするように動く

半面程度の短い距離を動くフットワークでは、ヒザのバネを使い、反復横飛びの要領で、両脚同時に動きましょう。また、長身の選手はフォアーバックを切り替える際、ほとんどフットワークを使わなくても対応できるのですが、完全に脚を止めてしまうのはよくありませんので、微調整程度に動かすことを心がけましょう。

回り込みのフットワーク

回り込みのフットワークでは、台の周囲を弧を描くようにステップする

回り込みフットワークでは、台との距離感が重要となります。単に横方向にステップするのではなく、台のサイドに回り込むように、少し身体の向きを相手のバックサイドに向き変えながらステップします。P80の「スタンスの技術解説」を参考にしてください。ただし、あまりにも台の横深くまで回り込んでしまうと、フォアサイドに大きく振られたときに対応できません。いつでもフォアサイドのボールに対応できるよう、台との適切な距離感を保ちましょう。

飛びつきのフットワーク

バックサイドからフォアサイドへと、大きく飛びつくときには、両脚がクロスすることもある

足がクロスする

基本技術

メニュー 015 フォアーバックの切り替え

ねらい フォアハンドから、バックハンドの切り替えを身につけます。フォアとバックで変わる球質や軌道、リズムに対応できるようになる練習です。

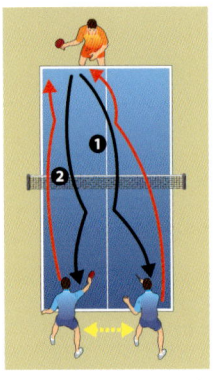

レベル	★★
時間	5分
回数	30本連続ノーミス

手順
① 相手がフォアハンドでフォアサイドに出したボールを、フォアハンドでクロスに返球
② 相手はバックサイドに返球。バックハンドショートで再び相手のフォア側に返球(バックストレートに返球)
③ ①〜②を繰り返して、ノーミスで30本続ける

指導者MEMO フォアサイドのボールをフォアハンド、バックサイドに来たボールをバックハンドで打つのは、現代卓球の基本です。フォアーバックの切り替えをスムーズにしましょう。

■ 相手はフォアハンドで左右に振る
■ フォアーバックの切り替えをマスターする

基本技術

メニュー 016 時間を決めてフォアーバックの切り替え

ねらい これもフォアハンド、バックハンドの切り替えを身につける練習です。ミスを気にせずにボールを打ち続けることで、動きのコツを覚えます。

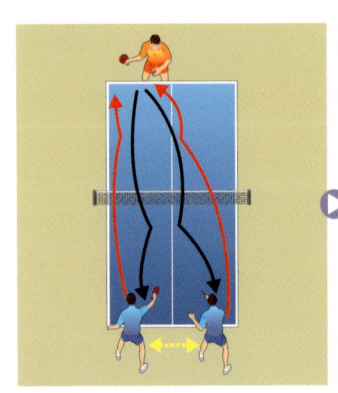

レベル	★★
時間	5分
回数	―

手順
① 相手はフォアハンドでフォアとバックに1本ずつ送る。選手はフォアハンドとバックハンドを1球ずつ打つ
② 3分たったら、それぞれの役割を交代する
③ それぞれがフォアとバックの切り替えを終えたら交代

指導者MEMO フォアーバック切り替えと、フォアハンド(もしくはバックハンド)で相手のフォアサイド、バックサイドにボールを送るのは、ラリーの基本といってもいいいコース取りです。

■ フォアーバックの切り替えを練習する
交代
■ 時間が来たら役割を交代する

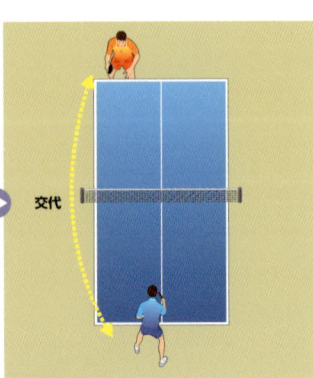

メニュー 017 基本技術

フォアハンドの左右フットワーク

レベル ★★

時間 5～10分間程度
回数 30本連続ノーミス

ねらい
フットワークの基本を身につけます。
ボールを出す方にとっては、
正確にコースを打ち分ける練習にもなります。

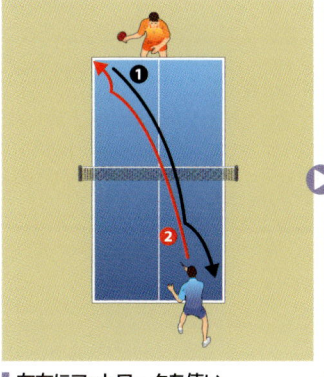

手順

① 相手はフォアサイドとミドルに、交互にボールを出す
② 選手は1本ずつ左右に動きながら、フォアハンドで打球する
③ ①②を繰り返しながら、30本ノーミスでつなぐ

左右にフットワークを使い動く

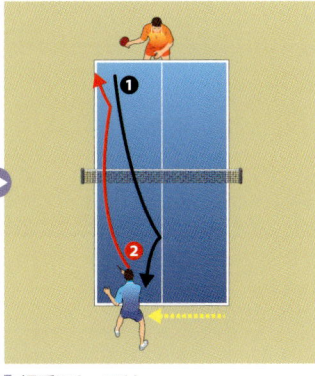

相手にとっては左右に打ち分ける練習

指導者MEMO
フットワークはあらゆる技術の基礎となります。かつてはもっと大きく動くフットワーク練習が主流でしたが、現代の卓球では、半面程度の距離をテンポよく動くほうが実戦的だと考えられています。

メニュー 018 基本技術

時間を決めたフットワーク練習

レベル ★★

時間 5分
回数 ―

ねらい
フットワークの基本練習です。ミスを気にせずに動き続けることで、フットワークのコツを覚えます。

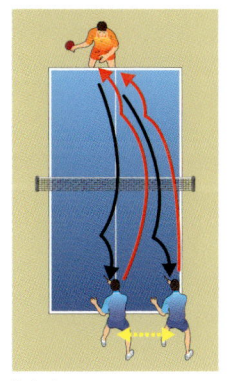

手順

① 相手がフォアサイドとミドルに1本ずつ打ってくるボールを、選手はフォアに返球する。ミスしたらすぐに次のボールを出す
② 3分間休みなく動く

左右にフットワークを使い動く

ミスを気にしないことで、より実戦的なフットワーク練習となる

指導者MEMO
フットワーク練習は、慣れないうちはミスが多いため、この練習のようにたくさんのボールを使い、時間で区切ったほうが効率のよい練習ができます。

基本技術

メニュー 019

多球でのフットワーク練習

レベル ★★
時間 5分
回数 50～100本が目安

ねらい 数多くの球を打つことで、フットワークに磨きをかける練習方法です。ミスを気にせずに続けます。

▌多球で左右に動く

▌球出し役は選手の動きをよく見てボールを出す

手順

① 球出し役はフォアとミドルの交互にボールを出す

② 選手は左右に動いて、フォアハンドで返球する。コースは全て相手のフォアサイドへ。ストップウォッチで3分間はかり、休みなく動く

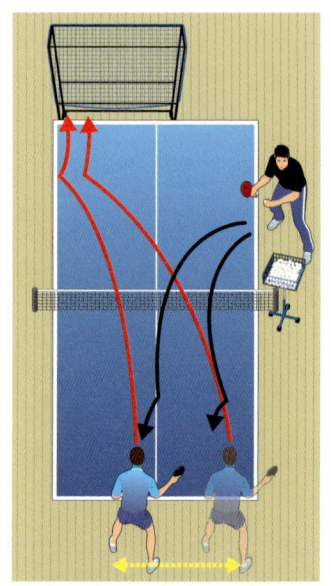

One Point! アドバイス

球出し役にはセンスが求められます。選手がまったく取れないようなボールを出したり、あまりにもやさしいボールを出していると、練習の効率が落ちます。選手同士で交代しながら球出し役をすることで、互いによい球出しができるようになります。

指導者MEMO フットワーク練習は、慣れないうちはミスが多いため、多球練習で行うのも有効です。また、多球では、ボール出しのテンポをコーチがコントロールできるため、選手のミスが多くなるギリギリのテンポ、スピードのボールを出すことで、選手のレベルを引き上げられます。

基本技術

基本概念 多球練習の球出しの極意

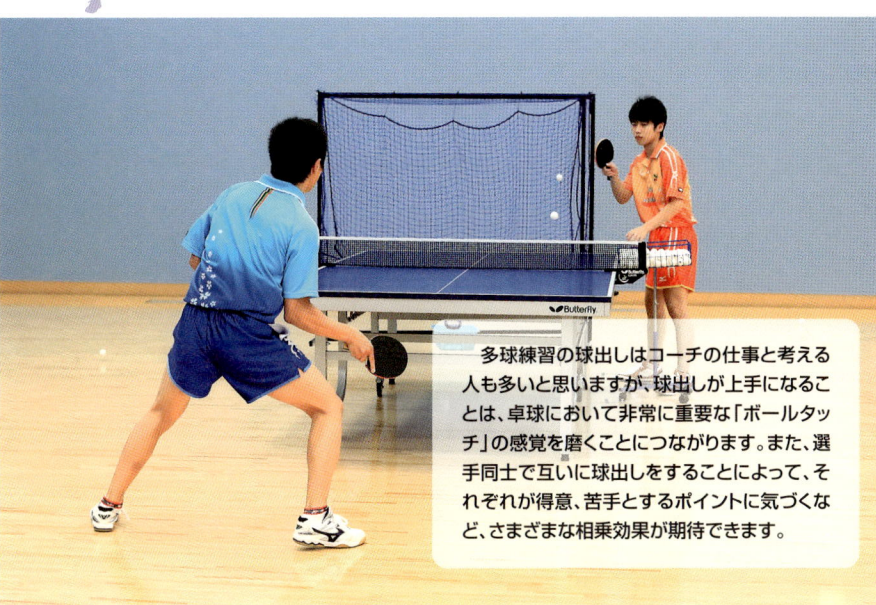

多球練習の球出しはコーチの仕事と考える人も多いと思いますが、球出しが上手になることは、卓球において非常に重要な「ボールタッチ」の感覚を磨くことにつながります。また、選手同士で互いに球出しをすることによって、それぞれが得意、苦手とするポイントに気づくなど、さまざまな相乗効果が期待できます。

POINT❶ 2球ずつ取る

　球出しが上手な人は、だいたい2球ずつ、上手にボールを取ります。たったこれだけのことですが、練習時間のロスを減らせます。

POINT❷ スピンをかける

　球出しの際、安易にボールを叩くように球出しをする人を見かけますが、できるだけ回転をしっかりかけた、生きたボールを出せるようになりましょう。台上でボールをワンバウンドさせると、トップスピン、バックスピンといった回転をかけやすくなると思います。

POINT❸ いろんな場所から出す

　右利きの場合、台の左サイドから球出しをすることが多いと思います。しかし、それだけでは練習相手としても単調になります。台の真ん中や、あるいは台から離れたところからカット性のボールを出す（写真）といった出し方をすると、ボールを出す選手たちの上達にもつながります。

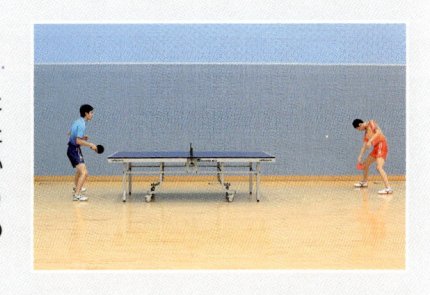

メニュー 020　基本技術

ショート
～回り込みをつなぐ

レベル ★★
時間 5分
回数 30本連続ノーミス

ねらい　フォアハンドとバックハンドの切り替えと、正しいフットワークを同時に覚えます。

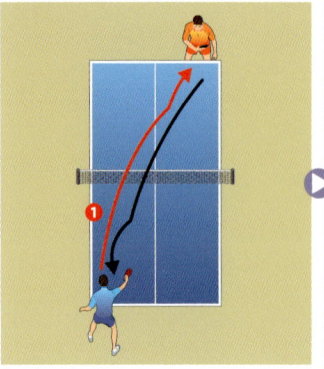

バックハンドショートで
バックハンドクロスに返球

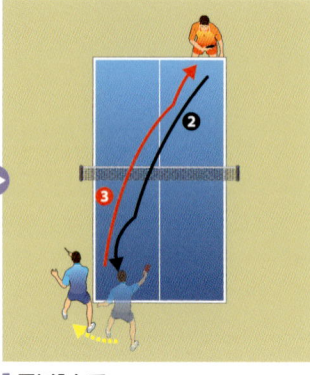

回り込んで
フォアハンドでバッククロスへ

手順
① 相手がバックサイドに出したボールを、選手はバックハンド（ショート）で返球
② 相手はショートで返球
③ 選手は回り込んでフォアハンドで相手のバックサイドに返球
④ これを繰り返す

指導者MEMO　フォアーバックの切り替えと同時にフットワークも習得できる練習法です。試合会場などで、半面しかコートが確保できない場合でもできる練習です。

メニュー 021　基本技術

時間を決めてショート
～回り込みフォアハンド

レベル ★★
時間 3分
回数 ―

ねらい　ミスを気にせず、ショート～回り込みを練習します。多球で練習します。

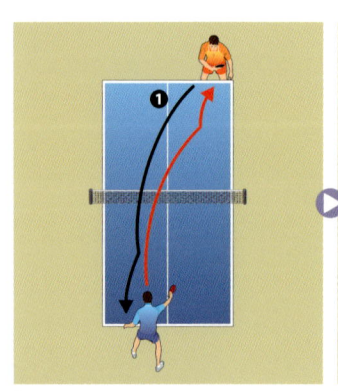

バックハンドショートで
バッククロスへ返球する

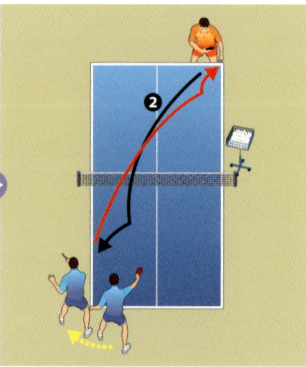

回り込んで
フォアハンドでバッククロスへ

手順
① 相手がバックサイドに打ったボールを、選手はバックハンド（ショート）で返球
② 続けて相手がバックサイドに打ったボールを、選手は回り込んでフォアハンドで打ち返す。この動きを繰り返す
③ ミスしてもボール拾いは次のペアに任せ、3分間続ける
④ 3分たったら、相手と役割を交代する

基本技術

メニュー 022 2本1本の飛びつき

ねらい　フォアハンドとバックハンドの切り替えと、飛びつきのフットワークを覚える練習です。

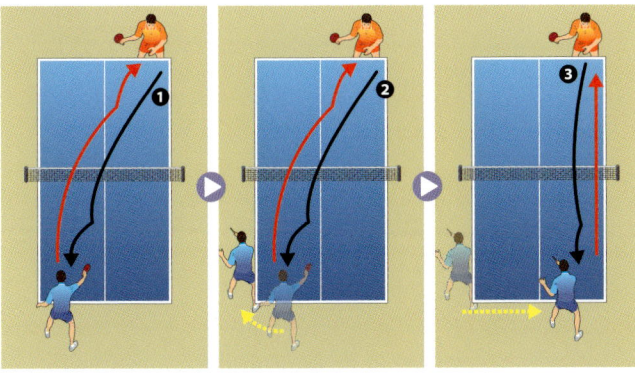

レベル	★
時間	5分
回数	30本連続ノーミス

手順
① 相手がバックサイドに出したボールを、選手はバックハンド（ショート）で返球
② 続けて相手がバックサイドに打ったボールを、回り込んでフォアハンドで、相手のバックサイドに返球
③ 相手がフォアサイドに打ったボールに対して、選手はフォアへ大きく飛びつき、フォアハンドで返球
④ ①〜③を繰り返す

指導者MEMO　ラリーにおける基本的なコースを全てカバーする練習です。基本のラリー技術の仕上げ練習として有効です。

- バックハンドショートでバッククロスへ
- 回り込んでバッククロスへフォアハンド
- フォアサイドに飛びついてフォアハンド

メニュー 023 時間を決めて2本1本の飛びつき

ねらい　ミスを気にせず、2本1本の飛びつきを練習します。

レベル	★
時間	5分
回数	—

手順
① ボールトレイを置く。ストップウォッチで時間をはかる
② 2本1本の飛びつきの動き（メニュー022）を繰り返す
③ ミスをしても球拾いをせずに、5分間続ける。5分経ったら、相手と役割を交代する

指導者MEMO　時間で区切ることで、何度も動きを反復し、スムーズに動けるようにしていきましょう。

- バックハンド後は、素早く回り込む
- フォアへは大きく飛びつき、フォアハンドを強打することで変化をつける

基本技術

メニュー 024

2本-2本の
フォアーバック切り替え

レベル ★
時間 5分
回数 30本連続ノーミス

ねらい フォアハンドとバックハンドの切り替えと、技術の安定性を高める練習です。

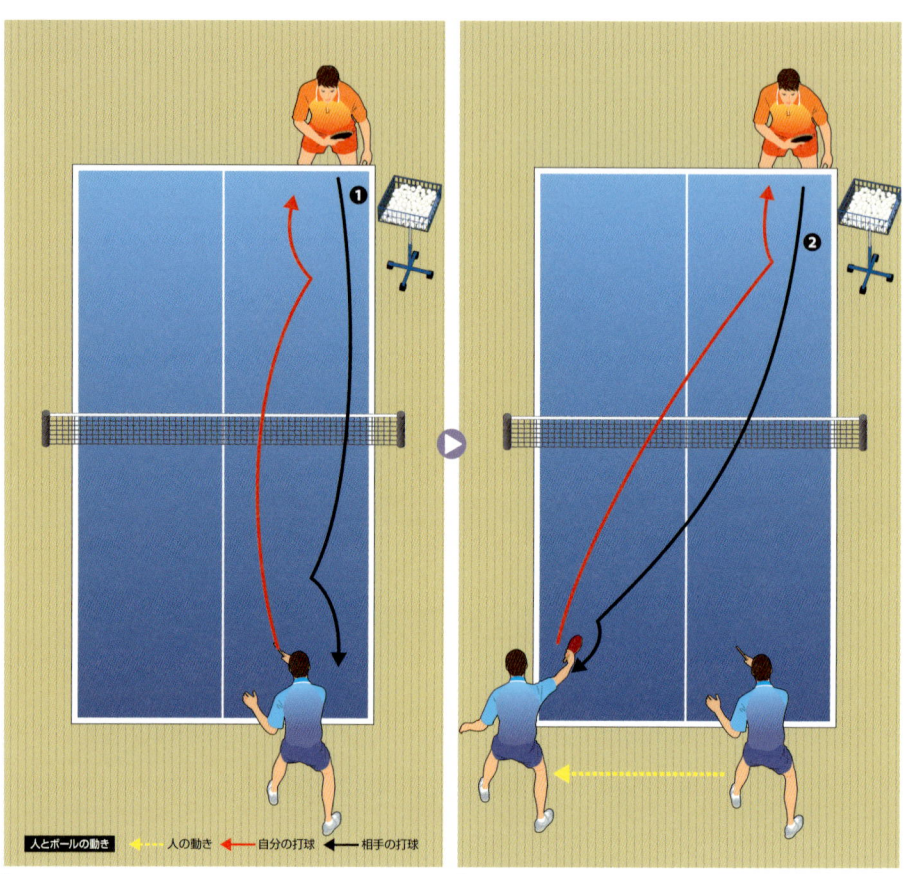

| フォアサイドで
フォアハンド×2 | バックサイドに移動して
バックハンド×2 |

凡例：人とボールの動き／人の動き／自分の打球／相手の打球

手順

① 相手はバックハンドショートで、フォアサイドに送る。選手はフォアハンドで返球。これをもう1回繰り返す
② 相手はバックハンドショートで、バックサイドに送る。選手はバックハンドで返球。これをもう1回繰り返す
③ 30本ノーミスでつなげることを目標にする

指導者MEMO
フォアハンドを2本、バックハンドを2本打つパターンです。フォアーバックを1本ずつ切り替える練習ばかりしていると、相手が同じコースに連打してきたときに対応できません。こういったコースどりも、メニューに加えておきましょう。

基本技術

メニュー 025 2本-1本のフォアーバック切り替え

レベル ★
時間 5分
回数 30本連続ノーミス

ねらい フォアハンドに重点を置いた、フォアハンドとバックハンドの切り替えの練習です。

手順

① 相手はバックハンドショートで、フォアサイドに2本、バックサイドに1本、ボールを送る
② 選手は、フォアサイドはフォアハンドで、バックサイドはバックハンドで返球する
③ 30本連続ノーミスを目標にする

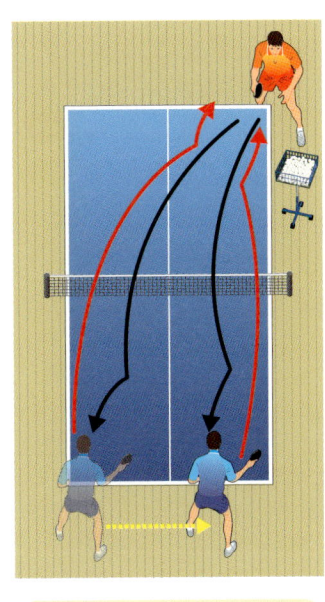

▎フォアサイドでフォアハンドを打ち

▎もう1本フォアハンドを打つ

▎3本目はバックハンドショート

指導者MEMO
フォアハンドを2本、バックハンドを1本打つパターンです。フォアハンドの1本目を強打し、2本目をつないだり、1本目をつないで2本目を強打するなど、変化をつけると実戦的な練習となります。

基本技術

技術解説 下回転サービス

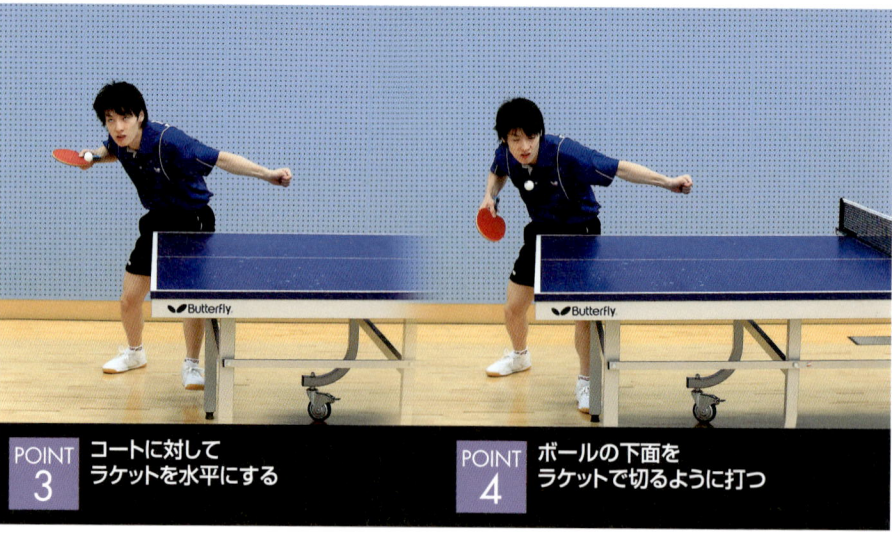

POINT 1	トスを上げて、テイクバックを取る
POINT 2	右脚に体重を乗せる
POINT 3	コートに対してラケットを水平にする
POINT 4	ボールの下面をラケットで切るように打つ

▶▶▶ ボールの下をラバーでこすり、スピンをかける

　下回転サービスは、数あるサービスの中でももっとも多くの選手が実戦で使用しているサービスです。その理由はコントロールがしやすく、またバックスピン（下回転）がかかっていると相手が強打しにくい（強打してもミスしやすい）ということがあります。

　下回転サービスの出し方はいろいろですが、もっとも基本となるのは、ボールの下面をラケット（ラバー）でこすり、スピンをかける方法です。

基本技術

技術解説 ツッツキ（ショートカット）

バックハンド

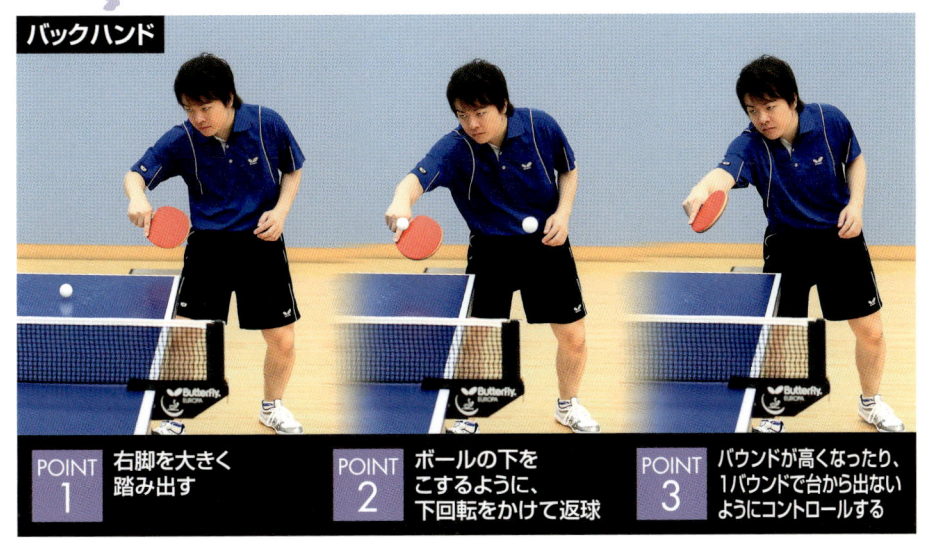

POINT 1 右脚を大きく踏み出す

POINT 2 ボールの下をこするように、下回転をかけて返球

POINT 3 バウンドが高くなったり、1バウンドで台から出ないようにコントロールする

フォアハンド

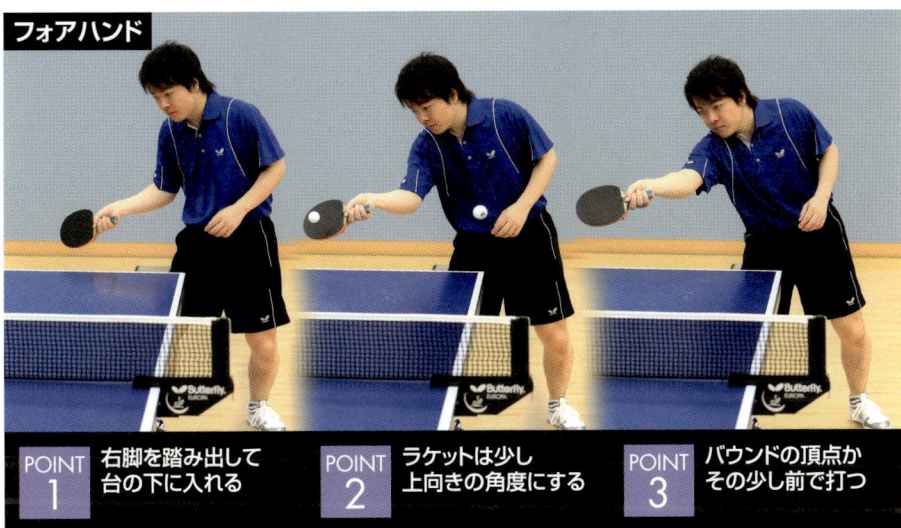

POINT 1 右脚を踏み出して台の下に入れる

POINT 2 ラケットは少し上向きの角度にする

POINT 3 バウンドの頂点かその少し前で打つ

▶▶▶ 2バウンド目が台から出ない短いツッツキが基本

　ツッツキ（ショートカット）は、相手の下回転がかかったボールを、下回転で返球する技術です。比較的ボールのコントロールがしやすく、ミスも少ないため、中学生から一般男子まで、幅広く活用されている技術です。大切なことは、ボールが短く止まること（理想的には、2バウンド目が台から出ない）、バウンドが高くなり過ぎないことです。

基本技術

メニュー 026

多球練習でのツッツキ

レベル ★
時間 5分
回数 10本連続ノーミス

ねらい ツッツキの打ち方を覚える基本練習です。ボールが浮きすぎないようにコントロールしましょう。

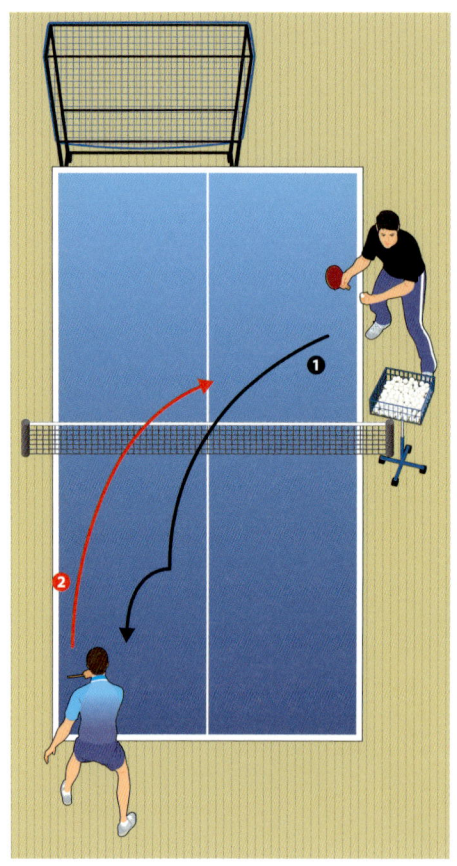

多球でツッツキを練習する

球出し役はバックサイドに短めの下回転ボールを出す

選手はボールが浮かないようにツッツキで返球

手 順

① 球出し役が多球で1球ずつ下回転ボールを出す
② 選手はバッククロスにツッツキで返球。ノーミスで10本を目標とする

指導者MEMO 下回転のツッツキは試合でも使用する頻度が高いため、初心者のうちに修得しておきたい技術です。最初のうちは下回転サービスもうまく出せず、ツッツキも浮きがちになると思いますので、まずは1本打ちで習得します。

基本技術		レベル ★

メニュー 027 ツッツキラリー練習

時間　5分
回数　30本連続ノーミス

ねらい　ツッツキのラリー練習です。バウンドが高く浮かないように、コントロールしましょう。

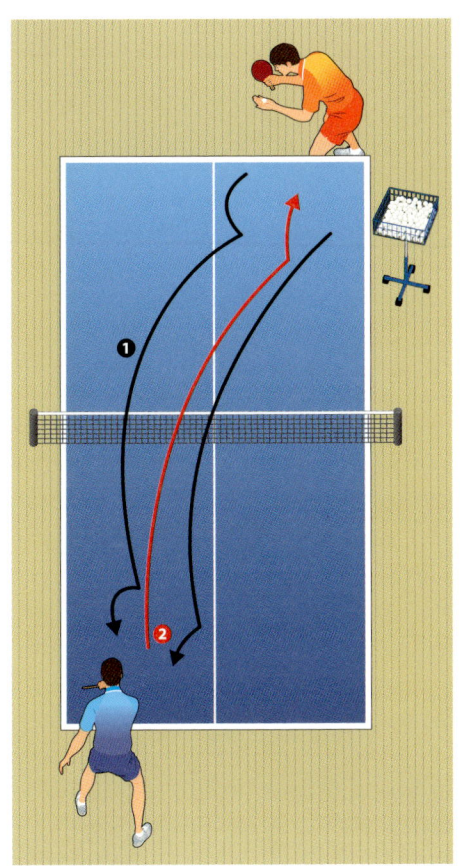

バッククロスで
ツッツキのラリー

お互いに下回転をしっかりとかけた
ツッツキで返球する

ボールが高く
浮きすぎないように注意

手順

①ボールをもった側が下回転サービスを出す
②バッククロスで、ツッツキのラリーを続ける
③30本ノーミスを目標にする

指導者MEMO　初心者同士でのツッツキ練習では、お互いのボールが甘くなりがちです。しかし、バウンド後ネットよりも高く浮いたボールは、相手にとってチャンスボールです。なるべく低くコントロールするように指導しましょう。

基本技術

メニュー 028

多球練習でのフォア・ツッツキ（ストップ）練習

ねらい フォア・ツッツキ（ストップ、P145参照）を練習します。下回転ボールを確実に、低く短く返球できるようにしましょう。

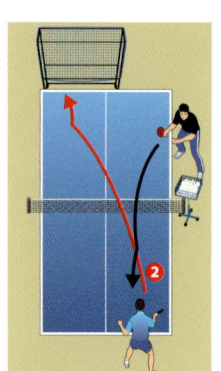

レベル ★

時間 3分
回数 10本連続ノーミス

手順
① 球出し役は多球で1球ずつ下回転ボールをフォア前に出す
② 選手はフォアクロスにツッツキ（ストップ）で返球
③ ノーミスで10本を目標とする

■ 下回転、もしくはストップで返球
■ 多球でフォア前に下回転ボールを出す

指導者MEMO
フォアハンドのツッツキは、あまり重視されません。フォアならツッツキで粘るより攻撃したほうがよいからです。ただし、低く、短い下回転ボールを打つのは難しいので、実戦ではフォアハンドでも短く切れたツッツキが求められます。

基本技術

メニュー 029

フォア・ツッツキ（ストップ）のラリー練習

ねらい フォアハンドのツッツキ（ストップ）のラリー練習です。低く、短いツッツキを出せるようになりましょう。

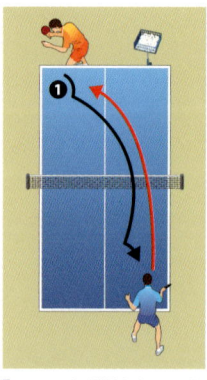

レベル ★

時間 3分
回数 30本連続ノーミス

手順
① ボールをもった選手が下回転サービスを出し、フォアクロスでツッツキ（ストップ）のラリーを続ける
② 30本ノーミスが目標
③ 互いに打たれないように、低く、短くボールを押さえることが目標

■ ツッツキが浮かないように注意
■ フォアハンドのツッツキ（ストップ）でラリーする

指導者MEMO
フォアハンドのツッツキ（ストップ）では、少しでもツッツキ（ストップ）が甘いと感じたら、積極的に攻撃しましょう。互いに攻めきれないくらいの厳しいツッツキ（ストップ）を出し続けることが目標です。

第2章
ゲームに慣れる
Play the games

この章では、ゲーム練習と
ゲームに必要な技術を覚える練習方法を紹介します。
基礎技術と同時に、ゲームで勝つ楽しさを
早い段階から実感することが大切です。

ゲームに慣れる

基本概念 ゲームの大切さ

▶▶▶ 初心者でも積極的にゲーム練習を

第1章で紹介した基本技術の練習と習得は、上達には欠かせない内容です。ですが、ある程度基本練習に慣れてきたら、できるだけゲーム要素を取り組んだ練習を入れていきましょう。「基礎技術が固まるまでは、ゲームや試合をやらせない」という指導者も見かけますが、卓球の楽しさや魅力は、ゲームや試合にあると思います。

私の中学生時代は、顧問の先生がいない部でした。そのため仲間5人と毎日のようにリーグ戦ばかりしていました。それが楽しくて仕方がなかった記憶があります。そして、ゲームを通じて徐々に技術も身についていきました。

ゲーム練習で負けたり、思ったようにいかなかった技術があれば、「もっとこの練習をやらなければ強くなれない」ということに気づきます。このように自発的な動機づけを持った選手は、指導者があれこれ言わなくても、熱心に練習に取り組んでいきます。

ゲーム練習を積極的に取り入れないクラブチームには活気が出ません。初心者のうちからゲームを楽しみ、そこから課題を見つけ、練習メニューにフィードバックしていくという、良いサイクルを作りましょう。

POINT ❶ 時間効率を高める

ゲーム形式の練習を数ペア同時に行った場合、試合時間の差から、待ち時間の長いペアが生まれます。このような状況を防ぐには、ルールを工夫したゲーム形式の練習方法が必要です。この章と第5章で紹介しますので、これらを参考にして時間効率のよいゲーム練習メニューを実施してみてください。

POINT ❷ 緊張感を保つ

楽しいはずのゲーム練習も、実力差が大きいほど楽しさが半減してしまいます。特に実力の高い選手にとっては、技術に差のある相手とのゲーム練習では集中力が続きません。このような場合には、ハンデをつけたり、団体戦や紅白戦形式など、実力差があっても緊張感を保てるように工夫することが必要です。

メニュー 030　5本先取のミニゲーム

ゲームに慣れる

レベル ★

時間 2分（1ゲーム）
回数 相手を変えて5ゲーム程度

ねらい
実際にゲームをすることで、今まで覚えた技術の質を高めます。5本先取のミニゲームは、短時間でゲーム感覚を養えます。

手順
① レベルの近い選手同士で対戦を組む
② サービスは通常の2本交代。5本先取
③ デュースはなし。4-4になっても、先に1本取ったほうが勝ち。勝敗が決まったらすぐに次の試合に入る

- レベルの近い選手と対戦する
- ゲームが終わったら対戦相手を代えて次のゲームへ

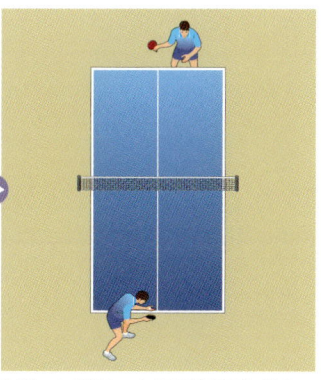

指導者MEMO　初心者は、最初から11点先取5ゲームマッチの公式戦ルールをする必要はありません。サービスの本数のみ公式戦と同じ2本交代にし、試合の感覚に慣れます。

メニュー 031　1ゲームマッチのゲーム練習

ゲームに慣れる

レベル ★

時間 5分（1ゲーム）
回数 相手を変えて3ゲーム程度

ねらい
通常ルールの1ゲームマッチです。
1ゲーム11本先取の勝負感覚を養います。

手順
① 11本先取、サービス2本交代の通常のゲームを、1ゲームのみ行う
② ゲームが終わればすぐに次の相手とのゲームに入る

- 11本1ゲームマッチで試合する
- 1ゲームを真剣勝負できる集中力が大切。負けた方は腹筋10回などのペナルティを与えると集中力が上がる 

指導者MEMO　ゲームに強くなるには、ゲームをたくさんこなすしかありません。しかし正式ルールゲームでは時間がかかりすぎます。11点先取1ゲームであれば時間も5分程度ですし、5本先取のミニゲームよりも、実戦に近い緊張感で練習ができます。

063

ゲームに慣れる

メニュー 032　エレベーターゲーム

レベル ★

時間 20分
回数 10～20ゲーム程度

ねらい　レクリエーション要素を加えたゲーム形式の練習です。
ゲームを楽しんだり、相手に勝つ喜びもつかみましょう。

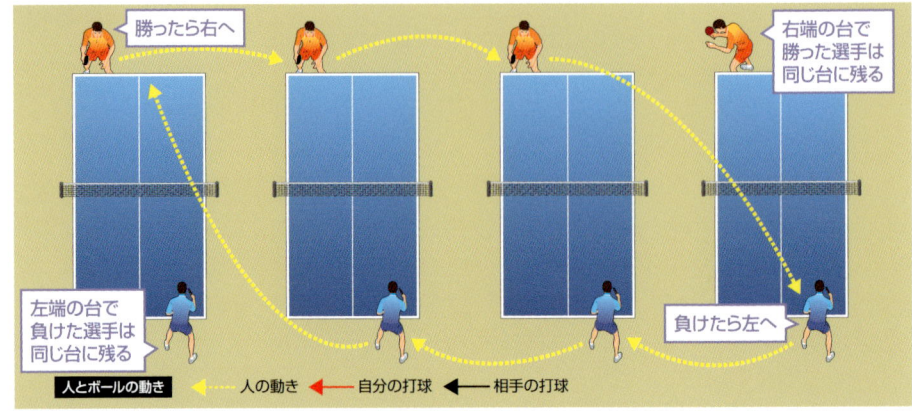

- 勝ったら右へ
- 右端の台で勝った選手は同じ台に残る
- 左端の台で負けた選手は同じ台に残る
- 負けたら左へ
- 人とボールの動き　　人の動き　　自分の打球　　相手の打球

一斉にゲームを行い、勝った人は右の台に、負けた人は左の台に移動する。
右端の台で勝った人、左端の台で敗けた人は移動しない

ゲームは5-5からスタートして11本1ゲームマッチ

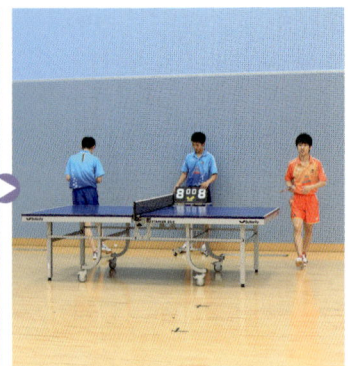

終わったらすみやかに次の台に移動する

手順

① 全ての台で5-5のスコアから11本1ゲームマッチを行う
② 勝った人は右の台へ、負けた人は左の台へ移動する。右端の台で勝った人と、左端の台で負けた人は動かない
③ 移動したら、同じように5-5からゲームを行う

指導者MEMO　全ての台で一斉に試合をする勝ち抜き戦です。試合の終わる時間が台によって違っては無駄な空き時間が生じますので、5-5から始める1ゲームマッチとします。また、デュースはなしとし、11本先取の側を勝ちとします。

メニュー 033	ゲームに慣れる
	王様ゲーム

レベル ★
時間 20分
回数 10～20ゲーム程度

ねらい
ルールに変化を加えたゲーム形式の練習です。このように楽しみながらできる練習も取り入れてみましょう。

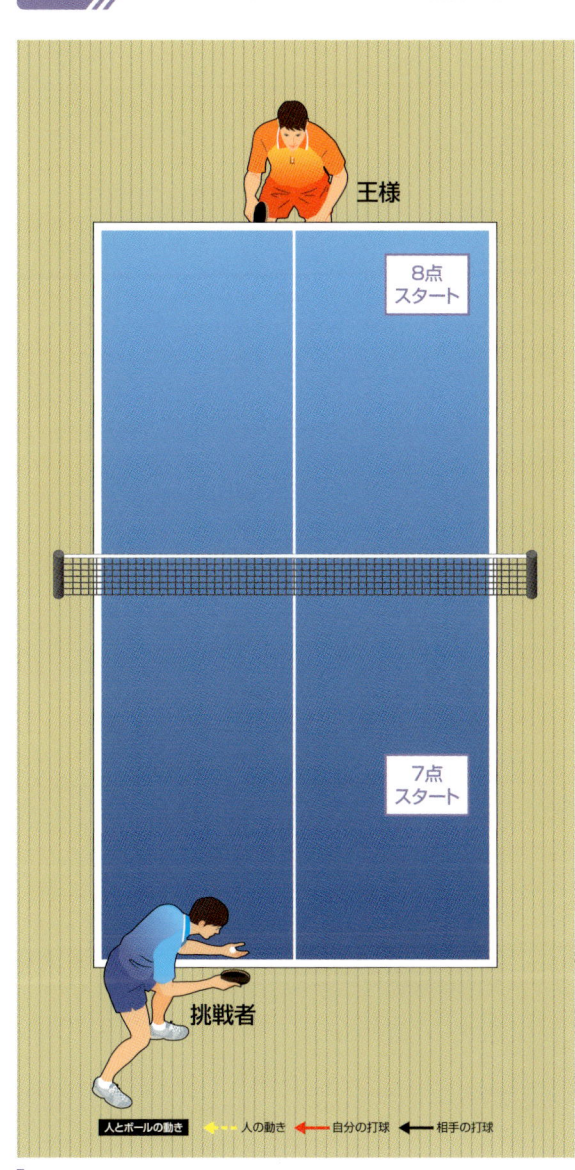

王様
8点スタート

7点スタート
挑戦者

人とボールの動き　人の動き　自分の打球　相手の打球

勝った選手は「王様」として、引き続き練習できる

手順
① 王様8点対挑戦者7点という状況から始める1セットゲーム(11点先取)練習
② 1台につき、3～5人程度が集まり、サービス権は挑戦者側が持つ
③ ゲーム後、勝った選手は「王様」として台に残り、次の順の選手が挑戦する

指導者MEMO
練習メンバーが1台につき3～5人程度と比較的多い場合のゲーム練習法です。ルール設定はいろいろですが、基本的に勝ち抜いている選手(王様)を少し有利にします。その状態で挑戦者が勝つと王様になれるというわけです。1台に最大で4人がつくので多少の待ち時間は出ますが、2分も待てば自分の番になります。試合会場での練習法としても使えます。

メニュー 034 時間制限ゲーム練習

ゲームに慣れる

レベル ★
時間 10分程度
回数 時間内で無制限

ねらい 緊張感をもってゲーム練習に取り組むために、ストップウォッチで時間を区切ったゲーム練習です。

11点先取のゲーム

▌通常と同じようにゲームを行う

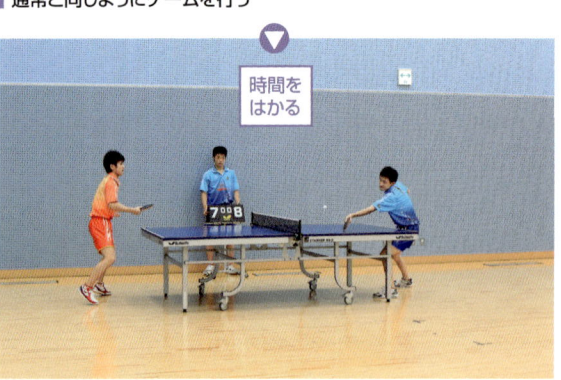

時間をはかる

▌いつゲームが終わるかわからないので緊張感が出る

コーチの笛が吹かれた時点でゲーム終了

▌コーチの笛で試合終了

手順

① コーチの合図で、11本先取のルールでゲームをスタート。1ゲームマッチで行う
② ルールは通常のゲームと同じ
③ コーチはストップウォッチで時間をはかる。事前に決めた時間で笛を吹き、その時点で試合を終わらせる。何分で終わりかは生徒には知らせない。その時点のスコアで勝敗をつける
④ 同点の場合は一本勝負とする
⑤ メニュー032のエレベーターゲームと組み合わせるとよい

指導者MEMO
ゲーム練習に緊張感をもたせるひと工夫の練習法です。選手はコーチの笛がいつ吹かれるかわからないため、緊張感をもってゲーム練習を行うことができます。また、一斉に始めて一斉に終わることができますので、ゲーム終了後の空き時間が生じません。

メニュー 035 多球練習でのスマッシュ

ゲームに慣れる

レベル ★
時間 3分
回数 5本連続ノーミス

ねらい 多球によるスマッシュ練習です。
フォアハンドをしっかりと振りきると同時に、攻撃への意識づけを行います。

手順

①球出し役からの多球で、やや浮いたチャンスボールをバックサイドに出してもらう
②バッククロスにスマッシュ(時々ストレートにもスマッシュ)
③5本連続で、振りきったスマッシュが入るまで続ける

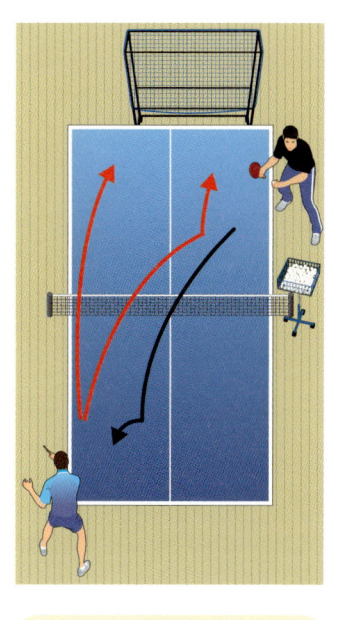

▌チャンスボールを出す

▌大きくテイクバックを取ってスマッシュを打つ

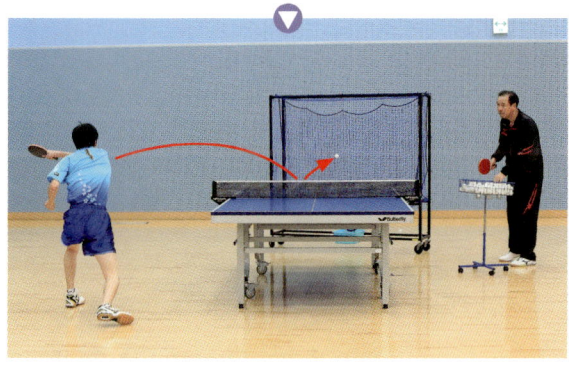

▌打球を確認して、コーチは次のボールを出す

指導者MEMO

初心者のうちは、ミスをした人のほうが負ける傾向が強いため、相手のミスを待つこともあります。ですが初心者であっても、振りきった威力のあるボールでポイントを勝ち取る意識が大切です。

メニュー 036　ゲームに慣れる
ショートサービスを短く正確に出す

レベル ★
時間 3分
回数 5本連続ノーミス

ねらい ショートサービスを短く、正確に出すための練習です。

手順
① 相手コートのバックサイド、エンドライン寄りにタオルを置く
② バッククロスに、短い下回転サービスを出す
③ 相手コートでの2バウンド目がタオルに当たるように狙う。バウンドが高くなりすぎないように注意

■ エンドライン寄りにタオルを置く

■ 短い下回転サービスを出す

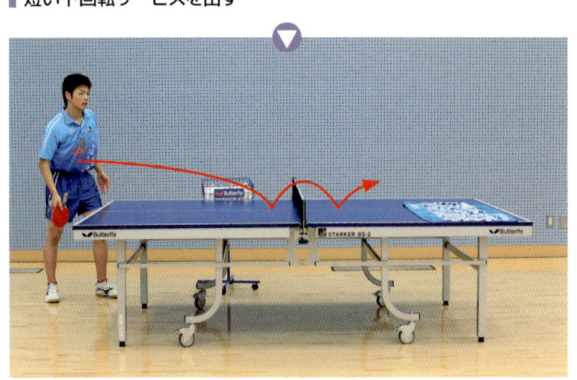

■ 2バウンド目がタオルにあたるように狙う

指導者MEMO
ゲーム練習にある程度慣れてくると、試合に勝つ選手、試合に負ける選手がはっきりしてきます。初心者のうちは特に、サービス力の差が勝敗の差に直結します。まずは短く、打たれない下回転サービスを身につけることが重要なので、サービスが苦手でゲームに勝てない選手は、こうした練習を行いましょう。

メニュー 037 ゲームに慣れる

ロングサービスをしっかり長く出す

レベル ★
時間 3分
回数 5本連続ノーミス

ねらい　ロングサービスが中途半端な長さにならないよう、しっかりと相手コートのエンドラインを狙う練習です。

手順

① 相手コートのバックサイド中央にタオルを置く
② バッククロスに長いサービスを出す
③ 相手コートでの1バウンド目がタオルを超えるように狙う
④ タオルに当たったり、台から出たら最初からやりなおし。5本連続ノーミスが目標

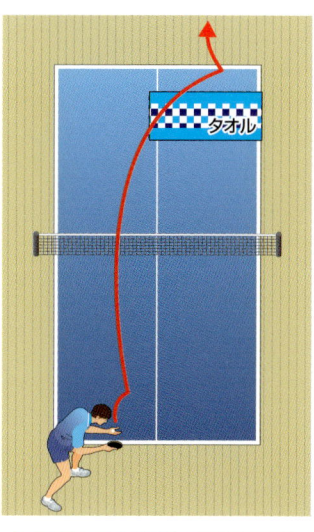

▌バックサイドの中央寄りにタオルを置く

▌バッククロスにロングサービスを出す

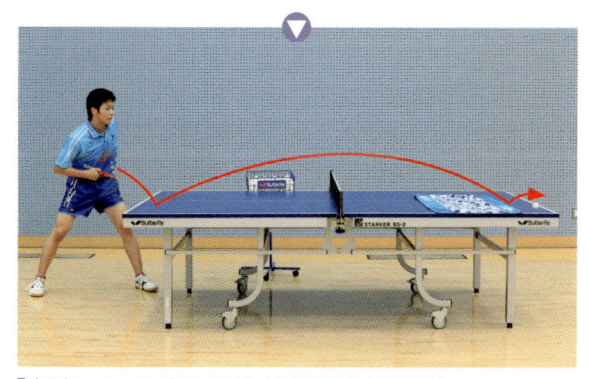

▌相手コートへのバウンドがタオルを越えるようにする

指導者MEMO

短く、打たれない下回転サービスを身につけることができたら、長いサービスも覚えて、相手をゆさぶれるようになりましょう。しかし、長いサービスは、中途半端だとチャンスボールになります。この練習のように、エンドラインぎりぎりにバウンドさせるように意識するとよいでしょう。

メニュー 038	ゲームに慣れる	レベル ★★

三球目攻撃①（回り込みクロス）

時間 5分
回数 3本連続ノーミス

> **ねらい** 三球目攻撃の基本を覚えるための練習です。
> 回り込んでのクロス攻撃は、試合でも頻度の高い形です。

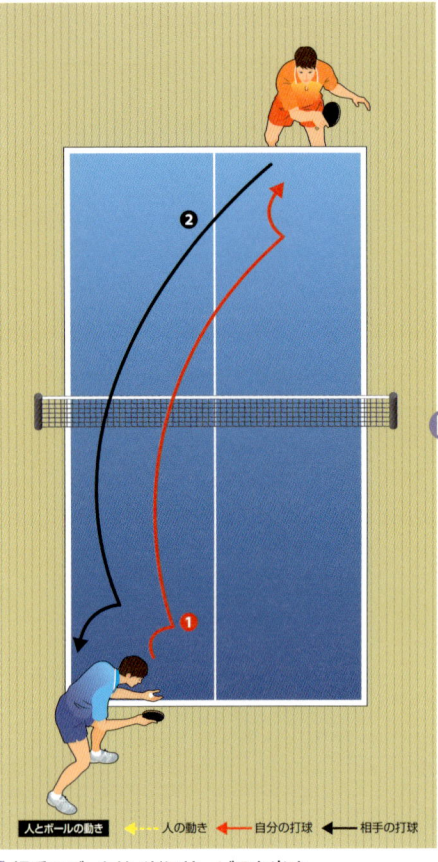

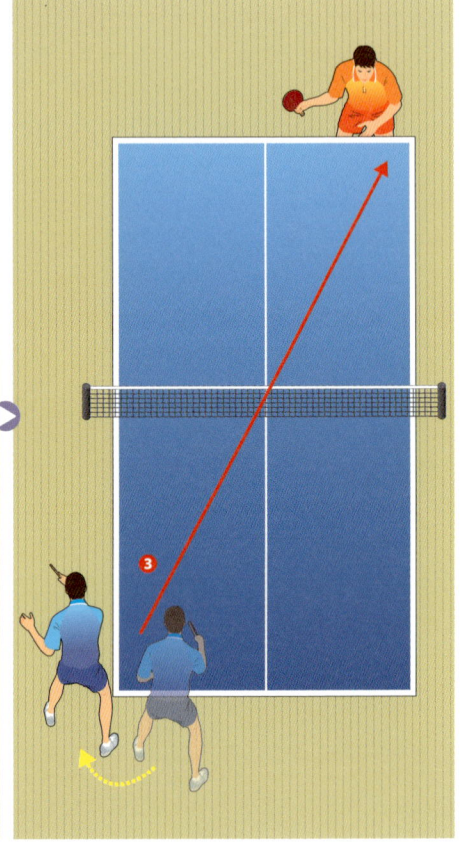

■ 相手のバックサイドにサービスを出す

■ 回り込んでクロスに攻撃する

凡例: 人とボールの動き／人の動き／自分の打球／相手の打球

手順

① 選手は相手のバックサイドにサービスを出す
② レシーブはバックサイドに返してもらう
③ 選手は回り込んでフォアハンドでバッククロスに攻撃。下回転ならドライブ、浮いていればスマッシュを打つ

指導者MEMO
試合になると、相手も攻撃されたくありませんから、レシーブがバックサイドに返ってくることが増えてきます。そのボールを狙って、回り込んで攻撃できるようになりましょう。

メニュー 039 ゲームに慣れる
三球目攻撃②（フォアクロス）

レベル ★★
時間 5分
回数 3本連続ノーミス

ねらい 三球目攻撃の基本を覚えるための練習です。フォアクロスに攻撃します。

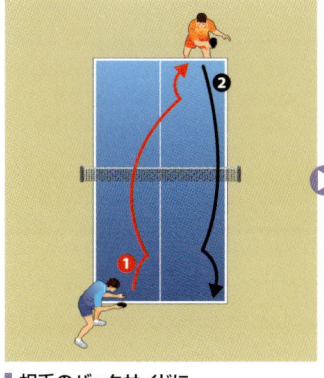

手順
① 選手は相手のバックサイドにサービスを出す
② 相手には、フォアサイドへレシーブしてもらう
③ 選手はフォアハンドでクロスに攻撃。下回転ならドライブ、浮いていればスマッシュを打つ

相手のバックサイドにサービスを出す

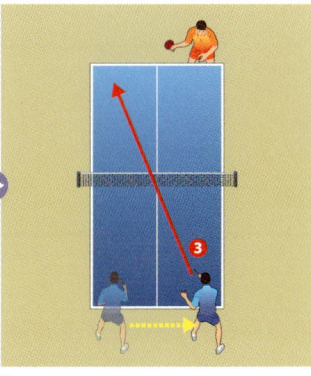

フォアクロスに攻撃する

指導者MEMO 初心者、特に女子選手は基本練習ばかりでは試合で萎縮し、攻撃できなくなってしまう選手がいます。三球目攻撃練習は、試合で攻撃する意識づけになります。

メニュー 040 ゲームに慣れる
三球目攻撃③（回り込みストレート）

レベル ★★
時間 5分
回数 3本連続ノーミス

ねらい 三球目攻撃の基本を覚えるための練習です。回り込んでのストレート攻撃は、初心者〜中級者でのゲームでは決定力のあるパターンです。

手順
① 選手は相手コートのバックサイドにサービスを出す
② レシーブはバックサイドに返してもらう
③ 選手は回り込んでフォアハンドでストレートに攻撃する。下回転ならドライブ、浮いていればスマッシュを打つ

相手のバックサイドにサービスを出す

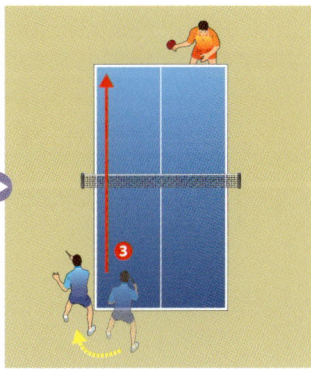

回り込んでバックストレートに攻撃する

指導者MEMO ストレートへの攻撃はクロスに比べると距離が短く、ミスが出やすくなります。回り込んだ時に台との距離を取るようにすると、ミスが減ります。

ゲームに慣れる

メニュー041 レシーブ練習（ツッツキ）

レベル ★★
時間 3分
回数 5本連続ノーミス

ねらい レシーブの基礎となる練習です。
小さく、低く、打たれにくいボールで返球できるようになりましょう。

手順

① 相手からサービスを出してもらう
② 選手はミスのないようにツッツキで返球する。できれば、台上で2バウンドするくらい打つ（ストップ）
③ 相手は返球せずに、すぐに次のサービスを出す（ラリー練習は行わず、サーブレシーブのみの練習）

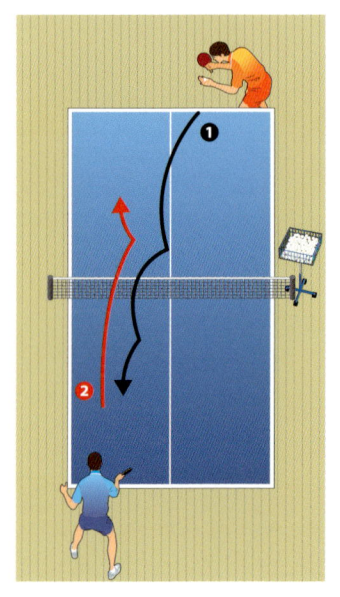

■ 相手がバック前にショートサービスを出す

■ 選手はツッツキでレシーブする

■ できれば相手コートで2バウンドするくらいの長さで（ストップ）

指導者MEMO

レシーブを苦手とする選手は多く、特に初心者のうちはサービスが取れないために試合にならない選手も多くいます。この練習では、何よりミスのない、つなぐレシーブを習得します。

ゲームに慣れる　　　　　　　　　　　　　　レベル ★★

メニュー 042 レシーブ練習（フリック）

時間　3分
回数　5本連続ノーミス

ねらい レシーブの基礎となる練習です。
フォア前の小さなサービスに対し、強気で攻撃するための練習です。

手順

① 相手からフォア前にサービスを出してもらう
② 選手はフォアハンドでフリック（払う）
③ 相手は返球せずに、すぐに次のサービスを出す（ラリー練習は行わず、サーブレシーブのみの練習）

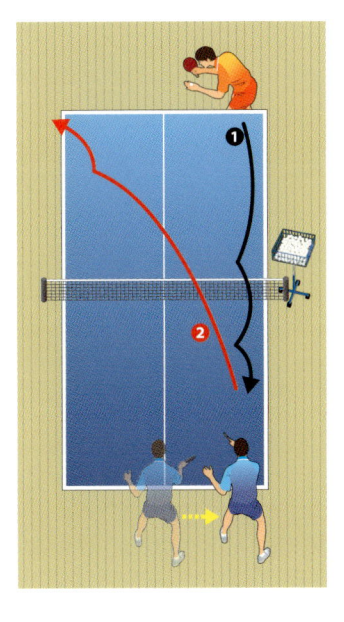

▍相手からフォア前にサービスを出してもらう

▍選手はフリックでレシーブ

▍コース・スピードをできるだけ厳しく

指導者MEMO

フォア前の短いサービスをフォアハンドでフリック（払う）技術は、レシーブから攻撃するための大切な技術です。特に、ペンホルダーの選手はこれを習得して、有効に活用しましょう。

技術解説 チキータ

ゲームに慣れる

| POINT 1 | バウンドに合わせて、手首を巻き込むようにテイクバックを取る |
| POINT 2 | ボールの側面をこするようにスイングする |

▶▶▶ トップランカーではすでに「普通」の技術

　チキータとは台上のバックハンドで、横回転をかけて返球する技術です。手首を巻き込むようにして強い回転をかけるため、相手コートに入ったボールが大きくカーブするのが特徴です。ボールの軌道がチキータという名前のバナナに似ているということから、「チキータ」と呼ばれるようになりました。

　高度な技術のため、以前は「できるだけ覚えましょう」という指導が多かったかと思います。現在では、全国大会に出場する男子選手であればほとんどが使えるくらい浸透しています。ポイントは手首をやわらかく使い、ボールの側面を捉えることです。ボールの側面を強くこすって回転をかけることで、通常の返球とは全く違う、相手が予測しにくい変化した球筋で返球することができます。

POINT 3　台上を横切るように、ボールがカーブしていく

● よくあるNGと対策

チキータは、手首のスナップを大きく利かせることで、大きな横回転をかけます。ポイントになるのは、手首のスナップが使える構えです。ヒジがしっかりと上がっているかが大切です。

NG　ヒジの位置が低いため、手首を体の内側に返せない

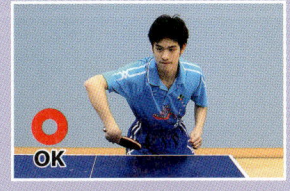

OK　ヒジの位置を上げることで、手首を体の内側に返せる

メニュー 043 多球練習でチキータを習得

ゲームに慣れる

レベル ★★★
時間 3分
回数 5本連続ノーミス

ねらい 台上でのチキータは、最先端の卓球シーンでは不可欠の技術です。早い段階から、多球練習で習得しましょう。

手順
① バック前、もしくはミドル前に、短めのゆるいボールを送ってもらう
② 選手はチキータで返球する
③ 5本連続ノーミスを目指す

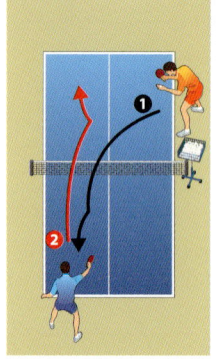

多球で短いボールを出してもらう

相手がバック前やフォア前に出したボールを、チキータで返球する

指導者MEMO チキータは、相手のサービスなど、回転量の多いボールへの対応に優れた技術ですが、最初のうちは回転のあるボールをチキータで返球するのは技術的になかなか安定しません。多球練習で回転をかける感覚をつかみましょう。

メニュー 044 チキータでのレシーブ練習

ゲームに慣れる

レベル ★★★
時間 5分
回数 5本連続ノーミス

ねらい チキータの基本的な動きを覚えたら、実戦的な技術になるように磨いていきます。その1つがここで紹介するチキータでのレシーブです。

手順
① 相手に、バック〜ミドルを狙った短めのサービスを出してもらう
② 選手はサービスが甘ければチキータでレシーブする
③ レシーブ後、相手は返球せずにすぐに次のサービス

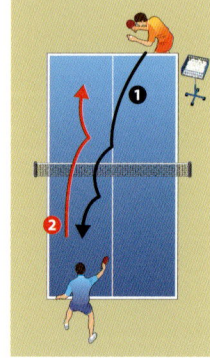

相手からバック〜ミドルにサービスを出してもらう

サービスが甘ければチキータ、厳しければツッツキで返球する

指導者MEMO チキータはまだ歴史の浅い技術ですが、高校生以上のトップ選手では使わない選手はいないほど、急速に広まっています。ぜひ早い段階から、習得に取り組んでください。

メニュー 045 ゲームに慣れる
オールコートのツッツキ（ストップ）練習

レベル ★★
時間 5分
回数 30本を目標

ねらい　オールコートで、ツッツキ（ストップ）で粘る練習です。浮いたボールがあれば、すかさず攻撃します。

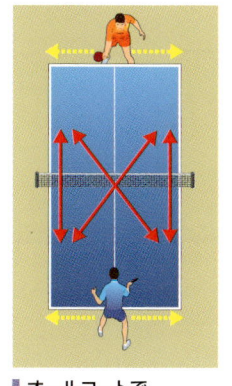

手順
① 下回転サービスを出し、お互いにツッツキ（ストップ）でつなぐ
② コースはフリー。どこに打ってもよい
③ 2バウンド目が台から出たり、甘く浮いたツッツキ（ストップ）があれば攻撃する

指導者MEMO　初心者同士のゲームでは、互いにツッツキで粘りあう場面がよく見られます。この練習では、互いにツッツキ（ストップ）で粘りつつ、甘いボールが来たら攻撃するという練習です。スコアをカウントして競い合ってもよいでしょう。

オールコートでストップのラリー

甘く浮いたボールは攻撃する

メニュー 046 ゲームに慣れる
ハーフコートのゲーム練習

レベル ★★
時間 3分
回数 1～3ゲーム程度

ねらい　ハーフコートに限定してゲームをすることで、通常よりもラリーがつながるようになります。

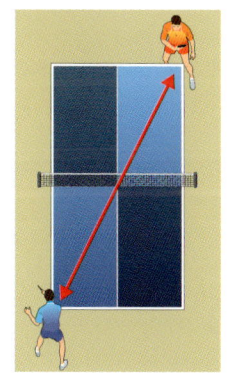

手順
① バッククロス、もしくはフォアクロスにコートを限定してゲームを行う
② 11本先取1ゲームで終わり、対戦相手を変える

指導者MEMO　初心者同士のゲームでは、なかなかラリーがつながらない場面が多く見られます。この練習では、コースをハーフコートに限定することで、ラリーが長く続くことを狙っています。使えるコースが半分になると、ブロックなどもやりやすくなり、ラリーが長く続くようになります。

フォアクロス、もしくはバッククロスに限定する

ハーフコートになっていること以外は通常のゲームと同じ

ゲームに慣れる

メニュー 047 ハーフ対オールの ハンディキャップマッチ

レベル ★★
時間 3分
回数 1〜3ゲーム程度

ねらい 強い選手はオールコート、弱い選手はハーフコートというハンデによって、ゲーム練習に緊迫感を持たせます。

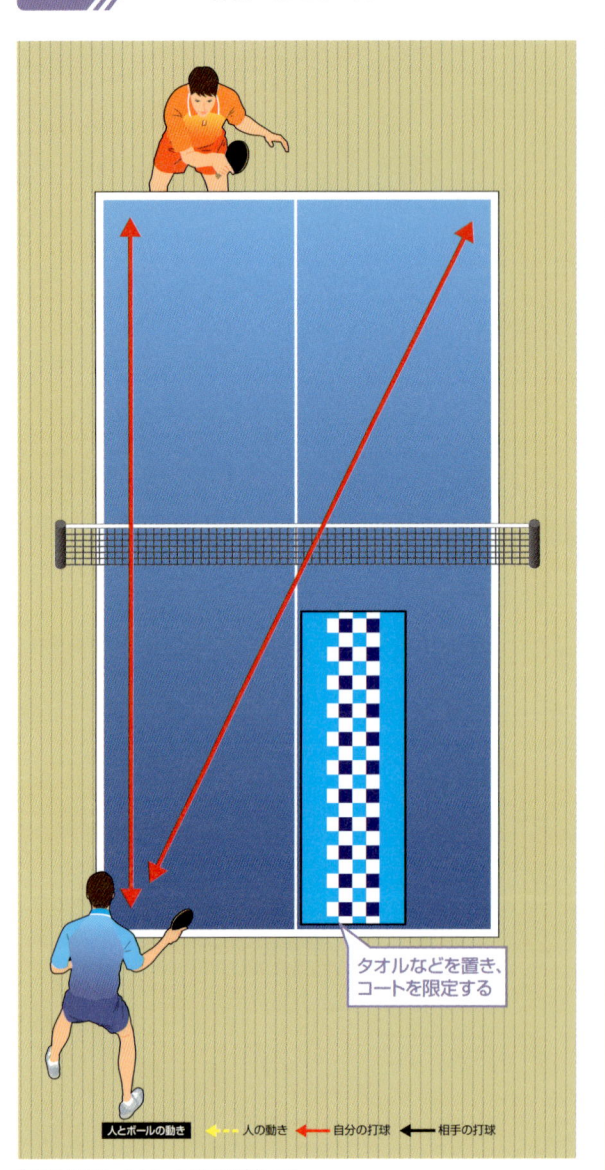

手順

① 強い選手はオールコート、弱い選手はバッククロス、もしくはフォアクロスにコートを限定してゲームを行います
② 11本1ゲームマッチ。終わったら、ハーフコートだった選手がオールコートになるなど、ハンデや相手を交代します
※ タオルなどを反面に敷き、コートを限定するものよいでしょう

タオルなどを置き、コートを限定する

人とボールの動き　人の動き　自分の打球　相手の打球

相手はオールコートなのに対して
こちらはハーフコートなので有利となる

指導者MEMO

少し力量の差がつくと、ゲーム練習ではやる前から結果がわかってしまい、緊張感が生まれません。この練習ではハンディキャップ（強者が決められたコース以外に打った場合は失点とする）をつけることで、通常の試合よりもラリーが長く続きます。その結果、お互いにとってよい練習ができます。

第3章
ラリー力を養う
Rally Skill

この章では、主にラリー力を高める練習を紹介します。
ゲームではサービスやレシーブによって点を取る場面も多いのですが、
あるレベル以上になってくると、
ラリーでポイントを取らなくては勝ち切ることはできません。

ラリー力

技術解説 スタンス

お手本

| POINT 1 | バックサイドの際は左脚が前に出る |
| POINT 2 | ミドルの際は脚はほぼ平行になる |

NG例

| NG例 1 | 後ろ脚が横を向くと体も開いてしまう |
| NG例 2 | 体が前後に開くと、強い打球が打てなくなる |

| POINT 3 | フォアサイドの際は右脚が前に出る |

| NG例 3 | 右脚が後ろだと、台から離れすぎてしまう |

▶▶▶ 基本は「扇型」

　スピード、ピッチが年々早くなる卓球競技においては、フットワークの常識の以前とは変わってきました。基本的な動きを学ぶことは必要ですが、試合ではある程度原則は守りつつ、自由に、ボールに合わせて脚を運ぶほうが合理的です。

　守るべき原則は「肩幅より少し広いスタンスを保つ」ということがあります。肩幅より狭くなりすぎるとバランスが悪くなりますし、広くなりすぎると動きにくくなります。

　かつてと常識が大きく変わったことに、フォアサイドのボールに対処するときのスタンスがあります。現代卓球では、フォアサイドのボールに対して、右利きの場合、右脚前で対処するのが普通になりました。以前であれば、フォアハンドを振るときには必ず右脚を後ろ、左脚を前と教えることになっていましたが、今では図のように、台の周囲で扇形を描くようなスタンスを基本として動きます。

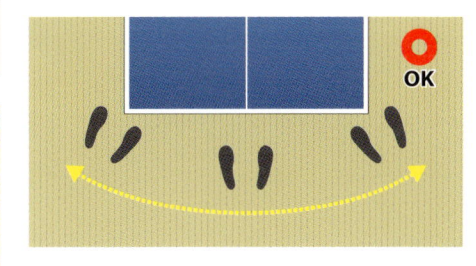

　ただし、相手のロビングをスマッシュで攻撃する場合など、左脚を大きく踏み込むことで威力をつけることはあります。とはいえこれはあくまでも例外です。ピッチの速いラリー展開の中では、右脚を前にして、打球点を速くボールをさばいていくプレースタイルのほうが、時代に合ったものといえるでしょう。

ラリー力

技術解説

バックハンド

| POINT 1 | フットワークを使って ボールの正面に動く | POINT 2 | ヒザを曲げながら テイクバックをとる | POINT 3 | ヒジを前に出しながら ボールに当てる |

▶▶▶ しっかりとトップスピンをかけたバックハンド

　バックハンドはバックハンドショート（P40）とは違い、しっかりとテイクバックをとって、ボールにトップスピンを与えます。ペンホルダーの場合はペンホルダーのバックハンドや裏面打法で打球します。
　バックハンドを振るときには、バックハンドショートの場合よりも台からの距離が必要です。また、フォアハンドに比べてバックハンドは手打ちになりやすいのですが、しっかり身体を回転させて、全身の力でラケットを振りましょう。

| POINT 4 | インパクトでは手首のスナップを利かせる | POINT 5 | 腰の回転とともに、ラケットを振り切る | POINT 6 | 横方向へフォロースルーをとる |

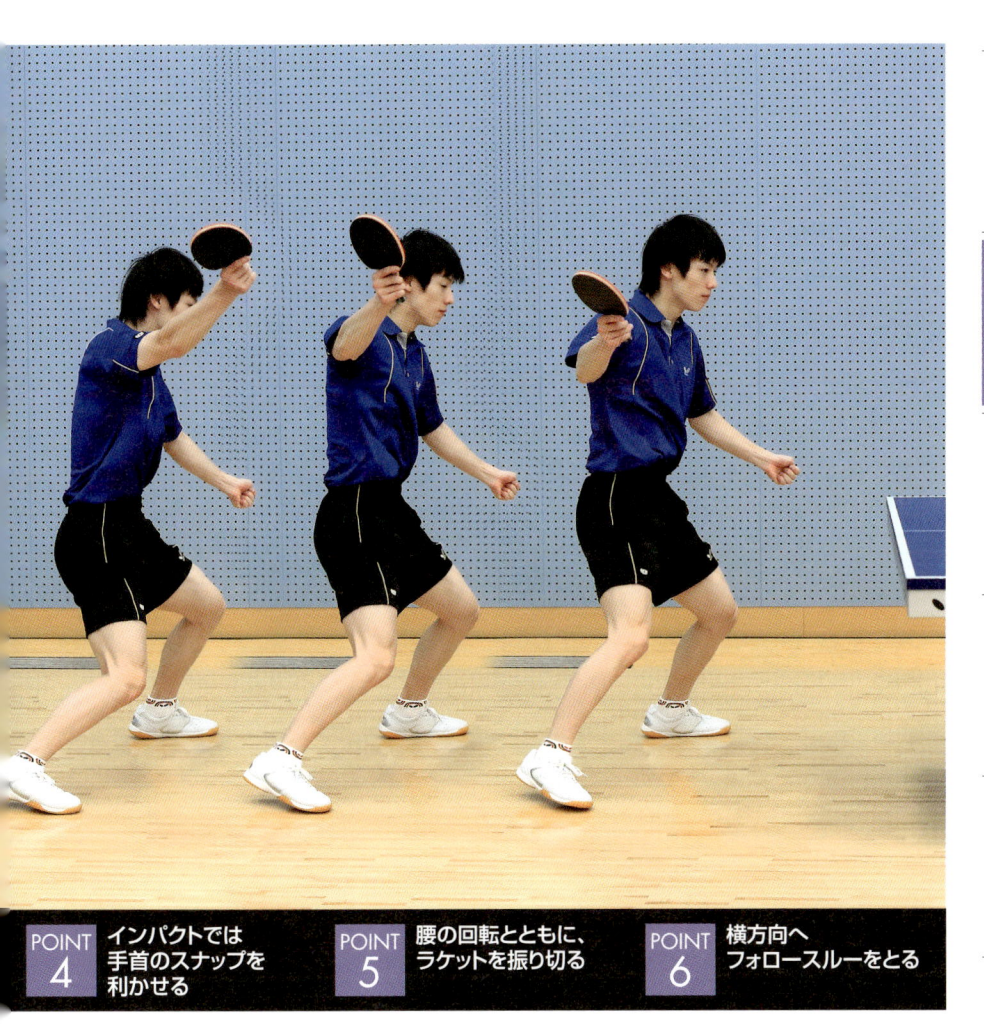

● 立ち位置を意識しよう

さらにコートから離れた位置でトップスピンをかけずに、ラケットを立てて強く打つと、バックハンドのスマッシュになります。コートからの立ち位置の違いで、打ち分けられるようになりましょう。

ショート
ショートはヒジを軸にして押し出す

バックハンド
バックハンドはインパクトを強くし、フォロースルーまで振り切る

メニュー 048	ラリー力

多球練習での バックハンドドライブ

レベル	★★
時間	3分
回数	10本連続ノーミス

ねらい バックハンドショート（P40）ではなく、バックハンドドライブを身につけるための練習です。

手順

① 球出し役はバッククロスにボールを出す
② 選手はしっかりとテイクバックを取り、バッククロスにバックハンドドライブで打ち返す
③ ノーミスで10本連続入れるように練習する

▌球出し役は選手のバックにボールを出す

▌選手はしっかりとテイクバックをとる

▌バックハンドドライブで返球（強打）

指導者MEMO

選手はバックハンドドライブの練習をしているとき、フォアサイドへの意識がおろそかになりがちです。コーチはときどき、フォア、あるいはミドルにボールを送って、意識がバックサイドに固定化しないようにしてあげましょう。

ラリー力

メニュー049 多球練習でのバックハンドショート-ロング打ち分け

レベル ★★
時間 5分
回数 20本連続ノーミス

ねらい バックハンドショートと、しっかりスイングしたバックハンドロングは違った技術ですので、その違いを意識するための練習です。

手順

① 球出し役が多球でバッククロスに出した、ややスピンのかかった威力のあるボールを選手はバッククロスにショートで返球
② 球出し役はやや緩めにバックサイドに返球する。選手はテイクバックをしっかりとったバックハンドロングでバッククロスに打ち込む
③ ①～②を繰り返す
④ ノーミスで20本連続入れるように練習する

■ 球出し役がやや強めに出したボールをバックハンドショートで返球

バックハンドロング

■ 球出し役がややゆるめに出したボールをバックハンドロングで返球

バックハンドショート

■ バックハンドショートとバックハンドロングを交互に打ち分ける

指導者MEMO バックハンドショート（P40）とバックハンドロングを交互に打ち分ける練習です。バックハンドショートでつなぐ場合と、バックハンドロングで威力のあるボールを出す意識を切り替える練習になります。

ラリー力

メニュー 050 中陣で強くフォアクロスラリー

レベル ★★
時間 5分
回数 5分間打ち合う

ねらい 台から離れた中陣の位置で打ち合います。実戦的なフォアハンドのラリー力をつける練習です。

手順
① フォアクロスでフォアハンドドライブを互いに打ち合う
② 中陣で、ミスが多くならない範囲で、できるだけ強いボールを打ち合う
③ ミスしても球拾いにはいかず、次のボールでラリーを再開する

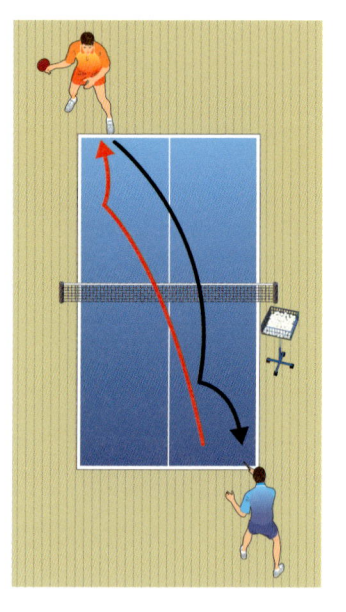

▎中陣のフォアクロスで互いにフォアハンドドライブを打ち合う

▎ミスが出ない範囲で、できるだけ強いボールを打つ

▎ミスが出ても球拾いにはいかず、別のボールで再開

指導者MEMO フォアクロスで打ち合う練習ですが、メニュー008とは目的が違います。「何本つなぐ」というのではなく、互いに強い回転をかけ、威力のあるボールでラリーをします。より実戦的なフォアハンドを身につけることが目的です。

メニュー 051 ラリー力

フォアクロスで変化をつける

レベル ★★
時間 5分
回数 5分間打ち合う

ねらい 様々なコースへ打ちこむ、実戦的なフォアハンドのラリーの練習です。

手順

① フォアクロスでフォアハンドドライブを互いに打ち合う
② フォアサイド⇔ミドルの範囲で、自由にコースを変える
③ ミスしても球拾いにはいかず、次のボールでラリーを再開する

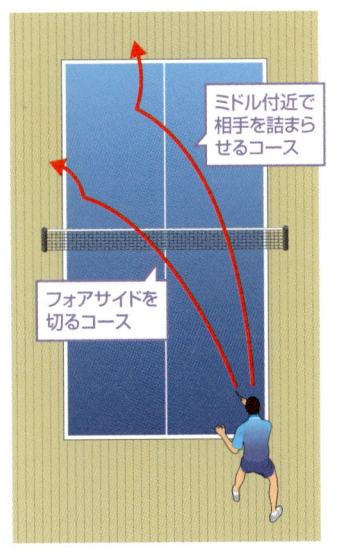

▌ クロスの厳しいコースやミドルに打ち分ける

▌ できるかぎりオールフォアで対応する

▌ ミスが出ても球拾いには行かず、別のボールで再開

ミドル付近で相手を詰まらせるコース

フォアサイドを切るコース

指導者MEMO

コースをフォアクロスだけと決めても、工夫次第で練習に変化をつけることができます。フォアクロスでも、フォアサイドを切るようなボールから、ミドル付近で相手を詰まらせるボールまでいろいろなコース取りがありえます。威力、コースに変化をつけることで、かなり実戦的な練習となります。

ラリー力

メニュー 052 3点のフットワーク（飛びつき）

レベル ★★
時間 5分
回数 30本連続ノーミス

ねらい 全面をフォアハンドで動くフットワーク力をつける練習です。
飛びつきの強化になります。

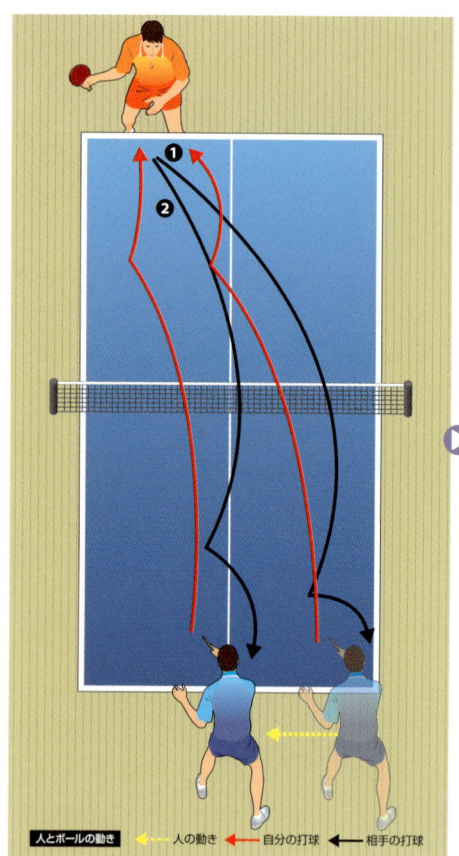

フォアコーナー付近→ミドルで
フォアハンドを打つ

バックサイドでフォアハンドを打ったら、
飛びついてフォアサイドへ

人とボールの動き　← 人の動き　← 自分の打球　← 相手の打球

手順

① 相手はフォアコーナー付近にボールを出す。選手はそれをフォアハンドでフォアクロスへ打つ
② 相手はミドルに返球。それをフォアハンドで相手フォアへ
③ 相手はバックに返球。回り込み気味にフォアハンドで相手フォアへ
④ 相手は再びフォアのコーナー付近に返球。飛びついてフォアハンドでフォアクロスへ

指導者MEMO フォア→ミドル、ミドル→バックへのフットワークは短い距離ですが、バック→フォアは、一気に移動距離が増えます。しっかりと地面を蹴って、飛びつきましょう。

メニュー 053 3点のフットワーク（回り込み）

ラリー力　　レベル ★★
時間 5分
回数 30本連続ノーミス

ねらい
全面をフォアハンドで動くフットワーク力をつける練習です。回り込みの強化になります。

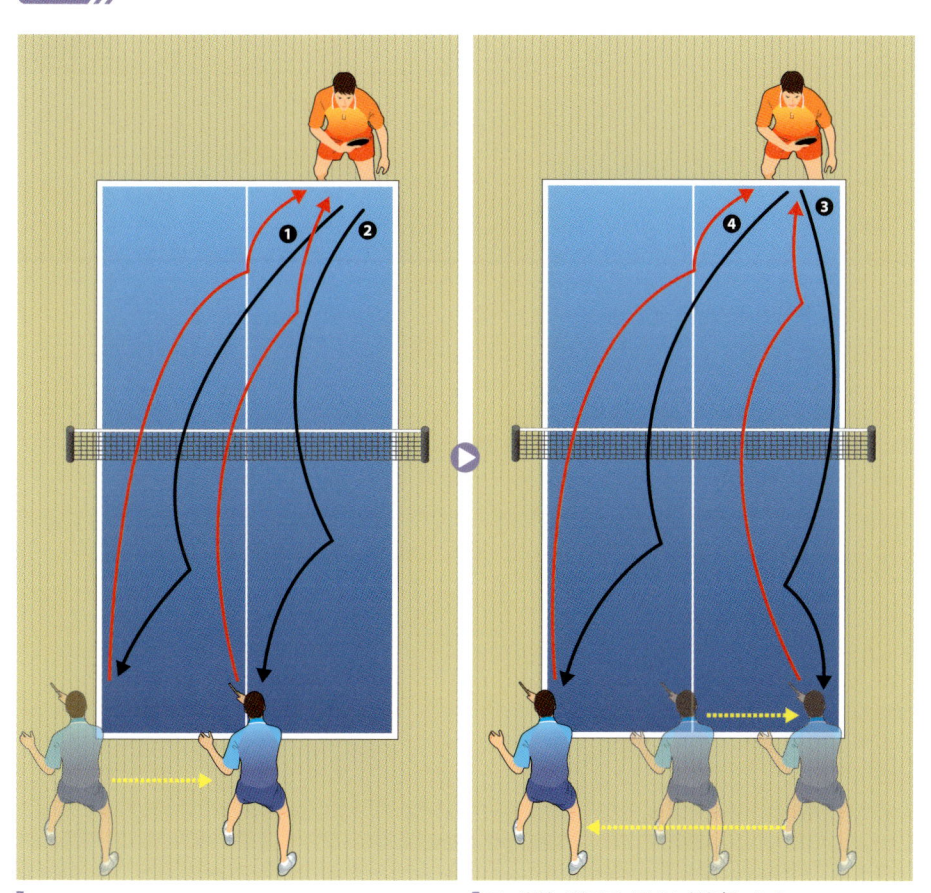

バックコーナー付近→ミドルでフォアハンドを打つ

フォアサイドでフォアハンドを打ったら、バックサイドに大きく回り込んでフォアハンド

手順
① 相手はバックハンドショートでバックへ。選手はそれをフォアハンドでバッククロスへ
② 相手はミドルに返球。それをフォアハンドでバックへ
③ 相手はフォアストレートに返球。それをフォアハンドで相手のバックへストレートに返球
④ 相手はバックに返球。大きく回り込んでフォアハンドでバッククロスへ

指導者MEMO
メニュー052とは逆に、フォアサイドでボールを打った後、大きく回り込むことがポイントとなります。

ラリー力

メニュー 054 4本1セットのパターン①

レベル ★★
時間 5分
回数 30本連続ノーミス

ねらい フォア・バックを織り交ぜながらフットワークを練習する4本1セットのシステム練習です。

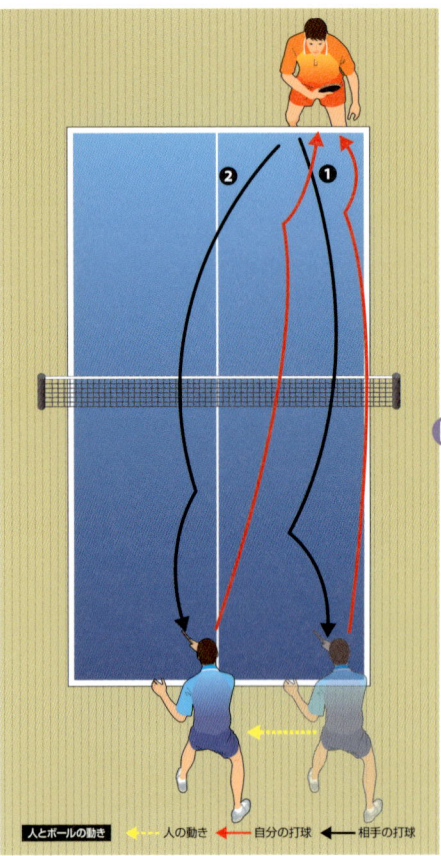

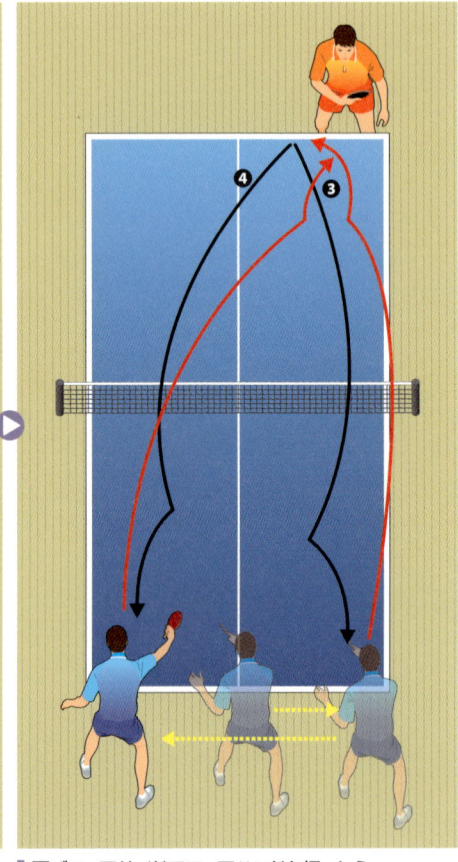

フォアサイド→ミドルで
フォアハンドを打つ

再びフォアサイドでフォアハンドを打ったら
バックサイドでバックハンド

手順

① 相手はバックでフォアへ。選手はそれをフォアハンドで相手のバックサイドへ

② 相手はミドルに返球。少し移動してフォアハンドで相手のバックサイドへ

③ 相手は再びフォアへ。フォアハンドでバックサイドへ

④ 相手はバッククロスに返球。バックハンドでバッククロスへ

指導者MEMO 実戦ではフォアサイドに来たボールはフォアハンド、バックサイドに来たボールはバックハンドで対応します。ミドルに来たボールは、どちらでも対応できますが、基本的には、攻撃力のあるフォアハンドで打球したほうが合理的といえます。

ラリー力

メニュー 055 4本1セットのパターン②

レベル ★★
時間 5分
回数 30本連続ノーミス

ねらい フォア・バックを織り交ぜながらフットワークを練習する4本1セットのシステム練習です。

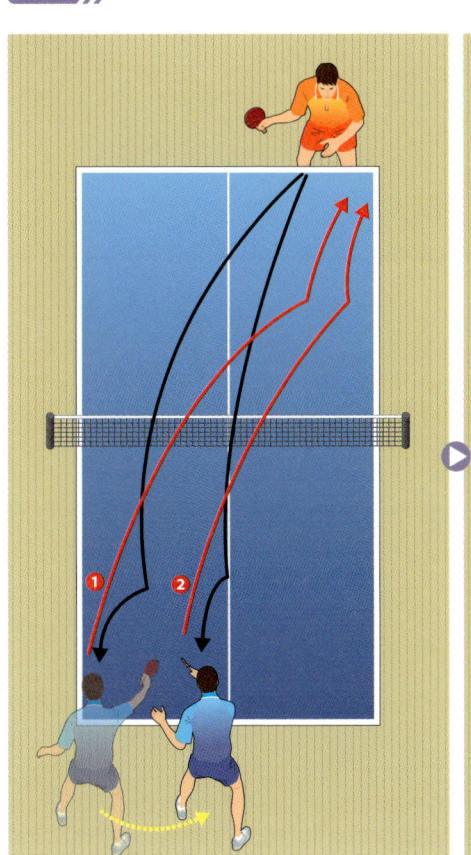

バックサイドでバックハンド→ミドルでフォアハンドを打つ

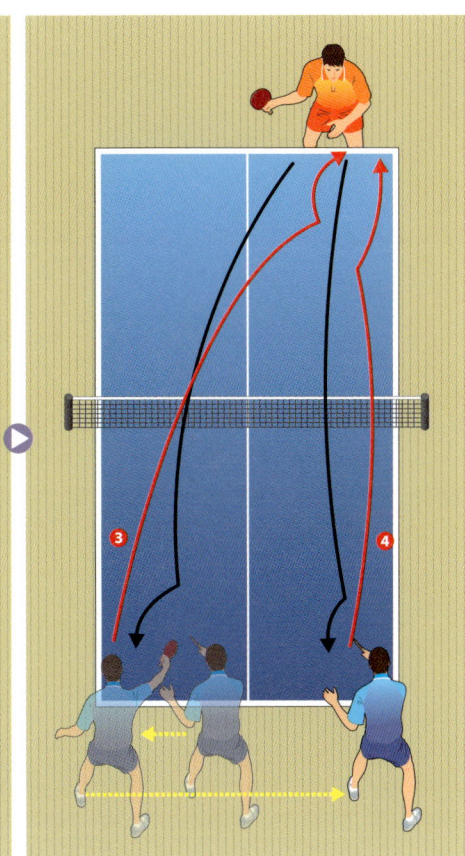

再びバックサイドでバックハンドを打った後、フォアサイドに飛びついてフォアハンドを打つ

手順

① バックに来たボールを選手はバックハンドで相手のバックサイドへ
② ミドルに来たボールをフォアハンドでバックサイドへ
③ バックへ来たボールをバックハンドでバッククロスへ
④ フォアストレートに来たボールに飛びつき、フォアハンドでストレートへ

指導者MEMO
4本1セットの練習です。初心者はつなぎでもかまいませんが、中級者以上であれば、4本目のフォアハンドを強くクロスに打つなど、より実戦的な練習にアレンジしてください。

ラリー力

メニュー 056 多球練習での フォア2本ーバック2本

レベル ★★
時間 5分
回数 50～100球を1セット

ねらい フォアハンド、バックハンドの打球コース、強さを自由にコントロールする練習です。

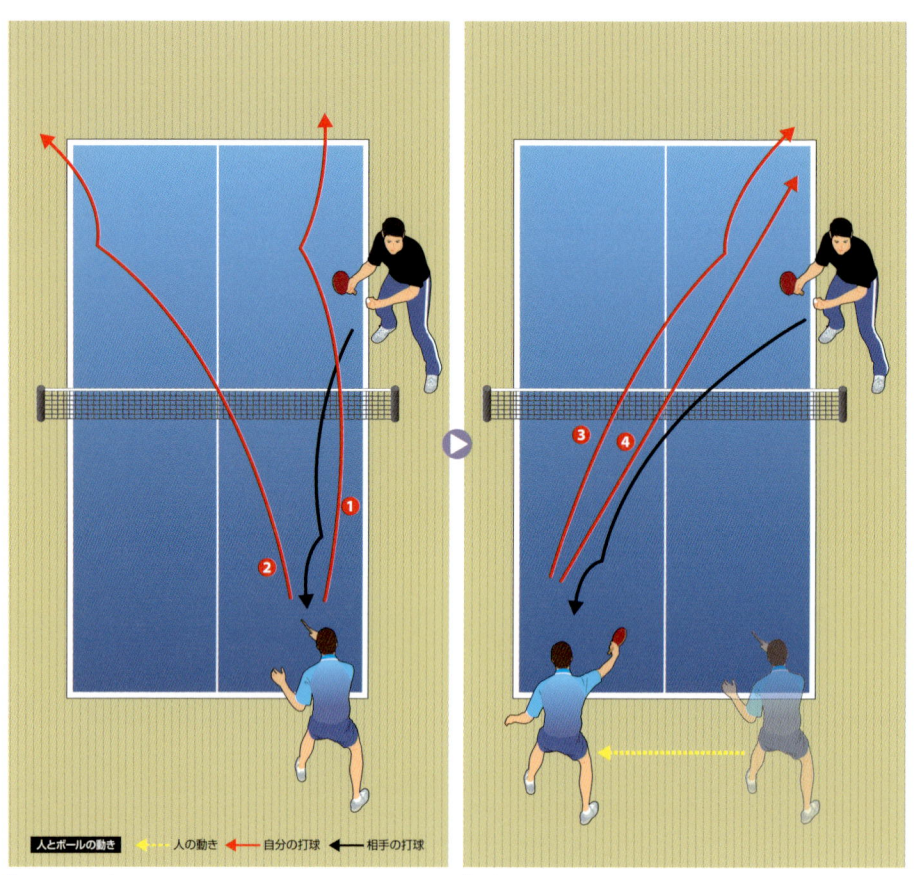

凡例：人とボールの動き　人の動き　自分の打球　相手の打球

フォアハンドでは
コースを打ち分ける

バックハンドではバックハンドショートと
バックハンドを打ち分ける

手順

① フォアサイドに来たボールを、選手はフォアハンドでストレートに打つ
② もう一度フォアサイドに来たボールを今度はクロスへ
③ バッグサイドに来たボールをバックハンドショートでバッククロスへ
④ もう一度バックサイドに来たボールをバックハンドロングでバッククロスへ強打

指導者MEMO　1本目と2本目のフォアではコースを変え、バックハンドの1本目はショートでつなぎ、2本目はバックハンドロングの強打を振り切ります。単純な2本-2本のコース取りでも、このように変化をつければ、実戦的な練習となるでしょう。

メニュー 057 ラリー力

多球練習での
ランダムフットワーク

レベル ★★★
時間 5分
回数 50〜100球を1セット

ねらい オールコートでランダムに来るボールに対応する練習です。

手順

① オールコートに多球で出されるボールを、選手はフットワークを使いフォアハンド、バックハンドで返球する
② 返球コースは、練習相手のバックサイド、もしくはフォアサイドに固定する
③ ミドルに来たボールは、なるべくフォアハンドで処理する
④ バックサイドに甘いボールが来たら回り込み、フォアハンドで強打する

▌ バックサイドに来たボールはバックハンドで返球

▌ 返球するコースは相手のバックサイド、もしくはフォアサイドに固定する

▌ バックサイドに来たボールでも、甘ければ回り込んで攻撃する

指導者MEMO

オールラウンドで、あらゆるボールに対応します。ここでは多球ですが、練習相手が対応できるのであれば、ラリー練習でもかまいません。試合ではどのコースにボールが来るかはわかりませんので、ランダムフットワーク練習は非常に実戦的な練習です。また、余裕があればバックサイドのボールは回り込んで攻撃してください。

ラリー力

メニュー 058 オールコートのラリー練習

レベル ★★★
時間 3分
回数 時間内無制限

ねらい 台から距離を取り、オールコートでラリーをします。
正確にボールを打ち返す技術を磨く練習です。

手順
① オールコートでラリーをする
② ミスをしたら、次のボールでラリーをはじめ、3分間続ける
③ ゆるいボールを送る必要はないが、互いに強打は避け、ラリーがつながるように調整する

■ コースを決めずに互いに打ち合う

■ スマッシュなどで決めに行かず、ラリーがつながるように意識する

One Point! アドバイス
オールコートの練習では、台との距離をうまく取ることがポイントです。相手のボールによって、対応しやすい距離は変わります。台との距離を調節しながら、いちばん対応しやすく、威力の出るバランスのよい距離を探しましょう。

指導者MEMO
オールコートのラリー練習は実戦に近い形の練習ですが、この練習では、決定打を打つよりは互いにミスを減らして、ラリーがつながることを優先します。

■ フットワークを意識して、ラリー力を高める

ラリー力

レベル ★★

メニュー 059 多球練習でのフォアハンドドライブ

時間 3分
回数 10本連続ノーミス

ねらい フォアハンドドライブの打ち方とコツを覚えるための練習です。

手順

① 球出し役に1本ずつボールを出してもらい、選手はフォアクロスにドライブを打つ
② 1球ずつ、フォーム、打球点などを確認しながら、10球連続ノーミスを目指す

▎球出し役は、やさしいボールを出す

▎選手はフォアクロスへドライブ

One Point! アドバイス

フォアハンドドライブを覚えるための練習です。全身を使って威力のあるボールを出しましょう。ドライブは現代卓球の中核を占める技術です。初心者のうちから、このような多球練習で取得を目指しましょう。

指導者MEMO

ドライブにはトップスピンのボールに対するドライブと、下回転ボールに対するドライブがあります。この練習の球出しでは、強いトップスピンや下回転ボールを出すわけではなく、ナックルに近い、ゆるいボールを出して、ドライブを確実にかけていきます。

ラリー力		レベル ★★

メニュー 060 多球練習でのバックハンドドライブ

時間 3分
回数 10本連続ノーミス

ねらい バックハンドドライブを覚えるための練習です。

手順

① 球出し役に1本ずつボールを出してもらい、選手はバッククロスにドライブを打つ
② 1球ずつ、フォーム、打球点などを確認しながら、10球連続ノーミスを目指す

▪ 球出し役はやさしいボールを出す

▪ バックハンドでバッククロスにドライブを打つ

One Point! アドバイス

バックハンドドライブは、ヒジを大きく前に出し、ヒジを中心に全身を使って打ちます。また手首も使って打てるようになりましょう。

指導者MEMO
初心者のうちはラリーの中でドライブを打つのは難しいため、こうした一本打ちの練習のなかで、回転をかける感覚を覚えます。球出しは、特にトップスピンの強いボールや下回転ボールを出すわけではなく、ナックルに近い、ゆるいボールを出します。

ラリー力

メニュー061 ドライブのフットワーク ①左右フットワーク

レベル ★★★
時間 3分
回数 20本連続ノーミス

ねらい フォアハンドドライブの安定性と、左右へのフットワークを同時に鍛えるメニューです。

手順

① 相手がフォアサイドに来たボールを、選手は相手のバックへフォアハンドドライブ
② 相手がバックサイドに返球してきたボールを、選手は回り込んでフォアハンドドライブ
③ これを繰り返す

▌フォアサイドのボールをフォアストレートにドライブ

▌バックサイドのボールをバッククロスにドライブ

One Point! アドバイス

フットワークに気をとられていると、ドライブの回転量が落ちがちです。しっかりと振り切って回転量や威力を落とさず、20本なら20本、最後まで打ち切りましょう。

指導者MEMO

練習相手はブロックでコースを打ちわけますが、威力のあるドライブのボールを指定されたコースに安定して返すには、それなりの力量が求められます。安定した返球が難しい場合には、多球練習で行いましょう。

| ラリー力 | | レベル ★★★ |

メニュー 062 ドライブのフットワーク ② フォアバック切り替え

時間 3分
回数 30本連続ノーミス

ねらい フォアハンドとバックハンド、それぞれのドライブの安定性と、フットワークを同時に鍛えるメニューです。

手順

① 相手はバックハンドで、フォアサイドにボールを出す
② フォアサイドに来たボールを、選手はフォアハンドドライブでストレートへ
③ 相手はブロックでバックサイドへ返球
④ バックサイドのボールを、バックドライブでバッククロスへ
⑤ これを繰り返す

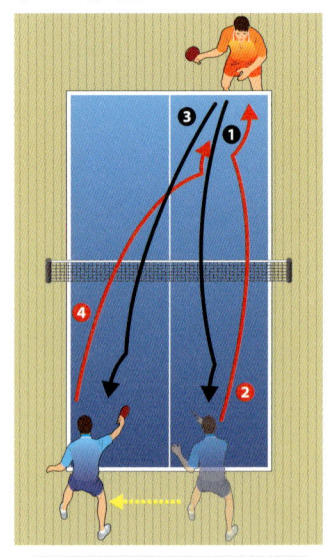

▎フォアサイドのボールをフォアストレートにドライブ

▎バックサイドのボールをバッククロスにドライブ

One Point! アドバイス

フォアハンドドライブとバックハンドドライブは、フォームもタイミングも違うため、最初のうちはミスが出やすいと思います。慣れないうちはテンポを落とすか、バックハンドはショートでつなぐようにするとよいでしょう。

指導者MEMO

バック側でもバックハンドドライブを打ちましょう。フォアハンドドライブとバックハンドドライブは球質も異なり、練習相手にも高いレベルが求められます。ラリーがあまりつながらないようであれば、多球練習にアレンジしましょう。

ラリー力

メニュー 063 ドライブのフットワーク ③ 2本−1本の飛びつき

レベル ★★★
時間 3分
回数 30本連続ノーミス

ねらい 回り込んで打つドライブの安定性と、フットワークを同時に鍛えるメニューです。特に飛びつきドライブの強化になります。

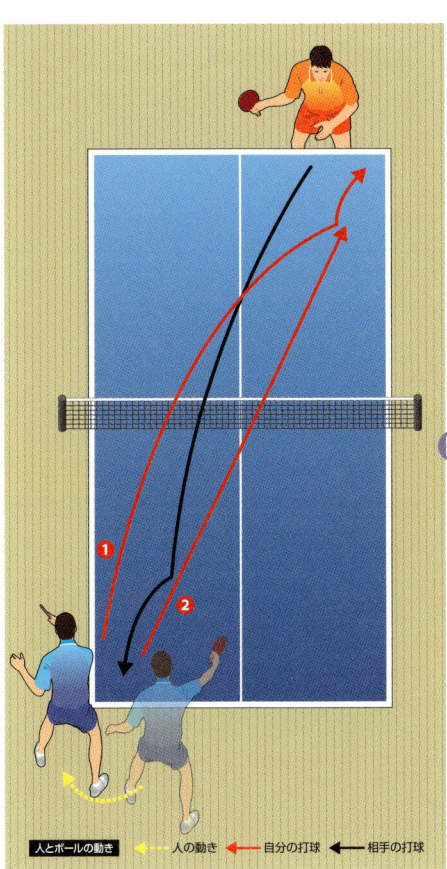

バックハンドドライブから回り込んでフォアハンドドライブ

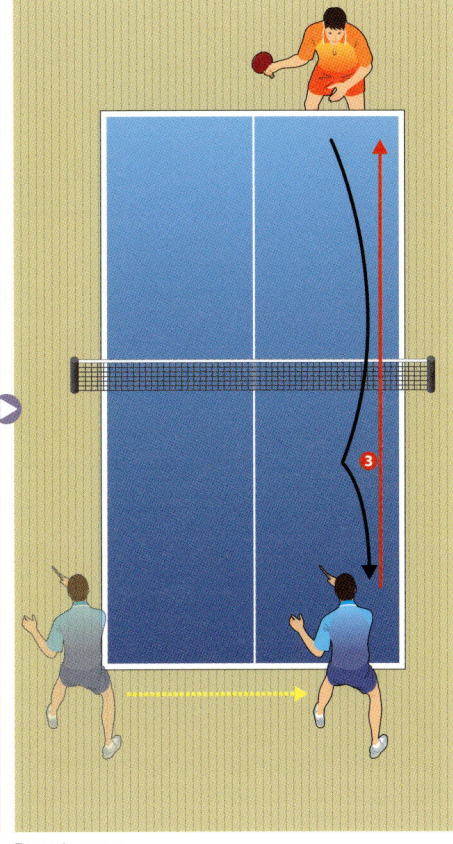

飛びついてフォアハンドドライブ

凡例：人とボールの動き ／ 人の動き ／ 自分の打球 ／ 相手の打球

手順

① バックに来たボールを選手はバックハンドショートでバッククロスへ
② バッククロスに返ってきたボールを回り込んでフォアハンドドライブをバッククロスへ
③ ストレートに返ってきたボールを飛びついてフォアハンドドライブ

指導者MEMO

通常の2本1本の飛びつき（P53）よりも、攻撃的なラリー練習です。レベルが上がってくると、ラリーのなかでドライブを織り交ぜることは当たり前になってきますので、これ以外にも、ラリー練習、フットワーク練習のなかにドライブ打法を組み入れていきましょう。

ラリー力

メニュー 064 ドライブのフットワーク ④2本1本

レベル ★★★
時間 3分
回数 30本連続ノーミス

ねらい フォアハンドドライブの連打を実戦的に学ぶ練習です。

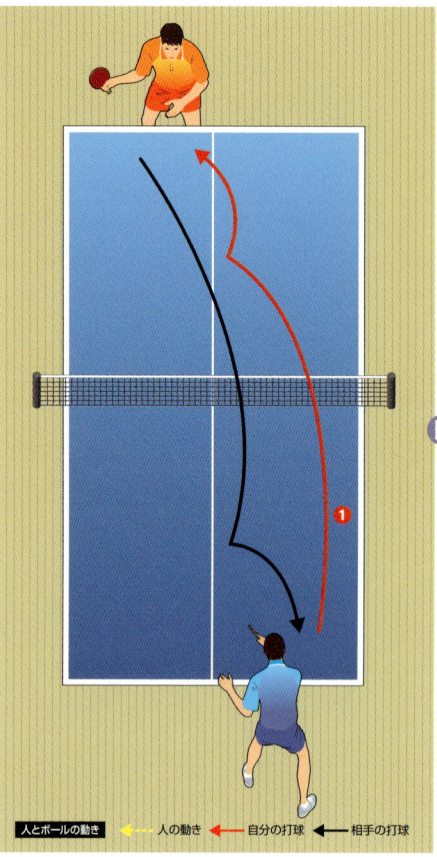

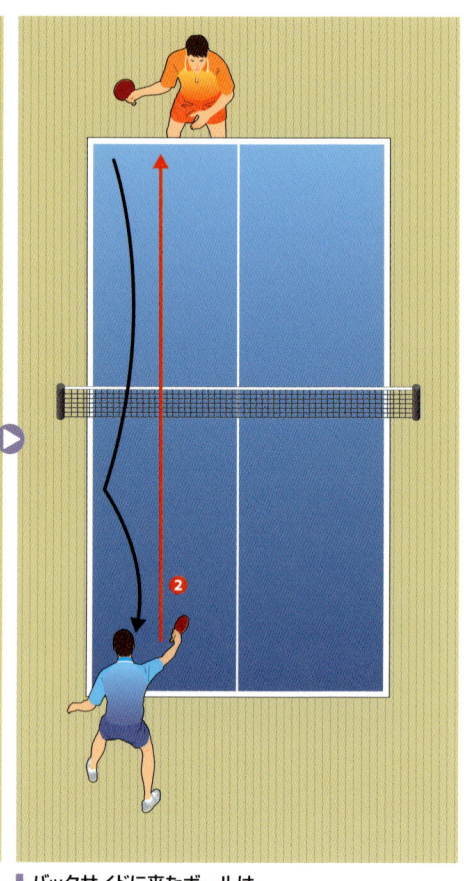

人とボールの動き ← 人の動き ← 自分の打球 ← 相手の打球

フォアクロスに2本連続ドライブ。
相手はフォアハンドでブロック

バックサイドに来たボールは
バックドライブでストレートへ

手順

①選手はフォアハンドで連続2本ドライブを打つ。相手はフォアクロスにブロックする

②選手は、バック側に来た1本はバックハンドドライブでストレートに返球

③これを繰り返す

指導者MEMO
フォアーバックを1本ずつ切り替えるだけの練習はあまり実戦的ではありません。この練習のようにフォアハンドを連打するパターンを取り入れたほうが、より実戦的な練習となります。

ラリー力

メニュー 065　コート²⁄₃で ランダムオールフォア

レベル ★★★
時間 3分
回数 30本連続ノーミス

ねらい オールフォアでランダムに出されるボールに対応する練習です。フットワークを強化できます。

手順
① フォアからミドルまで台の3分の2の範囲に、ボールを出してもらう
② 選手は全てフォアハンドドライブで打ち返す
③ ラリー練習の場合は、返球は全て相手のバックサイドへ。多球で行ってもOK

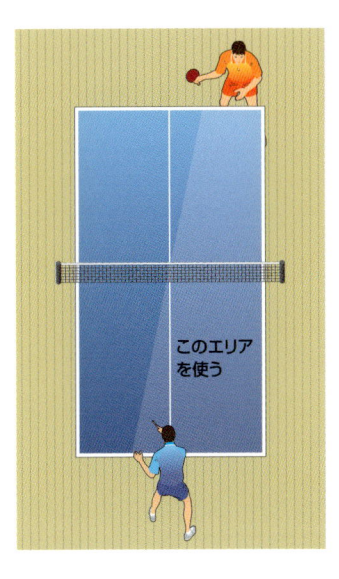

▎フォアサイドからミドルまで、練習相手にランダムにボールを出してもらう

▎基本的にはすべてフォアハンドドライブで返球

▎余裕があれば強打も交える

このエリアを使う

指導者MEMO　フォアからミドルまでの台の3分の2に、ランダムで出されるボールに対してフットワークで動く練習です。ラリー練習でも可能ですが、多球練習で行うのにも向いた練習法です。

メニュー 066	ラリー力

フォアクロスの カット打ち

レベル ★★★
時間 3分
回数 30本連続ノーミス

> **ねらい** カット打ちを覚える基本練習です。まずはフォアクロスへのボールで練習します。

カットのボールが来たらコース、長さを見極め、移動する

カット打ちはテイクバックを下に引くと安定する

ボールの頂点を捉えてトップスピンで返球する

手順

① 選手はフォアクロスにロングサービスを出し、相手はフォアカットで返球
② フォアハンドドライブでつなぐ
③ 30本ノーミスが目標

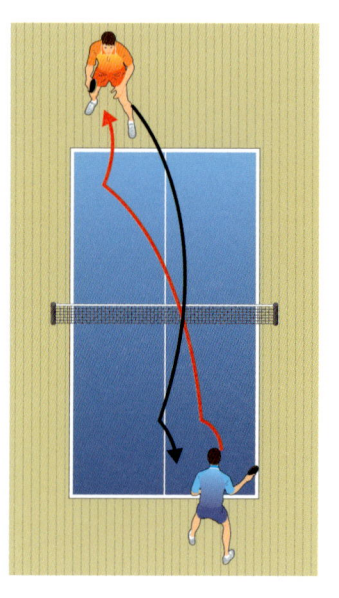

指導者MEMO

相手がカットマンの場合、とにかくカット打ちでミスせずつなぐことができなければ、ラリーになりません。フォアクロスでのカット打ちの基本練習として、この練習を取り入れましょう。

ラリー力

メニュー 067 バッククロスのカット打ち

レベル ★★★
時間 3分
回数 30本連続ノーミス

ねらい バッククロスへのボールに対してカット打ちをする練習です。

▍バッククロスのドライブは、カットマン相手の実戦でも重要な技術です

▍バウンドの頂点を捉えてドライブする

▍重心は下から上へ。少し伸び上がるイメージで打つ

手順

① 選手はバッククロスにロングサービスを出し、相手はバックカットで返球
② フォアハンドドライブでバッククロスにつなぐ
③ 30本ノーミスが目標

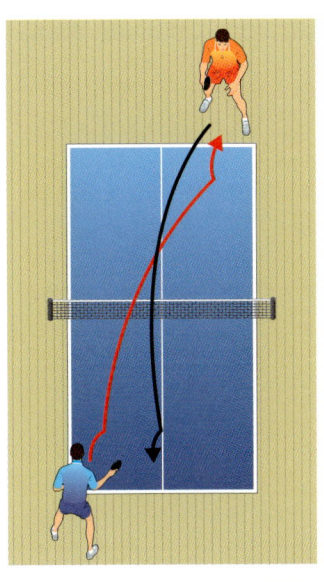

指導者MEMO
バッククロスのカット打ちは、バックドライブで対応してもよいのですが、フォアハンドのほうが安定性、威力の面で上回るので、フォアハンドで対応することを基本にしましょう。カットボールはロングボールに比べて時間的余裕があるので、フォアサイドをつかれても、比較的対応の時間はあります。

ラリー力

メニュー 068　オールコートのカット打ち

レベル ★★★
時間 5分
回数 10本連続ノーミス

ねらい　ランダムに出されるカットボールをカット打ちで返球する発展練習です。より実戦的な動きを覚えます。

カットのコースはオールコートとします

基本的にはどんなコースでもフォアハンドでドライブ

コースのゆさぶりに対応できるように練習

手順

① 選手はバッククロスにロングサービスを出し、相手はフォアカットで返球
② 選手はフォアハンドドライブでフォアサイドにつなぐ
③ カットマンはコースを変えて返球してくるので、全て、相手フォアサイドを狙ってカット打ちをつなぐ

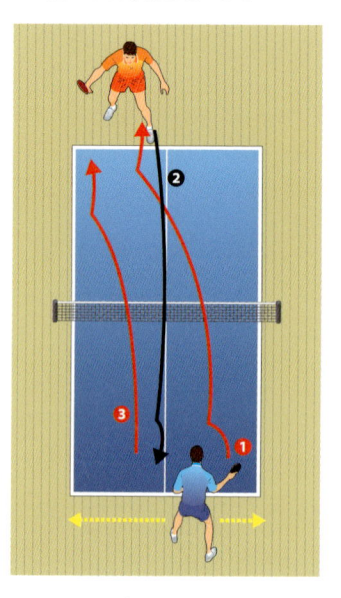

指導者MEMO

カットマンはカットのコースや深さを変えることによってこちらのミスを誘うのが基本戦略です。コースのゆさぶりに対応できるよう、オールコートの練習をしておきましょう。またカット打ちの打点は全て、頂点を捉えるようにしましょう。

メニュー 069	ラリー力	レベル ★★★

多球練習でのカット打ち

時間 5分
回数 10本連続ノーミス

ねらい 効率よく、カット打ちの練習をするための多球練習です。

手順
① 台から数メートル離れたところから、多球でカットボールを出してもらう
② 選手はドライブを打つ

■ 台から離れたところから、多球でカットボールを出す

■ 一球ずつ、確実にドライブを打つ

指導者MEMO
チーム内にカットマンがいないチームも少なくないと思います。攻撃型の選手がカットマン役をやって練習するのもいいですが、それではよいカットを安定して出すのは難しいでしょう。そこでこの練習のように、台から数メートル離れたところから、多球でカットボールを出せば、カット打ちの練習が効率的にできます。多球というと、台の上から速いテンポで球出しするイメージが強いと思いますが、このように、台から離れたところからも出せるようになっておくと、練習の幅が広がります。

メニュー 070 ラリー力
効率的ラリー練習①
2本−2本＆フォアバック

レベル ★★★★
時間 3分
回数 30本連続ノーミス

ねらい 効率よく、互いにラリー力を高めるための練習です。

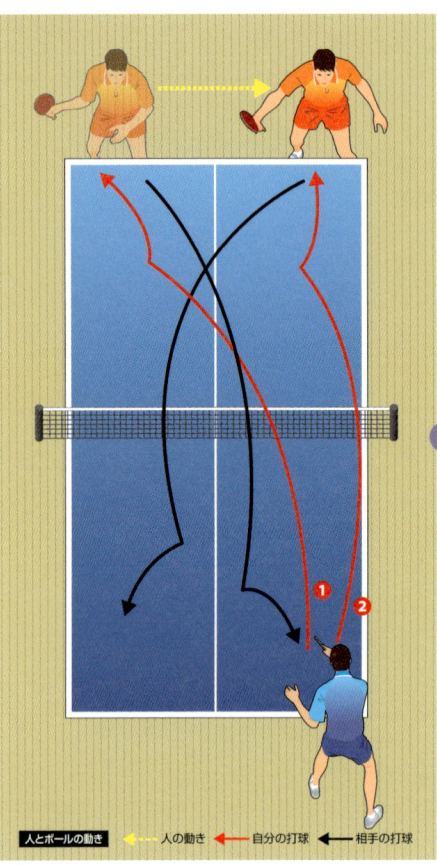

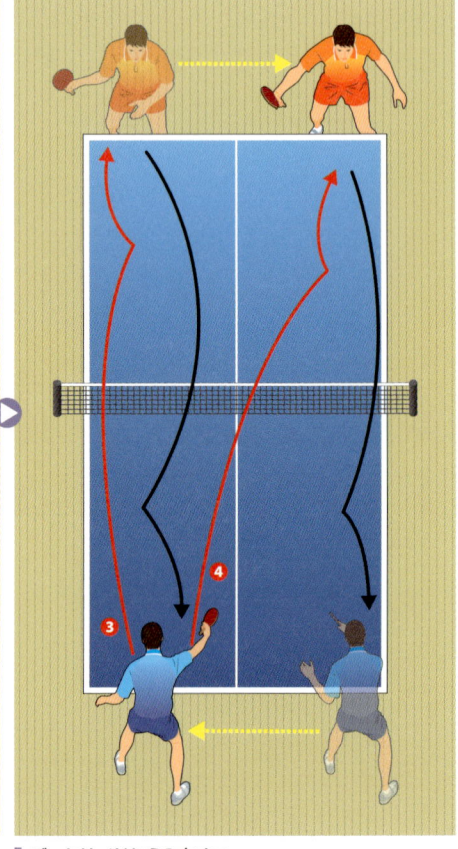

選手はフォアサイドから相手のフォア・バックに1本ずつボールを送る

バックサイドから1本ずつ、フォアとバックの切り替えのボールを送る

凡例：人とボールの動き／人の動き／自分の打球／相手の打球

手順
① フォアハンドで相手のフォアへ、相手はフォアクロスへ
② 相手のバックへストレートに返球。相手はバッククロスに返球
③ バッククロスへのボールを相手のフォアサイドへストレートに返す。相手はフォアストレートに返球
④ 相手のバックサイドへ返球
⑤ 相手はフォアサイドにストレートに返球

指導者MEMO
2本−2本の練習（メニュー024）と、フォアバック切り替え（メニュー015）を合わせた練習です。こうすることによって2人同時に切り替え・フットワークの練習ができると同時に、単にフォア・バックを切り替えるだけでなく、打球のコースもクロス・ストレートを切り替える練習にもなります。

ラリー力

メニュー 071 効率的ラリー練習② 3点&左右フットワーク

レベル	★★★★
時間	3分
回数	30本連続ノーミス

ねらい 効率よく、互いにラリー力を高めるための練習です。

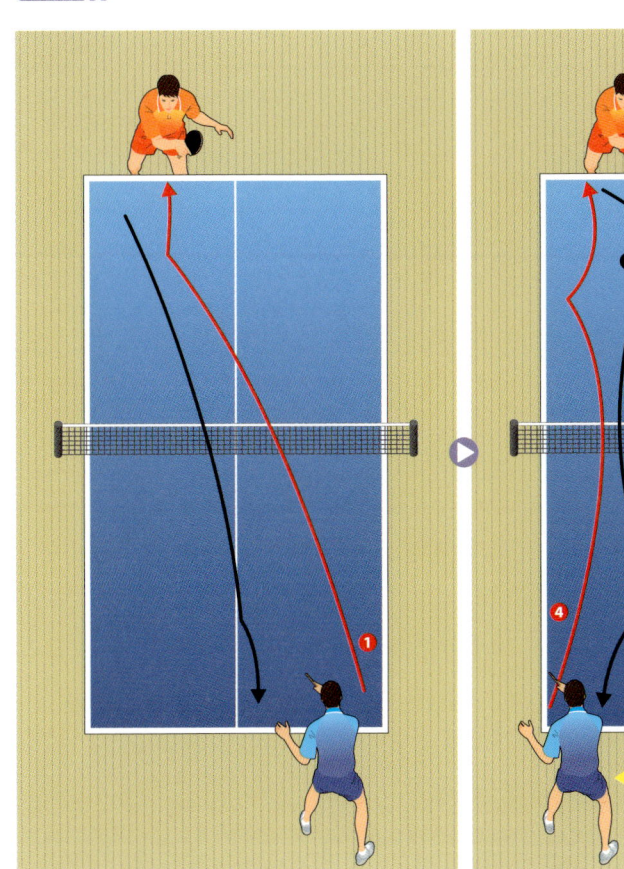

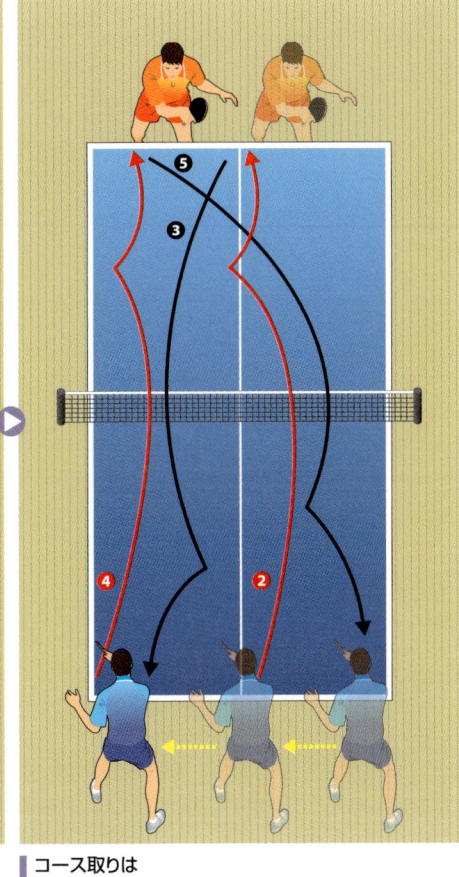

フォアハンドで打ったボールを
相手はミドルに返球

コース取りは
毎回ずれていく

手順

① フォアハンドで相手のフォアへ。相手はフォアハンドでミドルへ
② ミドルに動き、フォアハンドで相手のミドルへ
③ 相手はミドルに動いてフォアハンドでバックへ
④ バックへ回り込んで相手のフォアへ
⑤ 相手はフォアハンドでフォアへ。これを繰り返す

指導者MEMO 自分は3本1セット、相手は2本1セットで動いているため、コース取りは毎回ずれていき、非常に複雑です。頭を使いながら練習しないと、すぐに失敗してしまいますので、集中力を使う練習です。

ラリー力

メニュー 072 高難易度フットワーク練習 ①左右フットワーク

レベル ★★★★
時間 3分
回数 30本連続ノーミス

ねらい 難易度を上げたフットワーク練習です。
練習相手にも、高い技術レベルが求められます。

手順

① 選手はフォアとミドルで左右に1本ずつ動き、相手のバックに返球する
② ただし、相手はショートで単純に返球するのではなく、トップスピンをかけて、威力のあるボールで返球

▎練習パターンそのものは通常の左右フットワーク

トップスピンを強くかける

▎違いは相手の返球が、単に合わせるだけではなく、トップスピンを強くかけてくること

▎互いにミスが出やすくなり、より高度な練習となる

指導者MEMO
単純なフットワーク練習（メニュー015や017）でも、工夫次第で中級者、上級者にとっても成長できるような課題を作ることができます。この練習では、練習相手が、単純にショートで返球するのではなく、トップスピンをかけた威力のある、伸びるボールを送ることで、練習の難易度を上げています。

ラリー力

メニュー 073 高難易度フットワーク練習 ② 2本-2本

レベル ★★★★
時間 3分
回数 30本連続ノーミス

ねらい 難易度を上げた2本-2本のフットワーク練習です。練習相手にも、高い技術レベルが求められます。

手順

① 選手はフォアハンドで2本、バックハンドで2本ずつ動いて打つ
② 相手はショートで単純に返球するのではなく、トップスピンで返球する

▎練習パターンそのものは、通常のフォア2本、バック2本の練習

強いトップスピンで返球

▎相手は強いトップスピンボールを返球する

▎互いに厳しいボールに対応する力を養う

指導者MEMO

2本-2本の練習(メニュー024)の場合、例えば1球目を強めにして、次は弱めのボールを出すなど、ボールの威力や深さを変えていきます。そういう意識を持つことで、実戦でも通用する技術になっていきます。

メニュー074 高難易度フットワーク練習 ③2本1本の飛びつき

ラリー力

レベル ★★★★
時間 3分
回数 30本連続ノーミス

ねらい
難易度を上げた2本1本の飛びつき練習です。練習相手にも、高い技術レベルが求められます。

手順
① 選手はバック、回り込んでフォア、飛びついてフォアハンドの順に動く
② 相手はショートで単純に返球するのではなく、トップスピンをかけて、威力のあるボールを送る。特に、選手が回り込んで打ったドライブに対しては、フォアに厳しいトップスピンボールで返球する

▌練習パターンそのものは通常の2本1本の飛びつき練習

厳しいボールを打つ

▌相手のボールが厳しくなる

▌互いにミスが出ないよう、厳しいボールに対応

指導者MEMO
メニュー022の2本1本の飛びつき練習を厳しくしたものです。この相手をする場合、フォア側に1本、バック側に2本返球しますが全てトップスピンをかけて威力をつけます。相手にとっては実戦的な厳しい課題となります。

ラリー力

メニュー 075　多球練習でのランダムフットワーク

レベル ★★★★
時間 3分
回数 50〜100球程度

ねらい　ランダムフットワーク練習は、総合的なラリー力を高める練習です。

- 球出し役はオールコートにトップスピンボールを出す
- フォアサイドはフォアハンドドライブで対応 
- バックサイドはバックハンドドライブで対応 
- 余裕があれば回り込んで攻撃 

手順

①球出し役はオールコートにトップスピンボールを出す
②選手は、フォアサイドはフォアハンド、バックサイドはバックハンドで返球するが、余裕があればバックサイドも回り込んでフォアハンドで攻撃する
③ミスしても次のボールで連続的にラリーを繰り返す

指導者MEMO
バックサイドまで全て含めたランダムフットワークです。より攻撃的なプレーとフットワークを心がけましょう。ミスしても次のボールで連続的にラリーを繰り返します。

| ラリー力 | | レベル ★★★ |

メニュー 076 フォアハンドドライブ 3分間ラリー

時間　3分
回数　時間内無制限

ねらい フォアクロスで自由にフォアハンドを打ち合う練習です。

手順

① 互いに中陣から、フォアハンドドライブでラリーを打ち合う
② ミスをしたらボールトレイからボールをとり、すぐに次のラリーを行う
③ 時間内（3分間）は休憩せずに、集中して打ち合う

▎中陣でドライブを打ち合う

▎ミスを気にせず、思い切って回転を強くかける

指導者MEMO

フォアハンドドライブは現代卓球では攻守にわたって中核的な技術です。特に中陣でのドライブのラリーは中級以上の選手にとっては必ず練習しておかなくてはいけない技術です。あまりミスを気にせず、時間を区切った練習を行うことによって、ドライブボールに慣れることができるでしょう。

▎フットワークを使い、コースのブレにも対応する

ラリー力

メニュー 077　オールコートドライブ 3分間ラリー

レベル ★★★★

⏱ 時間　3分
🔄 回数　時間内無制限

ねらい　時間内で、オールコートでドライブを打ち合うことによって、ドライブのラリーに慣れる練習です。

手順

① 互いに中陣から、フォアハンドドライブでラリーを打ち合う
② コースはミドルからのフォアハンドドライブのラリーでスタートし、オールコートに展開。フォアハンドで対応できないときはバックハンドドライブや、場合によってはフィッシュなどでしのぐ
③ 時間内(3分間)は休憩せずに、集中して打ち合う

▎コースをオールコートにして練習

▎フォアサイドはフォアハンドドライブ、バックサイドはバックハンドドライブで対応

▎相手のボールが厳しければ、ブロックでしのぐ

指導者MEMO　メニュー076のドライブラリー練習を、オールコートに広げたものです。こちらも球拾いはせず、3分なら3分と決めて、集中してラリーに取り組むのが重要です。

ラリー力

メニュー 078 多球練習の左右フットワーク

レベル ★★★
時間 3分
回数 30球程度

ねらい フォアハンドで大きく動くフットワーク練習です。

手順
① 球出し役は大きく左右に1本ずつボールを出す
② 選手はフォアハンドで左右に動き、フォアハンドドライブで強打する

▎バックサイドの深いボールに対応

▎フォア側にも、大きく振ってもらう

▎左右に大きく振られることによって、より幅広いフットワークの力がつく

指導者MEMO 通常のフットワーク練習は、フォアサイド〜ミドルの範囲で行いますが、この練習では、左右のコーナーに大きく振られたボールに対応する練習です。バック側に戻るとき、間に合わなければバックハンドで対応してもかまいません。多球で、選手のレベルに合わせてぎりぎり追いつけるぐらいのテンポのボールを出すようにしましょう。

メニュー 079 ストップウォッチ・ラリー① 左右フットワーク

ラリー力

レベル ★★★
- 時間：1分30秒
- 回数：時間内無制限

ねらい
ストップウォッチを使ったフットワークの強化練習です。
メニュー086までの8メニューで1セットです。
この練習では左右のフットワークを鍛えます。

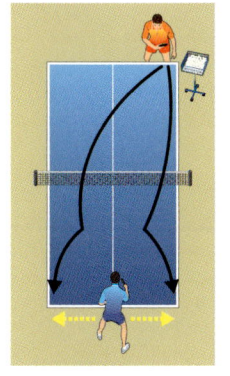

手順
① ボールトレイを置く。相手はバックハンドショート、選手は左右に動く
② ミス後は、新しいボールで再開
③ 1分30秒で相手と役割を交代

動きは通常の左右フットワーク

ミスを気にせず、時間内でできるだけ多くの球を打つ

指導者MEMO
1人が動き、もう1人が相手を動かす練習です。左右1本1本のフットワークをとにかく速く、コンパクトに速い打点で振りぬき、動くことが目標です。

メニュー 080 ストップウォッチ・ラリー② 中陣での左右フットワーク

ラリー力

レベル ★★★
- 時間：1分30秒
- 回数：時間内無制限

ねらい
中陣でのフットワーク練習で、
より大きく左右へ動くフットワークが要求されます。
より強いボールが打てるようになります。

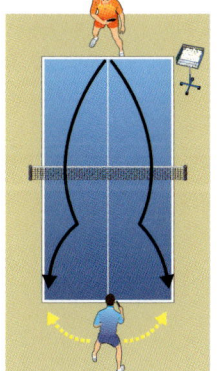

手順
① 相手はフォアハンドドライブで左右に打ち分ける。選手は中陣で左右に動く
② ミス後は、新しいボールで再開
③ 1分30秒で相手と役割を交代

中陣での左右フットワーク

ミスを気にせず、時間内でできるだけ多くの球を打つ

指導者MEMO
この練習では、中陣に下がってメニュー079の動きをします。メニュー079よりも大きくフットワークを使い、強いボールを打つのが目標です。

メニュー 081 ストップウォッチ・ラリー③ 2本1本のフットワーク

ラリー力

レベル ★★★

時間 1分30秒
回数 時間内無制限

ねらい
2本1本のフットワークの動きの練習です。
大きく正確に動くことが大切です。

手順
① 相手はバックハンドショート、選手は2本1本の動き
② ミス後は、新しいボールで再開
③ 1分30秒で相手と役割を交代

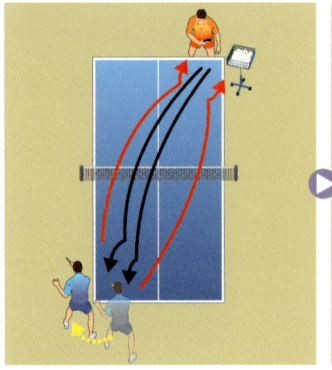

2本1本の飛びつき

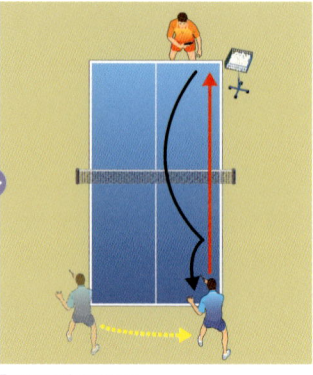

ミスを気にせず、時間内でできるだけ多くの球を打つ

指導者MEMO
バック、回り込み、フォアの順に動きます(メニュー022)。フォアに大きく飛びつく時は足を交差しないこと。バックハンド後の回り込みは、大きく動きます。

メニュー 082 ストップウォッチ・ラリー④ 2本-2本のフットワーク

ラリー力

レベル ★★★

時間 1分30秒
回数 時間内無制限

ねらい
フォアとバック2本ずつの返球に合わせて大きく左右に動き、それぞれフォアとバックで打ち返す練習です。

手順
① 相手はバックハンドで左右に2本ずつ打つ
② 選手は、フォアサイドはフォアで、バックサイドはバックで返球
③ ミス後は、新しいボールで再開
④ 1分30秒で相手と役割を交代

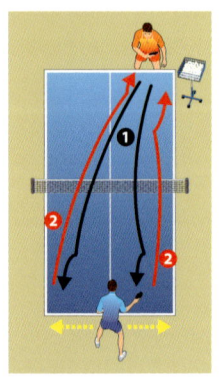

コースは通常の2本2本

ミスを気にせず、時間内でできるだけ多くの球を打つ

指導者MEMO
慣れてきたら左右それぞれ、2球目を強く打ちます。移動の際、なるべく足を交差させないよう注意しましょう。

メニュー 083 ラリー力

ストップウォッチ・ラリー⑤ バックハンドで左右に動く

レベル ★★★

時間　1分30秒
回数　時間内無制限

ねらい　左右に大きく動きながら、バックハンドで打ち返す練習です。素早く小さなステップが必要です。

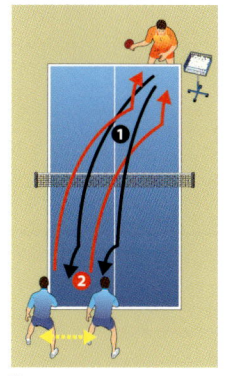

手順
① 相手はバックハンドでミドルとバックサイドに2本ずつ打つ
② 選手はフットワークを使い、全てバックハンドで打ち返す
② ミス後は、新しいボールで再開
③ 1分30秒で相手と役割を交代

バックハンドで左右にフットワーク

ミスを気にせず、時間内でできるだけ多くの球を打つ

指導者MEMO　慣れてきたら左右それぞれ、2球目を強く打ちます。移動の際、小さなステップで平行に移動します。

メニュー 084 ラリー力

ストップウォッチ・ラリー⑥ ミドル－オール

レベル ★★

時間　1分30秒
回数　しっかり動く

ねらい　どちらに来るかわからないボールに対して、的確な判断力と素早いフットワークを使いフォアハンド、バックハンドで対応します。

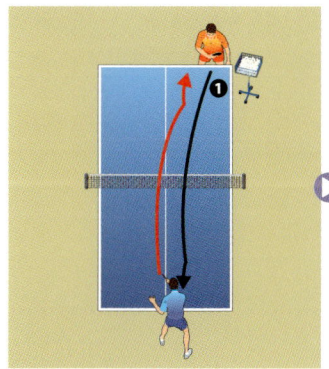

手順
① 相手はミドルにボールを出し、選手はフォアハンドで返球
② 相手はランダムにボールを出し、選手はそれに対応
③ 再びミドルに出してもらう。これを1分30秒繰り返す

ミドル1本を打ち、次のボールはランダムを繰り返す

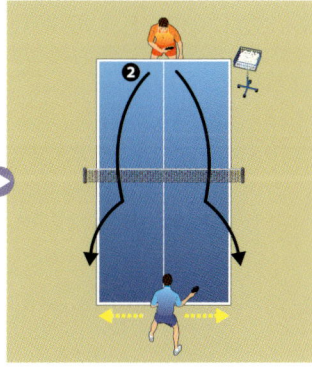

ミスを気にせず、時間内でできるだけ多くの球を打つ

指導者MEMO　ミドル→フォアorバック→ミドル…の繰り返しです。特にフォアサイドに飛び付いた後のミドルへの戻りが難しいので注意します。

メニュー 085 ストップウォッチ・ラリー⑦ ショート―回り込み

ラリー力

レベル ★★★
時間 1分30秒
回数 時間内無制限

ねらい 素早く回りこんでフォアハンドで打つ動きと、正確にバックハンドで返球する動きを洗練させる練習です。

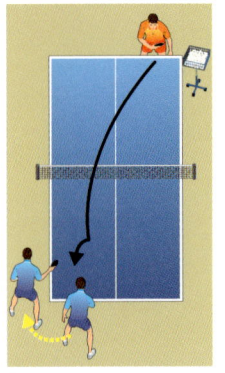

手順
① 相手はバックハンド。選手はバックハンドか回り込みフォアハンドで返球する。これを繰り返す
② ミス後は、新しいボールで再開
③ 1分30秒で相手と役割を交代

- バックサイドでのショート・回り込み
- ミスを気にせず、時間内でできるだけ多くの球を打つ

指導者MEMO バックハンドショートと回り込みフォアハンドの切り返しです。フォアハンドの打球点をできるだけ前にして切り換えを速めます。

メニュー 086 ストップウォッチ・ラリー⑧ 2/3でオールフォアランダム

ラリー力

レベル ★★★
時間 1分30秒
回数 時間内無制限

ねらい ランダムに打たれるボールに対して、素早いフットワークで対応し、フォアハンドで返球していく練習です。

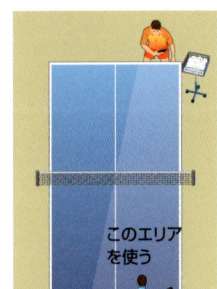

手順
① 相手はバックハンド。台の3分の2をランダムに狙う
② 選手は全てフォアハンドで返球
③ ミス後は、新しいボールで再開
④ 1分30秒で相手と役割を交代

- オールフォアのランダム（このエリアを使う）
- ミスを気にせず、時間内でできるだけ多くの球を打つ

指導者MEMO 戻りを速くし、小さなステップを使ってスタンスを一定に保ちます。

第4章
攻撃力をつける
Offensive Strength

この章では、ドライブ打法やサービス、レシーブを中心に、
攻撃力を高める練習法を紹介します。
これらの練習は、練習相手にとっては守備力を高める練習にもなります。
双方が高めあえるような練習メニューを工夫していきましょう。

攻撃力

技術解説 対バックスピンのドライブ

| POINT 1 | 適度なスタンスを取る | POINT 2 | 下にラケットを落とすようにバックスイングを取りはじめる | POINT 3 | 腕だけでなく腰を使って全身を下げる。完全にラケットを下げた状態 |

▶▶▶ 相手のバックスピンに負けないようにこすりあげる

　ボールに強い上回転をかけて打つのがドライブです。上回転をかけるとボールが弧を描くような軌道になり、安定したストロークにつながります。ドライブは大きく分けて2つのパターンがあります。このページでは、相手のバックスピンに対してドライブをかける打ち方を紹介します。

　ポイントはテイクバックの際に全身を低く下げ、ボールを擦りあげて強いトップスピンをかけること。ただしスイングの方向があまりにも「真上」になってしまうと威力がなくなったり、ミスが増えてしまいます。ちょうどよいスイングフォームを研究しましょう。

　また、P122では相手のトップスピンのボールに対してかぶせるような打ち方を紹介します。2種類のドライブの打ち分け方をマスターしましょう。

| POINT 4 | 上に振り上げるように
スイングする | POINT 5 | 上半身を浮かせないよ
うにフォロースイング
に入る | POINT 6 | ヒジを曲げてフォロー
スイングを終える |

NG	NG	NG
全身が下がっていないと手打ちにな りやすい	真上にこすり上げると、打ち損じやす い	真上にこすり上げると、ボールの勢いが なくなり、相手コートに返せなくなる

攻撃力

技術解説 対トップスピンのドライブ

POINT 1	適度なスタンスで構える
POINT 2	腰の位置を下げないように、やや後ろにラケットを引く
POINT 3	ラケットを引いたら、腰を中心にスイングに入る

NG ボールに対して正面を向くと十分なスイングに入れない

NG ラケットの位置が高いと回転がかからない

NG テイクバックが大きすぎると、タイミングが合わない

POINT 4	ラケットを斜め上に向けていく
POINT 5	ボールの上をこするようにスイング
POINT 6	十分なフォロースイングをとる

NG 腕からスイングに入ると手打ちになる

NG 腕が伸びきるとミートがしにくくなる

NG フォロースイングが大きくなると、次のボールへの対処が遅れる

攻撃力

技術解説 スマッシュ

POINT 1	素早くボールの位置に動く
POINT 2	後ろ脚に体重をためながらテイクバックに入る
POINT 3	大きなテイクバックから、体重を前脚に移しながらスイング
POINT 4	インパクトで最大限の力を込める
POINT 5	振りぬきながら完全に前脚に体重を移す
POINT 6	ヒジを曲げ、フォロースイングを終える

▶▶▶ バックスイングでためた力をボールに載せる

　高く浮いたチャンスボールを全身を使った強いスイングで打ち込み、ポイントを取りに行く技術です。バックスイングで十分に力を溜め、インパクトで最大限の力を込められるようにスイングします。

　ポイントは体重移動です。右利きの場合、テイクバックの際に右足にためた体重を、インパクトの瞬間に左足を踏み込み、重心移動しながらスイングします。

攻撃力

技術解説 ブロック

POINT 1	ボールの正面に入る
POINT 2	小さくテイクバックする
POINT 3	ボールをよく見てタイミングを合わせる
POINT 4	ボールの威力に負けないよう、コントロールして返球

▶▶▶ 相手のボールの威力を利用して返球する

相手が打ってきたドライブやスマッシュを返球する技術です。高い位置にきた打球を抑えるような打ち方になります。通常のスイングよりもスイングは最小限にして、相手のボールの威力を利用して返球します。ブロックのとき、ついつい相手の動きにつられてスイングが大きくなってしまいがちですが、むしろ相手のボールの勢いを利用し、コントロールできるように、小さなスイングを心がけましょう。

攻撃力

メニュー 087 多球練習で下回転ボールをフォアハンドドライブ

レベル ★★
時間 3分
回数 10本連続ノーミス

ねらい 下回転ボールに対して、確実にドライブで打ち返せるようになる練習です。ドライブ攻撃を覚える基本練習になります。

手順
①フォアに長い下回転ボールを出してもらう
②選手はドライブを打つ
③この動きを繰り返す

▎球出し役はバックスピンボールを、台から出る長さで出す

▎フォアハンドでクロスにドライブを打つ

▎打球点を落としすぎないように注意する

指導者MEMO 下回転ボールをドライブで攻撃することは、攻撃の基本といっても過言ではありません。ツッツキ、あるいは下回転サービスをドライブで攻撃するためにも、よく練習しておきましょう。

攻撃力

メニュー 088

ツッツキからドライブ

レベル ★★
時間 3分
回数 時間内無制限

ねらい ツッツキで返されたボールに対して、ドライブで攻撃していく練習です。攻撃のセンスを身につけることができます。

手順

① バッククロスで、互いにバックハンドでツッツキをつなぐ
② 何本かつないだらバックハンド、もしくは回りこんでドライブを打つ
③ この動きを繰り返す

何本かツッツキをつなぐ。甘くなりすぎないように注意する

回り込んでドライブを打つ

相手はブロックして、その後はオールコートでラリー

指導者MEMO 初心者同士、あるいは女子選手の試合では、互いに攻めきれず、ツッツキのラリー展開が中心になってしまいますが、これはよくありません。試合で思いきってツッツキをドライブで攻撃するためにも、このドライブ練習が必要です。

攻撃力

メニュー 089 変化のついたツッツキをドライブ

レベル ★★
時間 3分
回数 時間内無制限

ねらい 相手のツッツキの長さや高さを見極め、的確にドライブを打っていく練習です。

■ バックハンドでツッツキをつなぐ

■ 相手はサイドを切ったり、ストップしたり、ツッツキに変化をつける

■ 回り込んでフォアハンドドライブを打つ。打てなければストップ

手順

① バッククロスで、互いにバックハンドでツッツキをつなぐ
② 何本かつないだら選手はバックハンド、もしくは回り込んでドライブを打つ
③ 相手は、ツッツキを短く止めたり、長く出すなど変化をつける
④ これを繰り返す

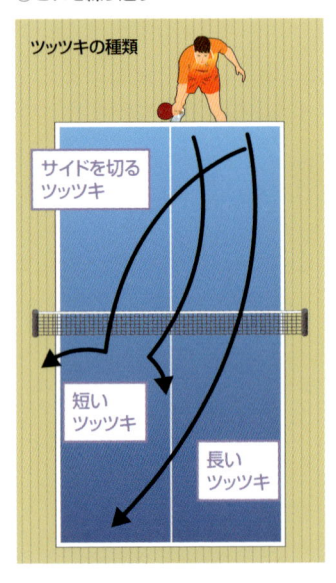

ツッツキの種類
- サイドを切るツッツキ
- 短いツッツキ
- 長いツッツキ

指導者MEMO

短い、ストップ気味のツッツキや、台上を滑るような長く、よく切れたツッツキ、やや甘いボールなど、変化のついたツッツキを打てるようになる練習です。また練習相手は、相手に攻撃されにくいツッツキを練習できることになります。

攻撃力

メニュー 090 多球での対バックスピンと対トップスピンのドライブ

レベル ★★
時間 3分
回数 10本連続ノーミス

ねらい 相手のボールによって、ドライブの種類を使い分ける練習です。

手順
① 1本ずつ、バックスピンとトップスピンのボールを交互に出してもらう
② 選手はどちらもドライブを打つ
③ この動きを繰り返す

▎バックスピンのボールが来たらドライブ

▎トップスピンのボールが来たら、かぶせ気味にドライブする

▎2種類のドライブを意識的に使い分ける

指導者MEMO 下回転ボールと上回転ボールに対するドライブは、技術が異なります（P120〜P123）。実戦では、下回転に対してドライブで攻撃すると、トップスピンのボールが返ってくることが多くなります（相手がカットマンでない限り）。そのためどちらの要素も含んだ練習が有効です。

攻撃力

| メニュー 091 | バッククロスの
ドライブ＆ブロック |

レベル ★★★
時間 3分
回数 10本連続ノーミス

ねらい
バッククロスでのドライブとブロック力を高める練習です。

手順
① バッククロスで、相手はバックハンド、こちらはフォアハンドでラリーを行う
② 選手はレシーブもしくは三球目から、ドライブをかける
③ 相手はバックハンドでブロックする

▍バックサイドに構える

▍フォアハンドでバッククロスにドライブを打つ

▍相手は確実にブロックする

One Point! アドバイス

ブロックの目的意識

ドライブが安定しないうちは、相手の選手は返球コースをあまり散らさないよう、安定したブロックを心がけます。逆に、ドライブが安定してきたら、単純にブロックするのではなく、カットをかけたり、カウンター気味に返すなど、ブロックに変化をつけましょう。時折、コースを変更してもかまいません。

指導者MEMO

安定したドライブを連続して打つことは、現代卓球では必須の技術です。下回転のボールをドライブで打つことができるようになっても、連続してドライブを打つことができない選手も少なくありません。練習相手にとっては、ドライブに対するブロック力を磨く練習となります。

攻撃力

メニュー 092

フォアハンドの ドライブ＆ブロック

レベル ★★★

時間 3分
回数 10本連続ノーミス

ねらい フォアクロスでのドライブとブロック力を高める練習メニューです。

手順

① フォアクロスで、互いにフォアハンドでラリーを行う
② 選手はレシーブ、もしくは三球目から、ドライブをかける
③ 相手はフォアハンドでブロックする

■ フォアクロスでドライブをかける

■ コースはフォアクロスに固定する

■ 相手はブロック。余裕があればカウンターで攻撃する

指導者MEMO
フォアクロスで行うドライブ＆ブロックの練習です。10本以上ノーミスで続くようになったらブロック役は時折相手のバックハンドにブロックを返球したり、カウンター気味に打ち返すなど、変化をつけましょう。

攻撃力

メニュー 093

ドライブの
コース切り替え練習

レベル ★★★

時間 3分

回数 10本連続ノーミス

ねらい ドライブでコースを切り替える動きと、フォアとバックでブロックを切り換える動きを習得できる練習です。

手順
① 選手はフォアクロスにドライブを打つ
② 相手はフォアハンドでブロック
③ 選手はフォアストレートにドライブを打つ
④ 相手はバックハンドでブロック

▎フォアクロスにドライブを打つ

▎相手はフォアハンドでブロック

▎今度はフォアストレートにドライブを打ち、相手はバックハンドでブロックする

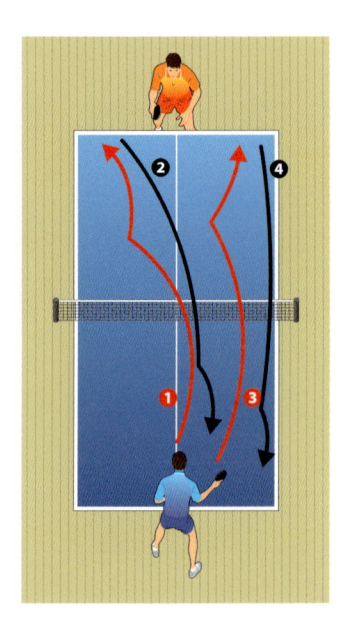

指導者MEMO
フォアクロスとフォアストレートにドライブを打ち分ける練習ですが、相手にとってはフォアとバックでブロックを切り替える練習です。練習が単調になりすぎないよう、パターンを変えて練習しましょう。

攻撃力

メニュー 094 三球目攻撃からのフォアクロスドライブ練習

レベル ★★★
時間 3分
回数 時間内無制限

ねらい 三球目攻撃の形から入るフォアクロスでのドライブとブロック力を高める練習メニューです。

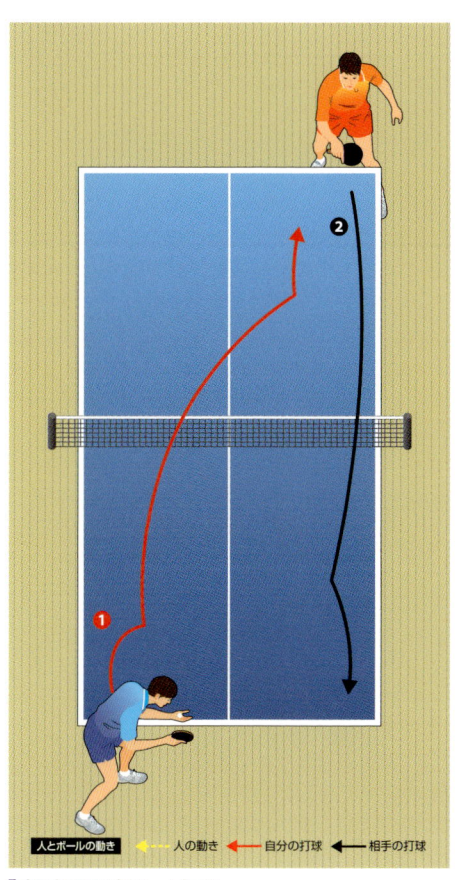

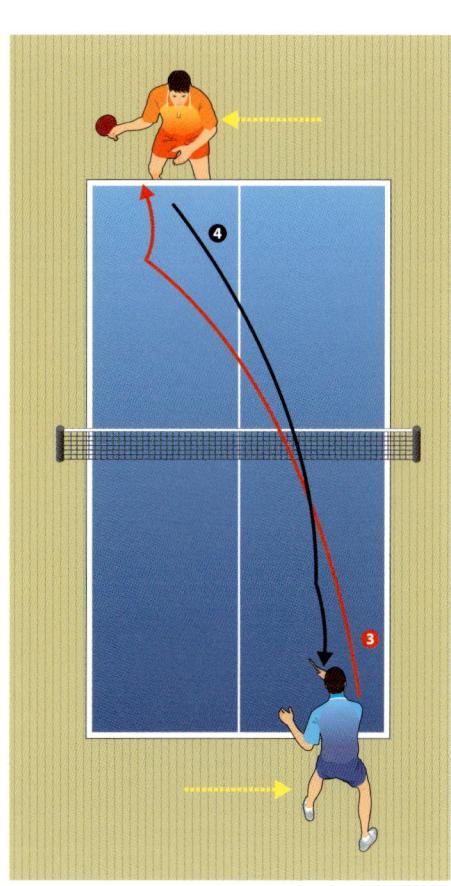

相手は下回転サービスを
ツッツキでレシーブする

選手は相手のブロックがミスするまで
フォアクロスにドライブ

凡例：人とボールの動き／人の動き／自分の打球／相手の打球

手順

① 選手は下回転サービスを相手のバックサイドに出す
② 相手はフォアサイドにツッツキで返球する
③ 選手はフォアクロスへドライブを打つ
④ 相手はフォアハンドでブロック。連続ドライブで打ち続ける
⑤ これを繰り返す。ミスが出たら球拾いにはいかず、すぐに次のサービスを出す。3分間続ける

指導者MEMO 三球目ドライブ攻撃から連続的にドライブを打つ、実戦的な攻撃力を高める練習です。相手にとっても、レシーブからフォアハンドブロックの練習になります。

攻撃力

メニュー 095 三球目攻撃からのバックドライブ練習

レベル ★★★
時間 3分
回数 時間内無制限

ねらい 三球目攻撃から入るバッククロスでのバックドライブとブロック力を高める練習メニューです。

| 下回転サービスを相手のバッククロスへ | レシーブはツッツキでバッククロスへ |

| バックハンドドライブは手首のテイクバックに注意する | 強いバックドライブを相手のバッククロスへ |

手順

①ボールトレイを置き、選手は下回転サービスをバッククロスへ打つ
②相手はツッツキで返球
③選手はバックハンドドライブ
④相手はブロックか、バックハンドドライブで返球
⑤ミスが出たら、すぐに次のボールを使ってサービスから再開

指導者MEMO バッククロスでバックハンドドライブを打ち合う練習です。チャンスボールがあれば、回り込んでフォアハンドで打ってもかまいません。また、何本かつながったらストレートに持っていく練習もしましょう。

攻撃力

メニュー 096

3人でのドライブ＆ブロック練習

レベル ★★★
時間 3分
回数 時間内無制限

ねらい 3人1組でできる、ドライブとブロックを同時にする方法です。効率的な練習メニューです。

手順

① 台の片方に2人（A、B）、もう一方に1人（C）がつく。Aはフォアサイド、Bはバックサイドに来たボールを、それぞれフォアハンドでドライブ攻撃する。コースはフォアかバック

② Cは一人でこれをブロック。ブロックしたボールをA、Bが攻撃する

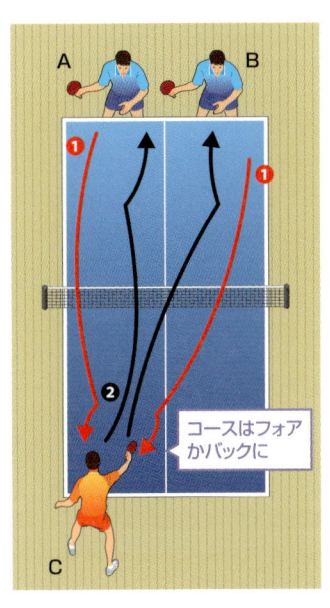

▎Aはフォアサイド、Bはバックサイドに来たボールに対応する

▎Cは一人で全面返球する

▎ダブルスとは異なり、同じコースに来たら連続してA（もしくはB）が対応する

コースはフォアかバックに

指導者MEMO 2人いる側は、ダブルスのように交互に打つのではなく、自分の担当コース（Aはフォア、Bはバックなど）に来たボールを打ちます。そのため、1人が連続攻撃をするケースもあります。

攻撃力

メニュー 097 3人での多球での ドライブ・ブロック練習

レベル ★★★
時間 3分
回数 時間内無制限

ねらい 3人1組で攻撃力と防御力を同時に養う効率的なメニューです。

Aは球出し役。Cはブロック役

Bはドライブ攻撃の練習

Cは余裕があればカウンター攻撃する

手順

① 球出し役(A)、攻撃役(B)、ブロック役(C)を図のように配置する。Aがバックスピンのボールを出す
② Bはドライブで攻撃(コースは決めない)
③ Cはブロックか、余裕があればカウンターで攻撃する

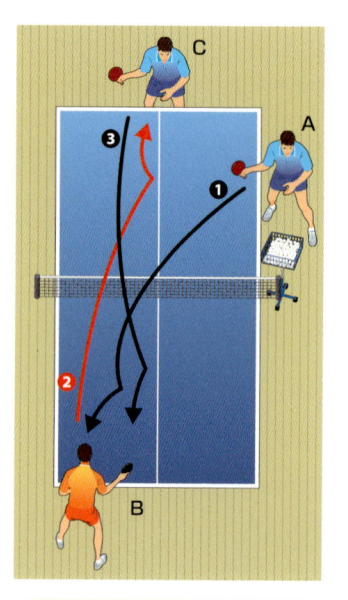

指導者MEMO 3人目の選手がブロックやカウンターをすることによって、無駄な待ち時間を減らすことが狙いです。このような3人組の練習方法は、役割をローテーションすることによって、効率よく全員が参加できます。

攻撃力

メニュー 098 多球でランダム攻撃

レベル ★★★
時間 3分
回数 50～100球程度

ねらい 総合的な攻撃力をつける練習です。
ランダムな打球に対してフットワークを使い、全身を使った強打を心がけます。

■ 球出し役はさまざまなコース、スピードのボールを出す

■ むずかしいボールはつなぐ

■ 余裕があれば強打する

手順

① 球出し役はさまざまなコースや回転のボールを出す。選手は、フォアサイドはフォアハンドで返球
② 球出し役は、バックサイドはバックハンドで返球（余裕があるときは回り込んでフォアハンド）
③ ミドルは、状況によってフォアハンド、バックハンドを判断して対応

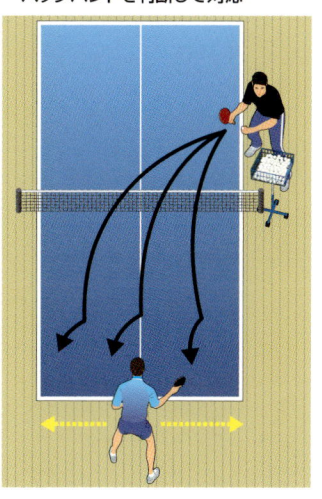

指導者MEMO
コースを決めず、あらゆるコースに来たさまざまな球質のボールに対し、ドライブ、スマッシュなどを交えて練習する方法です。互いにランダムでラリーをすると相手のミスもあったり、なかなか思ったように練習できないことがあります。ランダム練習は多球のほうが効率的な場合があります。

攻撃力

メニュー 099 フォアハンド強化練習

レベル ★★★

時間 3分
回数 時間内無制限

ねらい フォアハンドをクロスに強く振り抜くための練習です。

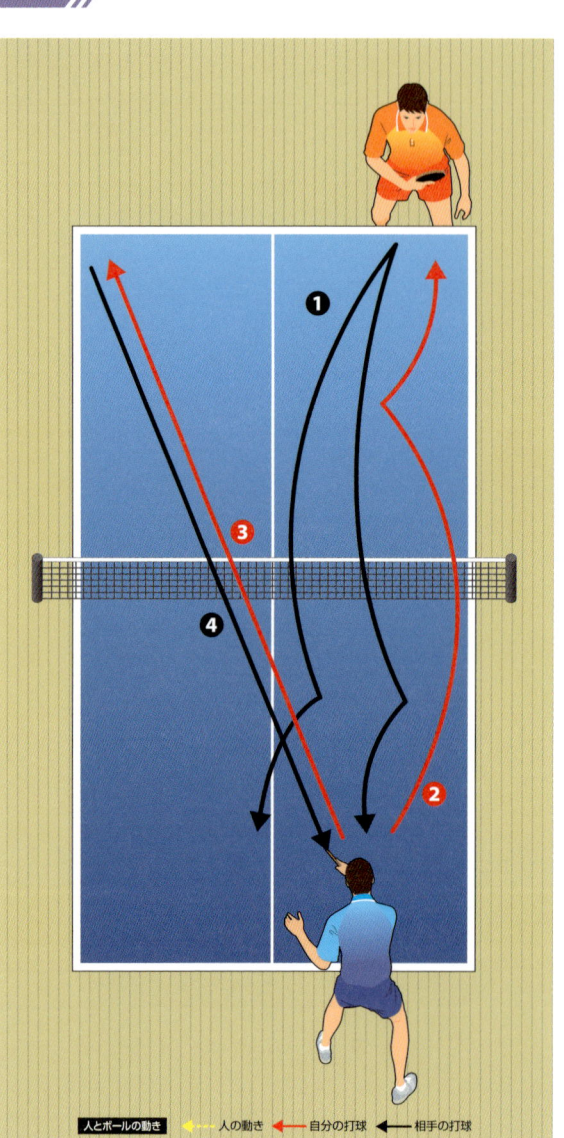

手順

① 相手はショートで、フォア〜ミドルにランダムなボールを出す
② 選手は左右に動きながら、フォアハンドで相手のバックストレートに返球
③ 4〜5球目をドライブorスマッシュでクロスに打ち抜く
④ 相手はカウンタードライブでクロスに返球し、その後はオールコートで打ち合う

人とボールの動き　人の動き　自分の打球　相手の打球

フォアクロスに打つボールはできる限り強いボールを打てるよう心がける

指導者MEMO
攻撃力を高めるためには「打ち抜く」という感覚を覚えることが必要です。フォアハンドのラリーの中で、何本目かをフルスイングで打ちぬく感覚を覚えてください。

攻撃力

メニュー100　バック前ショートサービスからの三球目攻撃①

レベル ★★★
時間 3分
回数 時間内無制限

ねらい　ランダムなレシーブコースに対して、臨機応変に動いて攻撃を決める練習です。実戦的な三球目攻撃が身につきます。

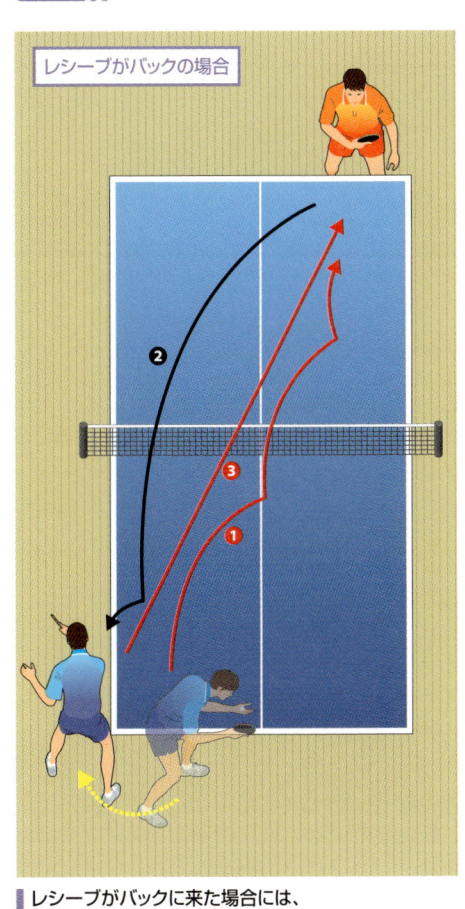

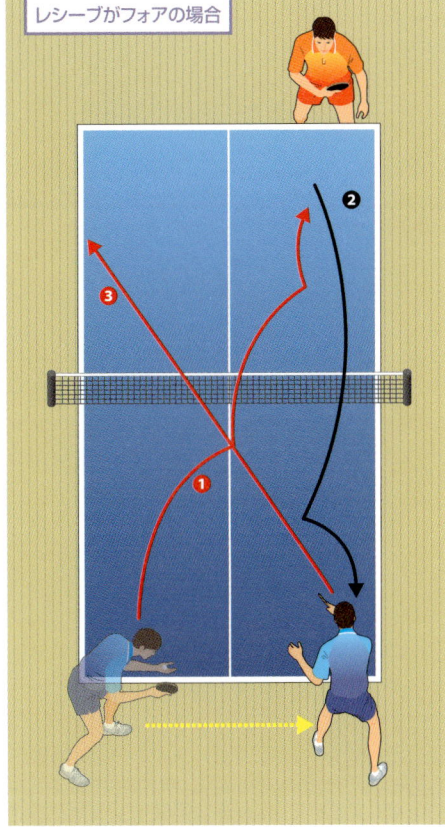

レシーブがバックの場合

レシーブがフォアの場合

レシーブがバックに来た場合には、回り込んでバッククロスに攻撃する

レシーブがフォアに来た場合には、フォアクロスに攻撃する

手順

① 選手はバックサイドから相手のバック前に、短い下回転サービスを出す
② 相手はフォアかバックにレシーブする
③ バックサイドは回り込み、フォアハンドドライブでバッククロスに攻撃する。フォアサイドは、フォアクロスにフォアドライブで攻撃
④ 相手はブロック。その後はオールコートでラリー

指導者MEMO　短いサービスで相手の強いレシーブを封じつつ、三球目でこちらから先手をとって攻撃するための練習法です。安定感を高めるためにも、フォア、バックのいずれにレシーブが返ってきても攻撃するようにしましょう。

攻撃力

技術解説 フリック

フォアハンド

| POINT 1 | ラケット面を外側に向けてテイクバック |
| POINT 2 | ヒジを伸ばしてラケットを開く |

バックハンド

| POINT 1 | ヒジを外側に開いてテイクバック |
| POINT 2 | ヒジから先を中心にしてスイングする |

▶▶▶ ヒジを中心としたコンパクトなスイングを心がける

フリックとは、台上の短いボールをトップスピンで払う技術です。台上のボールは多くの場合、バックスピンがかかっていることが多く、よいタイミングでボールを捉え、スピンをかけないとミスが出やすくなります。

フリックを成功させるには、きちんと打球点まで正確に移動することと、手首を柔らかくしてボールを捉える必要があります。

| POINT 3 | バウンドの頂点よりも前でインパクト | POINT 4 | 前方向へフォロースルー |

| POINT 3 | 斜め前方へフォロースルー |

テイクバックで手首の曲げが不十分。ヒジからラケットまでがまっすぐのままになっている

手首を曲げないと柔らかい動きができず、ボールをコントロールできない

● フリックでは手首の固さに注意

ミスの原因はたいてい手首の固さにあります。テイクバックで手首が曲がるくらいリラックスしていないと、ボールの変化をコントロールできません。

攻撃力

メニュー 101　バック前ショートサービスからの三球目攻撃②

レベル ★★★
時間 3分
回数 時間内無制限

ねらい　ランダムなレシーブコースに対する三球目攻撃の練習です。
実戦的なフリックやバックドライブでの攻撃を覚えます。

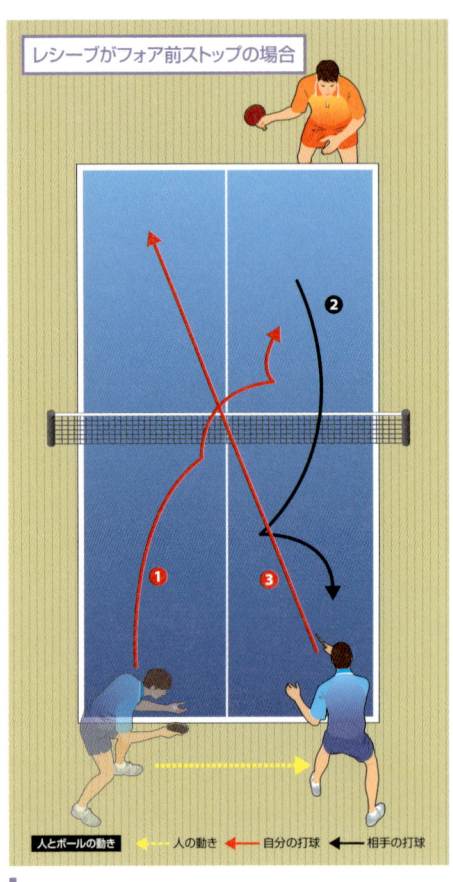

［レシーブがフォア前ストップの場合］

［レシーブが深いツッツキの場合］

凡例：人とボールの動き　‐‐‐ 人の動き　← 自分の打球　← 相手の打球

フォア前ストップをフリックする

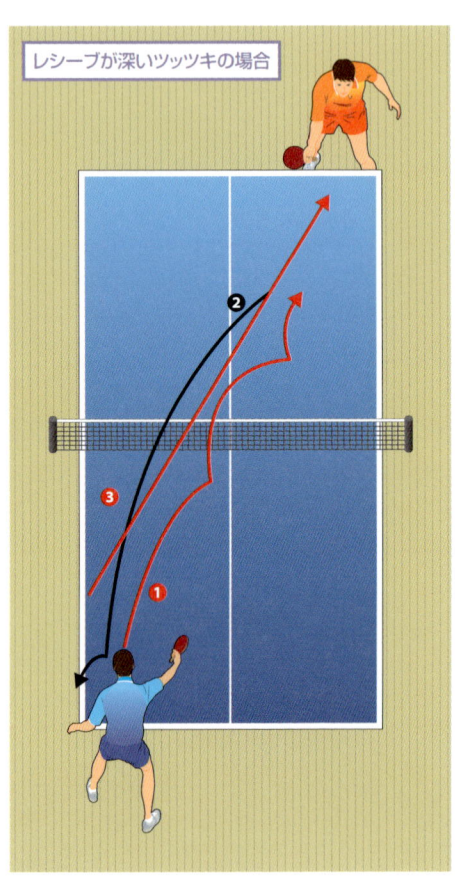

バックへの深いツッツキは
バックハンドドライブで対応する

手順

①選手はバックサイドから相手のバック前に、短い下回転系サービスを出す
②相手はフォア前ストップか、バッククロスに深いツッツキのどちらかで返球
③フォア前ストップの場合は、クロスにフリックで三球目攻撃。深いツッツキの場合は、バックドライブでクロスに攻撃。相手はブロック。その後はオールコートでラリー

指導者MEMO　三球目攻撃練習では、相手が打ちやすい甘いレシーブをしてしまいがちですが、この練習では打ちづらいツッツキを出します。より実戦的になり、レシーブ側にとっても、非常によい練習となります。

メニュー102 フォア前ショートサービスからの三球目攻撃①

攻撃力

レベル ★★★
時間 3分
回数 時間内無制限

ねらい
フォア前へのレシーブからの三球目攻撃や、フォア前へのショートサービスに対するレシーブを覚える実戦的な練習です。

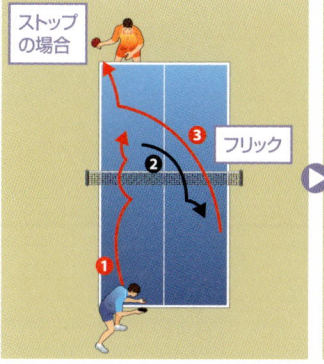

手順
① 選手は相手のフォア前に下回転のショートサービスを出す
② 相手はフォア側にフリックかストップでレシーブ
③ ストップならフリックで攻撃、フリックならカウンタードライブで逆襲

ストップの場合 / フリック
フリックの場合 / カウンター

フォア前のショートサービスは、フリックかストップでレシーブされることが多い

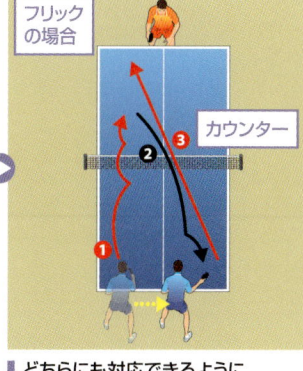

どちらにも対応できるように練習しておく

指導者MEMO
フォア前のレシーブは、右足を深く踏み込む必要があります。この態勢になると、フォアの深いボールへの対応が厳しくなるため、得点につながりやすくなります。

メニュー103 フォア前ショートサービスからの三球目攻撃②

攻撃力

レベル ★★★
時間 3分
回数 時間内無制限

ねらい
チキータやフォアクロスへのドライブを使う実戦的な三球目攻撃を覚える練習です。

手順
① 選手は相手のフォア前に下回転のショートサービスを出す
② 相手はバック前にレシーブか、もしくはフォアクロスに深いツッツキを出す
③ バック側に来たらチキータで攻撃、フォア側に来たらフォアクロスにドライブ攻撃

バック前の場合 / チキータ
フォアの場合 / 深いツッツキ

フォア前サービスがバック前にレシーブされたら、思い切ってチキータで狙う

フォア側に深く返って来たら、フォアハンドドライブで返球する

指導者MEMO
バック前にレシーブが返ってきた場合には、チキータで積極的に攻撃する。

メニュー 104 攻撃力 バッククロスのロングサービスからの三球目攻撃

レベル ★★★
時間 3分
回数 時間内無制限

ねらい バックサイドへのレシーブに対してのバックハンドドライブ攻撃や、甘いレシーブへのフォアハンド攻撃を覚える三球目攻撃の練習です。

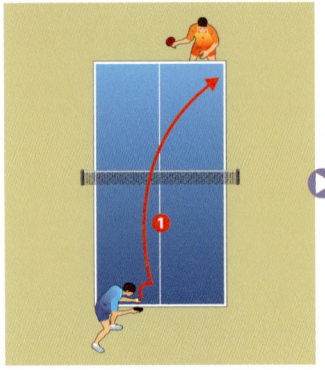

手順
①選手はバッククロスにロングサービスを出す
②レシーブがバックサイドに返ってきたらバックハンドドライブでストレートに攻撃。レシーブが甘いときには回り込んでフォアハンドで攻撃

- ロングサービスはリスクもあるが、甘いレシーブの可能性も出る
- 甘いレシーブが来たらすかさず回り込んでフォアハンドで攻撃する

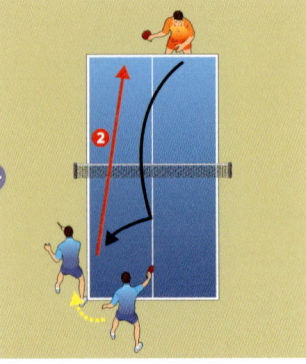

指導者MEMO ロングサービスに対しては、ロングボールでレシーブが返ってくることが普通ですので、これを狙います。そのため、サービスを出した後はやや後方にステップして、台から距離をとったほうがいいでしょう。

メニュー 105 攻撃力 フォアサイドへのロングサービスからの三球目攻撃

レベル ★★★
時間 3分
回数 時間内無制限

ねらい 相手のレシーブを見極め、コンパクトに打ち返す三球目攻撃を覚える練習です。8割程度の力で打つことが大切です。

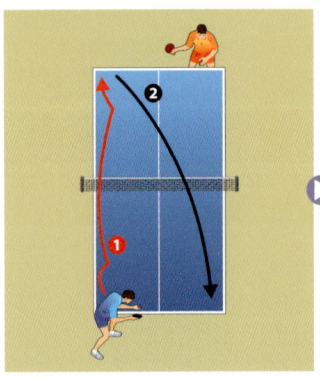

手順
①選手はフォアサイドにロングサービス
②レシーブはフォアクロスにドライブ
③3球目攻撃でストレートにドライブ

- フォアサイドへのロングサービスは、レシーブから攻撃されるリスクがある
- 強いレシーブが返ってきても動揺せず、カウンターで返球する 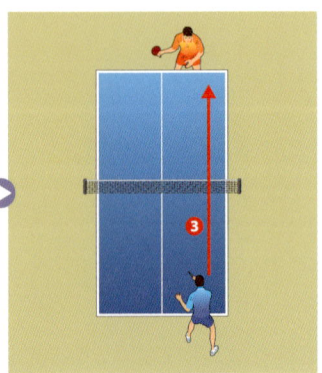

指導者MEMO 一つ間違えばレシーブから逆襲を食らいかねませんが、うまく相手の待ちを外せれば、有利な展開に持ち込める戦術です。特に三球目でストレートを狙うことができれば、決定力も高まります。

攻撃力

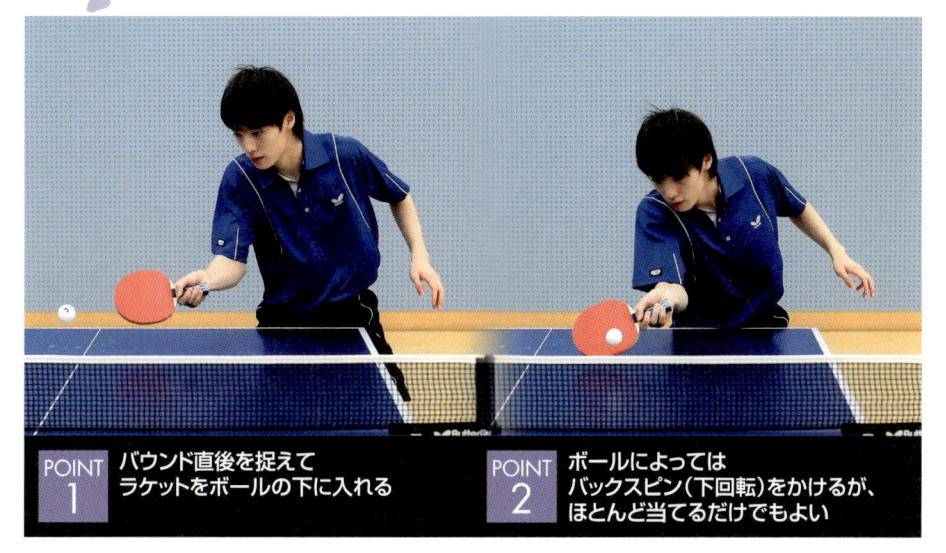

技術解説 ストップ

POINT 1	バウンド直後を捉えて ラケットをボールの下に入れる
POINT 2	ボールによっては バックスピン（下回転）をかけるが、 ほとんど当てるだけでもよい
POINT 3	ボールを目的のコースに コントロールするには 手首の柔らかさが重要
POINT 4	ボールがラケットから離れたら、 次のボールに備えて態勢を戻す

▶▶▶ 小さく、短く止めるには手首のコントロール

　レシーブなどで、相手に打たれないように小さく返球する技術です。長さとしては、台上で2バウンドすることが目安です。また、ネットより高くバウンドが浮いてしまうと、スマッシュなどで攻撃されてしまいますので、小さく、短くを心がけましょう。

　ボールをコントロールするには、バウンドの直後を捉えることと、手首を柔らかくしておくことです。

メニュー 106 ハーフロングサービスからミドルを攻める三球目攻撃

攻撃力 レベル ★★★
時間 3分
回数 時間内無制限

ねらい ハーフロングサービスからの三球目攻撃パターンの練習です。実戦ではフォア前サービスと組み合わせると効果的です。

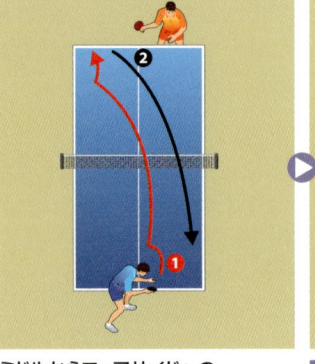

手順
① 選手はミドルからフォアサイドへハーフロングサービスを出す
② レシーブはフォアクロスにループドライブ
③ 3球目攻撃で相手のミドルにカウンタードライブ

- ミドルからフォアサイドへのハーフロングサービスを出す
- レシーブでフォアサイドに動いた相手のミドルを狙って攻撃する 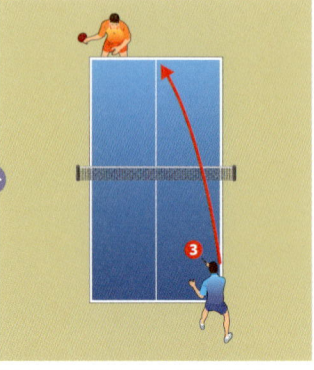

指導者MEMO 相手をフォアサイドへ大きく崩すことができるサービスです。相手の体勢が崩れたら、ミドルへの三球目攻撃でとどめをさしましょう。

メニュー 107 ストップレシーブへの対応

攻撃力 レベル ★★★
時間 3分
回数 時間内無制限

ねらい ストップレシーブへの対応を覚えます。打てるボールは攻撃し、打てないボールはストップで返す(ダブルストップ)、という見極めを磨きます。

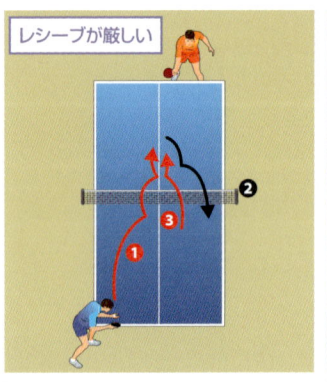

手順
① 選手は相手のミドル前に下回転のショートサービスを出す
② 相手はストップレシーブ
③ レシーブが低く短い場合は、こちらもストップ(ダブルストップ)。ストップレシーブが浮いたり、長いツッツキの場合はドライブで攻撃

- レシーブが厳しい：相手のストップが厳しい場合はこちらもストップ
- レシーブが甘い：相手のストップが甘ければ攻撃する

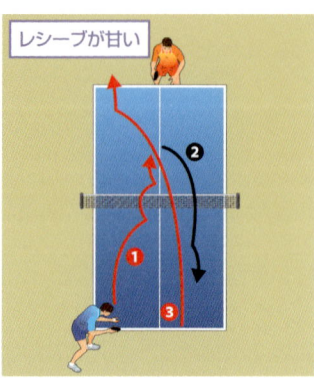

指導者MEMO サービスは下回転に見せかけたナックル(無回転)サービスを出してもOK。その場合は、時おりフリックレシーブを入れるなど、変化をつけていきましょう。

メニュー 108 — 攻撃力

五球目を見据えた三球目攻撃①

ねらい 三球目攻撃（バックハンドドライブ）でチャンスを作り、五球目攻撃（フォアハンドの強打）で得点を狙う練習です。

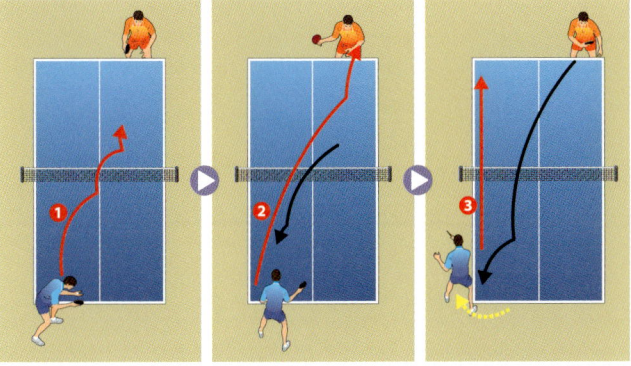

レベル ★★★
時間 3分
回数 時間内無制限

手順
① 選手はバック前へショートサービスを出す
② バックに返ってきたレシーブを、バックハンドドライブでバッククロスへ三球目攻撃
③ 再びバックに返ってきたボールを回り込んでストレートへドライブかスマッシュ

- バック前にショートサービスを出す
- 三球目をバックドライブ
- 五球目を回り込みストレートにスマッシュ

指導者MEMO 三球目攻撃は相手のレベルが上がってくると、なかなか得点につながりません。そのため、三球目をブロックされた後にさらに攻撃する、五球目攻撃の練習が必要です。

メニュー 109 — 攻撃力

五球目を見据えた三球目攻撃②

ねらい 三球目にバックハンドドライブで攻撃し、五球目のフォアハンドドライブで得点につなげる攻撃を覚えます。

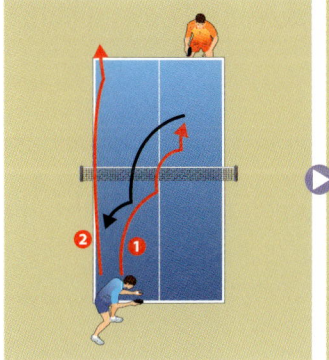

レベル ★★★
時間 3分
回数 時間内無制限

手順
① 選手はバック前にショートサービス
② バックに返ってきたレシーブを、バックストレートへバックハンドドライブ
③ フォアへのボールをフォアストレートへドライブ

- 三球目はバックドライブで相手のフォアサイドを狙う
- 5球目はフォアドライブで、相手のバックサイドを狙う

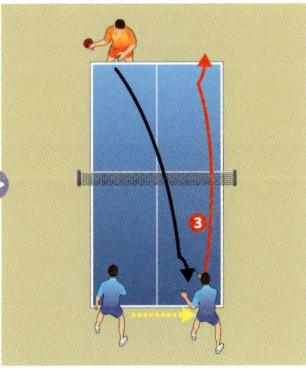

指導者MEMO 五球目攻撃を見据えた三球目攻撃には、さまざまなパターンがあります。このパターンはクロスに攻撃する場合よりも難易度は高いですが、相手にとっては対応の難しい攻撃パターンです。

攻撃力

メニュー 110 　五球目を見据えた三球目攻撃③

レベル ★★★
時間 3分
回数 時間内無制限

ねらい 三球目のバックドライブ攻撃から、五球目のフォアハンドストレートへの攻撃につなげる練習です。

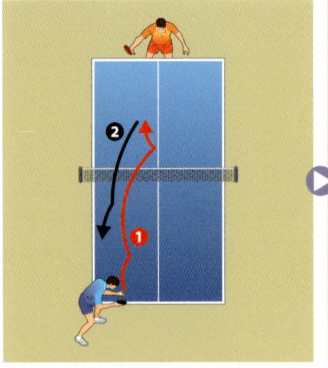

手順
① 選手はミドル前へ下回転系のショートサービス
② 相手がチキータでこちらのバックサイドへレシーブ
③ 相手のバッククロスへバックドライブ攻撃
④ 相手のブロックを回り込んで、フォアハンドでストレートへ攻撃

指導者MEMO このパターンは相手にあえてチキータをさせたボールをバックハンドドライブで攻撃するパターンです。

相手がチキータレシーブをしてきた場合を想定した練習

チキータをバックドライブで返球し、次のボールをフォアハンドで攻撃する

メニュー 111 　五球目を見据えたダブルストップ①

レベル ★★★
時間 3分
回数 時間内無制限

ねらい 三球目でダブルストップを攻撃的に用い、五球目の攻撃で得点するパターンを練習します。

手順
① 選手はバック前にショートサービス
② 相手のストップレシーブをバック前にダブルストップ
③ やや甘くなった相手の返球を、相手のバックサイド深くへバックハンドドライブで攻撃

指導者MEMO 相手のストップをダブルストップすると、相手は台の前に寄せられています。その後の五球目で、深いバックハンドドライブを打つと、非常に効果的な攻撃となります。

相手のストップレシーブを予測しておく

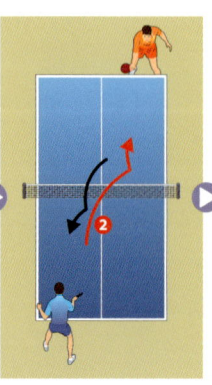

相手のストップをダブルストップ

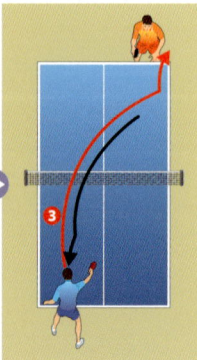

相手のストップが甘くなったら攻撃する

メニュー112　五球目を見据えたダブルストップ②

攻撃力

レベル ★★★
時間 3分
回数 時間内無制限

ねらい　三球目のダブルストップから、五球目のフォアサイドへのフリック攻撃というパターン練習です。

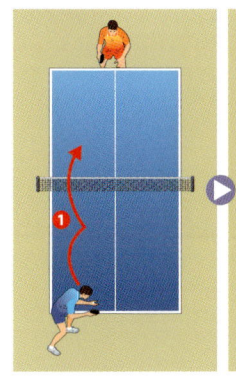

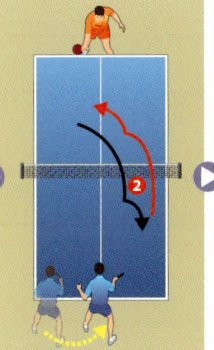

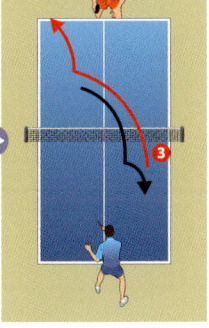

手順
① 選手はフォア前にショートサービス
② フォア前に返ってきたストップレシーブをフォア前にダブルストップ
③ 再びフォア前に返ってきたボールを、フォアサイド深くにフリックで攻撃

- フォア前
- ショートサービスを出す

- 相手のストップを
- フォア前にダブルストップ

- 甘くなったボールを
- 攻撃する

指導者MEMO　五球目攻撃を見据えた三球目攻撃には、無限といっていいくらいのバリエーションがあります。このように、「攻撃のためのダブルストップ」を活用することが、中級者、上級者への道となります。

メニュー113　五球目を見据えたダブルストップ③

攻撃力

レベル ★★★
時間 3分
回数 時間内無制限

ねらい　三球目のダブルストップから、五球目のバックストレート攻撃というパターンを覚える練習です。

手順
① 選手はバック前にショートサービス
② 相手のストップをフォア前にダブルストップ
③ 相手のストップが甘くなったところを、バックストレートへ五球目攻撃

- ストップで相手を
- 振り回すこともできる

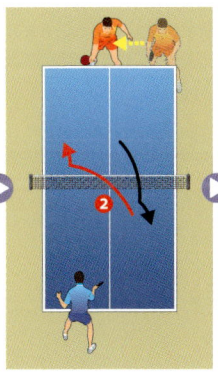

- フォア前、バック前と
- ゆさぶる

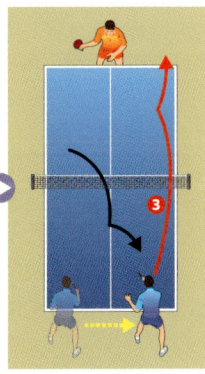

- 甘いボールは
- いつでも攻撃する

指導者MEMO　ダブルストップで、左右に振り回すパターンです。最終的に甘くなったバックサイドを、五球目攻撃で崩しています。

149

メニュー 114 攻撃力
チキータレシーブからの攻撃①

レベル ★★★
時間 3分
回数 時間内無制限

ねらい レシーブからチキータを使って、攻撃するパターンです。

手順
① 相手にバック前へサービスを出してもらう
② 選手はチキータで相手バックサイドにレシーブ
③ 相手はクロスに返球
④ 選手はバックハンドドライブで攻撃

チキータレシーブからの攻撃練習

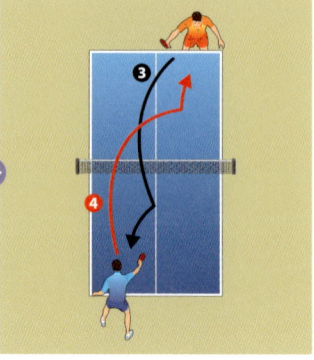

チキータの後、体勢を崩さないように注意

指導者MEMO チキータレシーブは、レシーブに回ったときでも先手を取りうるパターンです。攻撃的なパターンをいくつか練習して、得意なラリーパターンを身体で覚えましょう。

メニュー 115 攻撃力
チキータレシーブからの攻撃②

レベル ★★★
時間 3分
回数 時間内無制限

ねらい レシーブにチキータで攻撃するバリエーション練習です。ミドルへ返球し、相手のレシーブの乱れを狙います。

手順
① 相手にバック前へサービスを出してもらう
② 選手はミドルにチキータレシーブ
③ 返球に回り込み、フォアハンドでストレートに攻撃

チキータレシーブでチャンスボールを作る

決め手はフォアハンド

指導者MEMO チキータをミドルに持っていって相手の返球が乱れれば、ストレートへのフォアハンドで一気に崩してしまいましょう。

攻撃力

メニュー 116 レシーブのフリックからの攻撃

レベル ★★★
時間 3分
回数 時間内無制限

ねらい 相手のフォア前サービスをフリックでレシーブするところから、攻撃につなげる練習です。

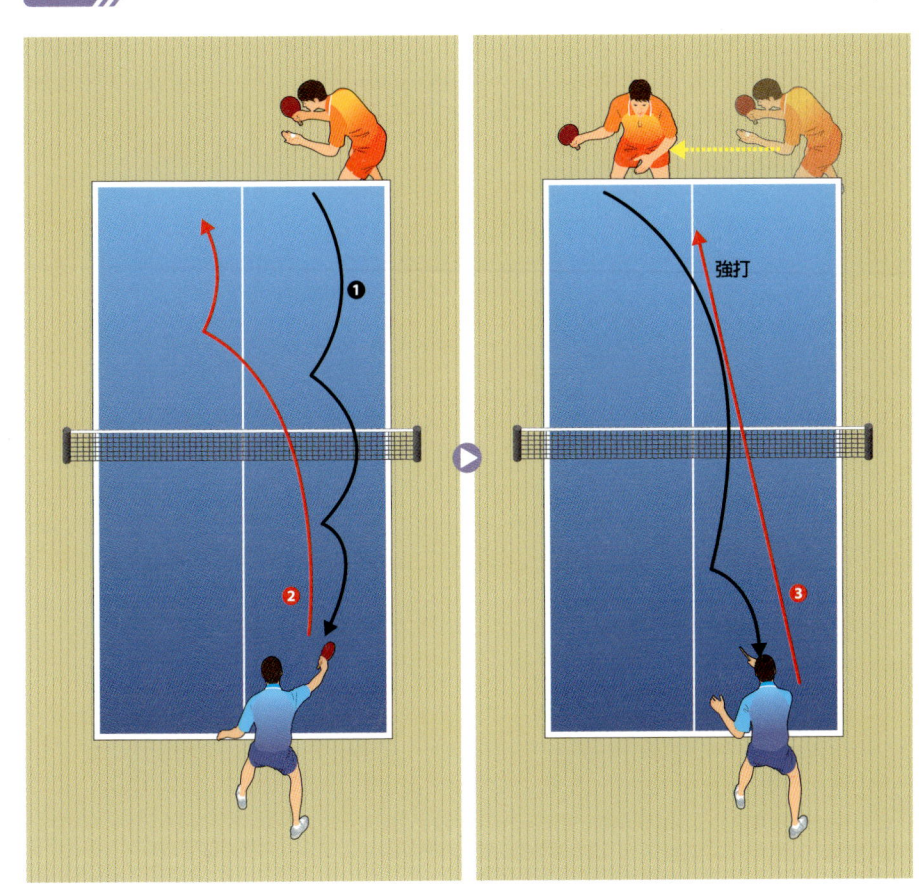

相手のサービスを
フォアクロスにフリック

フリックでフォアサイドに寄った
相手のミドルを攻める

手順

① 相手にフォア前へサービスを出してもらう
② 選手はフォアクロスにフリックする
③ 返球をミドルへドライブかスマッシュする

指導者MEMO フリックをフォア側に持っていくとカウンターで反撃されることもありますが、落ち着いてミドルを攻めることができれば、相手を崩すことができるでしょう。

攻撃力

メニュー 117 サービスコースを限定したオールコート練習

レベル ★★★
時間 3分
回数 時間内無制限

ねらい サービスのコースが決まっていること以外は、ゲームと同じオールコートの実戦的練習です。

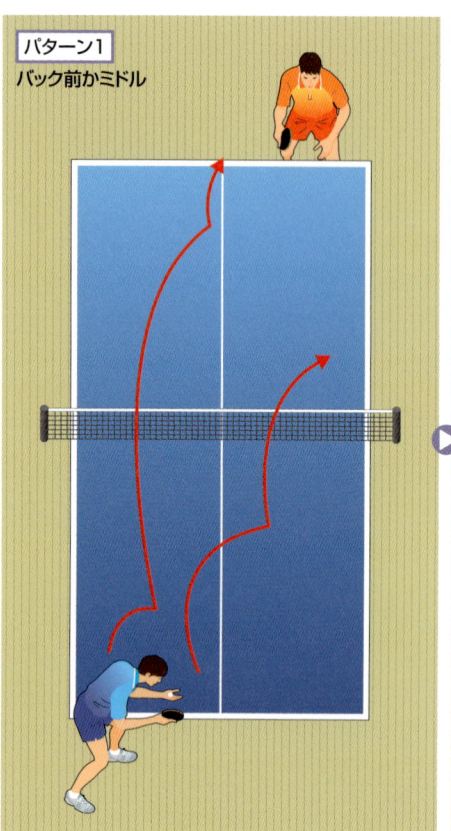

パターン1
バック前かミドル

パターン2
フォア前かバックロング

サービスのコースをバック前かミドルロングに絞る

サービスのコースをフォア前かバックロングに絞る

手順
① サービスのコースを「バック前かミドル」もしくは「フォア前かバックロング」のように2パターン程度に絞る
② サービス以外はオールコート練習

指導者MEMO
三球目やレシーブのコースを決めたシステム練習とともに、こうした、ほとんど実際のゲームに近いような、自由度の高い練習メニューも組み入れておきましょう。

第5章
ナショナルチームの練習法
Practice of the National Team

この章では、日本代表で実際に行っていた練習法を紹介します。
かなりハイレベルなメニューも多いですが、
アレンジ次第で中級者でも、十分に取り組める内容となっています。
ぜひ、チャレンジしてみてください。

基本概念 コース取りとボールの深さ

▶▶▶ コース取りはミドルがポイント

　コース取りにはクロスとストレート、そしてミドルがあります。一般的にはクロスのほうがミスは少なく、ストレートのほうがミスが増える傾向があります。これは、クロスのほうがストレートよりも、台の距離が長く取れるためです。

　しかし、いくらミスが少ないからといって、実戦でクロスばかりを狙っていたのでは読まれてしまいますし、こちらが決めにいくボールを打ってもカウンターで反撃されるリスクが高まってしまいます。

　こうしたときに選択してほしいのがミドルへの攻撃です(図)。バックサイドからでも、フォアサイドからでも、ミドルに来たボールは対処がしづらいものです。特に、強烈なカウンターで反撃することは相当に難しいでしょう。もちろん、余裕があれば、ストレートも選択肢に入れてもいいですが、ミドルへの攻撃は、攻守のバランスが取れた戦術の1つとして頭に入れておいてください。

　逆に、ミドルに打たれた際の対処を考えておくのは、攻守のバランスを考える上で重要です。基本的にはミドルのボールはフォアハンドで対応できたほうが、攻撃的なのでいいでしょう。ただし、女子選手の場合、前についてショートで相手に時間を与えず返球したほうが有効という考えもあります。

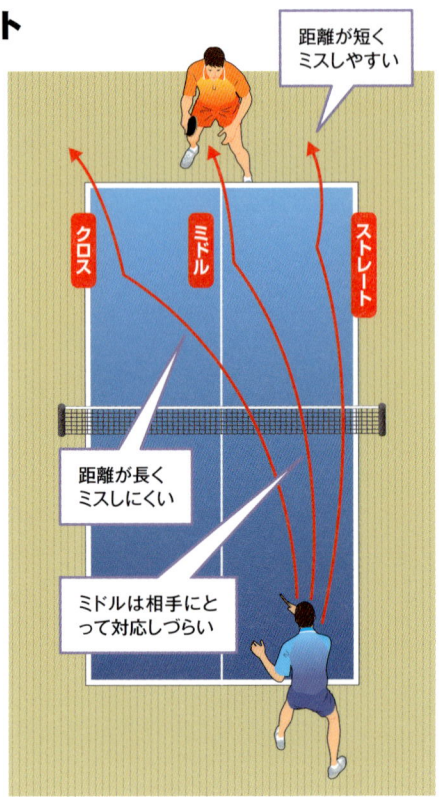

▶▶▶ 前後のゆさぶりについて

　コース取りとともに頭に入れておいてほしいのは、ボールの長さです。具体的には「台上で2バウンドするストップ」「2バウンド目が台から出るロングボール」「1バウンド目がエンドラインぎりぎりに入る深いボール」があります。

　レシーブなどでストップを行う際は、台上で2バウンドするぐらいの長さがひとつの目安です。2バウンド目が台から出るようでは相手に攻撃を許してしまい、あまり効果的ではないでしょう。また、カットマンと対戦する際には、相手のカットを台上で2バウンドするくらいの長さでストップすることが、戦略上効果的です。

　ボールの長さについて誤解している方がいるのは、ループドライブの長さです。一般的にロングボールはエンドラインギリギリの長いボールのほうが威力があるのですが、ループドライブは中途半端な長さでは相手にスマッシュを打たれてしまいやすくなります。

　ループドライブはスピードを落とし、回転量を上げたボールです。こういうボールが台上で2バウンドするような短さで出されると、相手は対応に困ります。逆に、こうしたループドライブが台から大きく出るとスマッシュやドライブで対応しやすくなってしまうのです。

> ナショナルチーム

基本概念 サービスのコース取り

▶▶▶ 出す位置、トスの高さで変化をつける

　基本的には、バックサイドからサービスを出す人が多いと思いますが、ミドル、フォアサイドなど、サービスをどこから出すかを工夫してみるのは、戦術上、いろいろなヒントが得られます。

　また、トスの高さも、変えていくことができると有効です。ロートス、ハイトス、ミドルトスではそれぞれ回転量やスピードが変化します。ハイトスのサービスはよく切れて変化量も大きくなりますので、試合中にトスの高さを変えるだけでも、相手のバランスを崩すことができるでしょう。

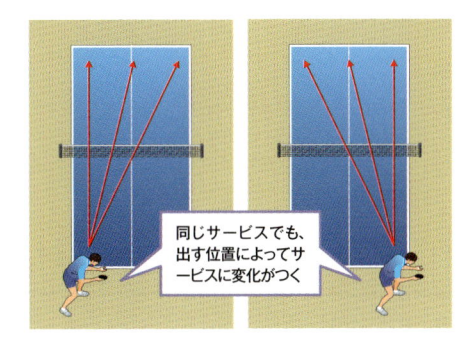

同じサービスでも、出す位置によってサービスに変化がつく

▶▶▶ 主なサービスの種類と特徴

下回転サービス（P56）
最も多くの選手が使っています。コントロールがしやすく、バックスピンがかかっているために相手が強打しにくいサービスです。

横回転サービス（P179）
ボールの側面をこするように打ちます。相手が下回転と見誤ったりバウンドの変化を見極められないと、レシーブミスにつながるサービスです。

YGサービス（P168）
通常のフォアハンドの横回転と逆のモーションで回転をかけます。相手から見ると、予測と反対側に曲がっていくサービスになります。

その他
このほかに、上回転をかけるロングサービスや、しゃがみこんで強い回転をかけるしゃがみこみサービスなどがあります。

ナショナルチーム

メニュー 118 ミドル−ランダム −ミドル

レベル ★★★★
時間 5分
回数 時間内無制限

ねらい ピッチの速いラリーの中で、臨機応変なプレーを磨く練習法です。

手順

① 相手はミドルとランダムを繰り返して打つ（ミドル→ランダム→ミドル…）
② 選手はミドルに来たボールをフォアハンドで返球
③ 次に来るのはオールコートのランダムなので、それぞれのコースに対応する
④ 再びミドルに対応する。この動きを続ける

■ 練習相手は1球ごとにミドル、ランダム、ミドル、とコースを変える

■ ミドルはフォアハンドかバックハンドで対処する

■ バックサイドはバックハンドで対処してもいいが、余裕があれば回り込む

One Point! アドバイス

練習相手にも対応力が求められる練習

この練習では、特に1本ごとに指定されているミドルのボールが、正確なコースに出されていることが重要です。また、ランダムのコースも、練習している選手にとって厳しいところに返球するセンスが求められます。完全なランダム練習よりもむしろ、練習相手にとって緊張感のある練習法といえるでしょう。

指導者MEMO

ランダムの間にミドルが入りますが、ポイントはミドルのボールの処理です。特にフォアからミドルに送られたボールをフォアで処理するのは、大変難しい技術です。しかしそこをフォアで処理することによって、フットワーク力と攻撃力が身につきます。

ナショナルチーム

メニュー 119 左右フットワーク練習 ハイレベル版

レベル ★★★★★

時間 5分
回数 時間内無制限

ねらい ピッチの速いラリーの中で、ランダム要素を取り入れたラリー練習を行います。

手順

① 相手は基本的にフォアハンド。フォアとミドルに1本ずつボールを送る。選手はフォアハンドで左右に1本ずつ動く
② 相手はときどき、フォアサイドやミドルに2球続けてボールを送る。選手はそれに対応する
③ 選手もときどき、相手のバックサイドにボールを送る

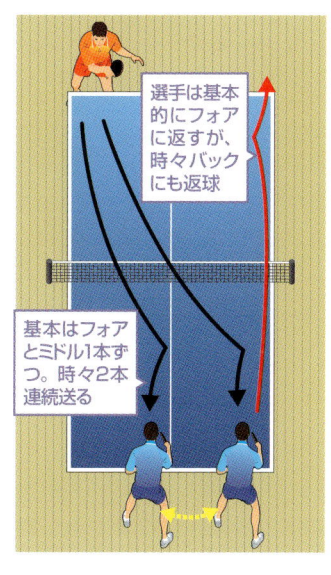

▌ フォアサイドとミドルで1本ずつ動く

▌ ときどき2球連続同じコースに来るので、それに対処する

▌ メニューをパターン化せず、常に臨機応変に対応できるようにしておく

選手は基本的にフォアに返すが、時々バックにも返球

基本はフォアとミドル1本ずつ。時々2本連続送る

指導者MEMO
左右に1本ずつ決まった本数で動いていると、実戦的な練習になりません。この練習のように、時折ランダムに2本連続送られるボールに対応することで、より実戦的な練習となります。また、返球をたまにバックサイドへ返球することで、より実戦的となります。

ナショナルチーム

メニュー 120

2本-2本の切り替え ハイレベル版

レベル ★★★★★
時間 3分
回数 時間内無制限

ねらい ピッチの速いラリーの中で、ランダム要素の高いラリー練習を行います。

■ 基本的にはフォアサイドとバックサイドに2球ずつ来るので返球する

■ ときどき相手からミドルへの攻撃が入る

■ 動揺せずに対処する

手順

① 相手はバックハンドで、フォアサイドとバックサイドに2本ずつボールを送る
② 選手はフォア2本とバック2本を交互に相手のバックサイドへ返球
③ 相手はときどき、ミドルにやや強いボールを送る。それに対応し、再び2本-2本の切り替えに戻る

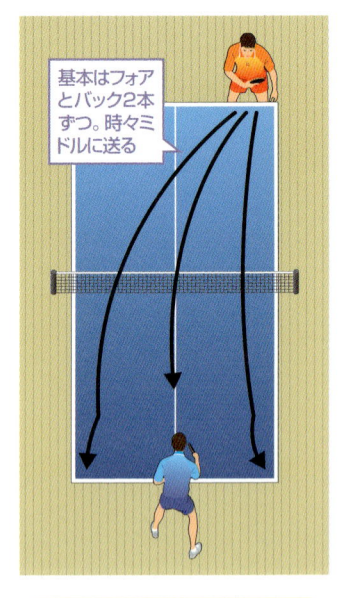

基本はフォアとバック2本ずつ。時々ミドルに送る

指導者MEMO 2本-2本のフォアバック切り替え練習（メニュー024）はさまざまなアレンジが可能な練習です。ここで紹介した練習のように、時折ミドルのボールを混ぜると、かなり難易度の高い練習メニューになります。

ナショナルチーム

メニュー 121 3点フットワーク ハイレベル版

レベル ★★★★★
時間 3分
回数 時間内無制限

ねらい 3点フットワークとランダム練習を組み合わせた練習です。

手順

① 相手はフォア、ミドル、バックへ1本ずつボールを出す。選手はオールフォアで返球する
② 選手の返球は、オールコート
③ 相手はどのコースにボールが来ても、フォア、ミドル、バックに1本ずつ返球を続ける

▌フォア、ミドル、バックをオールフォアで返球する

▌選手の返球はオールコート

▌相手はランダムな返球に対応しつつ、3点フットワークのボールを出し続ける

指導者MEMO

練習時間を有効活用するためには、「練習相手」を作らないことが大切ですが、この練習でも同じです。この練習法は片方が3点のオールフォアフットワークをしながら、もう片方がランダム練習を行うメニューです。互いに集中していないと、すぐにミスをしてしまいます。

ナショナルチーム

メニュー 122 2本1本の飛びつきの変化

レベル ★★★★
時間 7分
回数 時間内無制限

ねらい ショート―回り込み―飛びつきフォアというメニュー022の動きから、オールコートに移行する練習です。

手順

① 相手はバックサイドへボールを出す。選手はそれをバックハンド（ショート）で相手のバックに返球
② 相手がバックサイドに打ってきたボールに回り込み、フォアハンドで相手のバックサイドへ
③ 続いてフォアサイドに来たボールに対し、右へ大きくフットワークを使って飛びついてフォアハンドでストレートに返球
④ ①〜③を繰り返す。何球か繰り返したら、③のフォアハンドをフォアクロスに強打する
⑤ その後は、オールコートでのラリー

ショート、回り込みフォアハンド、飛びつきフォアハンドの2本1本パターン

通常通りのパターンで何球かつなぐ

数回つながったら、飛びついたフォアをクロスへ打ちこむ

指導者MEMO 2本1本の飛びつきは、中、上級者にとっては単調になりがちです。ある程度選手のレベルが高い場合には、何セットかつなげた後、飛びつきのフォアハンドをクロスに攻撃するようにしてみましょう。そこからはオールコートの実戦練習に移行します。

| メニュー 123 | ナショナルチーム
2本−2本からの オール練習① | レベル ★★★★ |
|---|---|---|

時間 7分
回数 時間内無制限

ねらい 2本−2本の切り替えからのオールコート練習です。

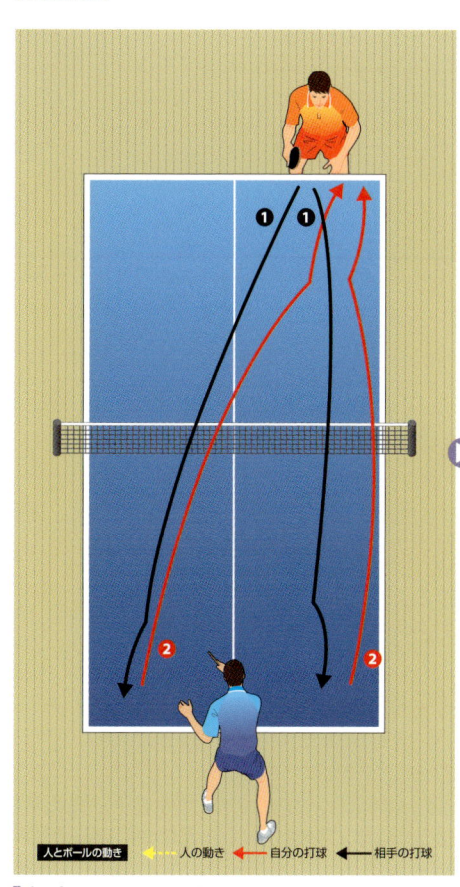

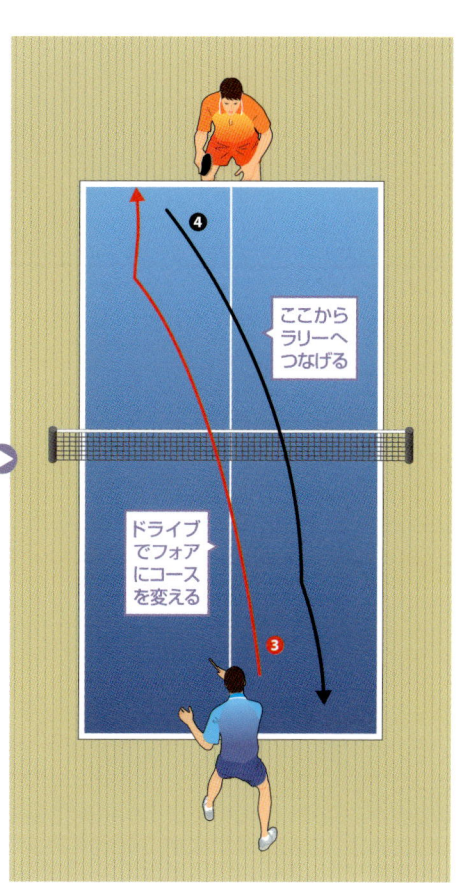

人とボールの動き　　人の動き　　自分の打球　　相手の打球

ここからラリーへつなげる

ドライブでフォアにコースを変える

相手からはフォア、バックに2球ずつボールが来るので、相手のバックに返球する

何球かつながったら、フォアサイドのボールをフォアクロスにドライブ

手順

① 相手はフォア2本とバック2本を交互に球出し
② 選手は相手のバックに返球
③ 6～7本つなげたら適当なタイミングで、相手のフォアサイドへのドライブでコースを変える
④ 相手はクロスにブロック、もしくはカウンターで返球。そこからオールコートのラリー練習に入る

指導者MEMO レベルの高い選手はこの練習のように、何本かつなげてからオールコートのラリー練習へ移行するとよいでしょう。ナショナルチームの選手たちは好んで、ウォーミングアップや試合前に行うくらい、実戦向きの練習です。

ナショナルチーム

メニュー 124 　2本－2本からのオール練習②

レベル ★★★★
時間　7分
回数　時間内無制限

ねらい 2本－2本の切り替えからのオールコート練習です。

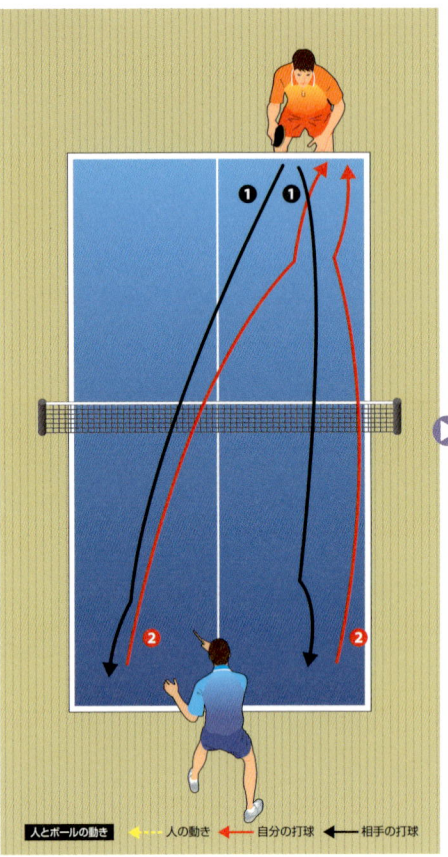

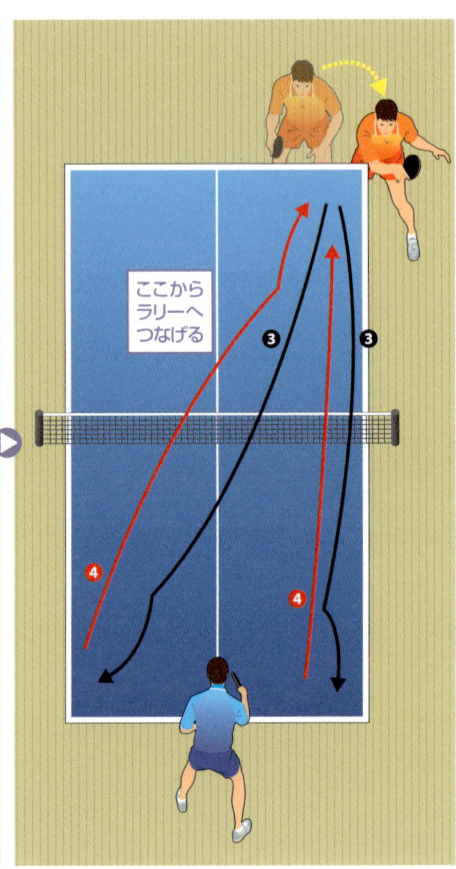

ここからラリーへつなげる

人とボールの動き　人の動き　自分の打球　相手の打球

2本－2本の練習を数セット続ける

適当なタイミングで、練習相手は回り込んでフォアハンドで攻撃してくる

手順

① 相手はフォア2本とバック2本を交互に球出し
② 選手は相手のバックに返球
③ 6～7本つなげたら適当なタイミングで、相手が回り込みフォアハンドドライブで攻撃
④ 相手の攻撃が、フォアストレートであればカウンター。バッククロスであればブロック。これ以降はオールコートでラリーをする

指導者MEMO ある一定のレベル以上の選手にとっては、決まりきったコースを繰り返すラリー練習はあまり効率がよくありません。この練習のように、何本かつながったらオールコートのラリー練習になるようなきっかけをつくるとよいでしょう。

ナショナルチーム

メニュー 125 2本-2本からの オール練習③

レベル ★★★★
時間 7分
回数 時間内無制限

ねらい 2本-2本の切り替えからのオールコート練習です。

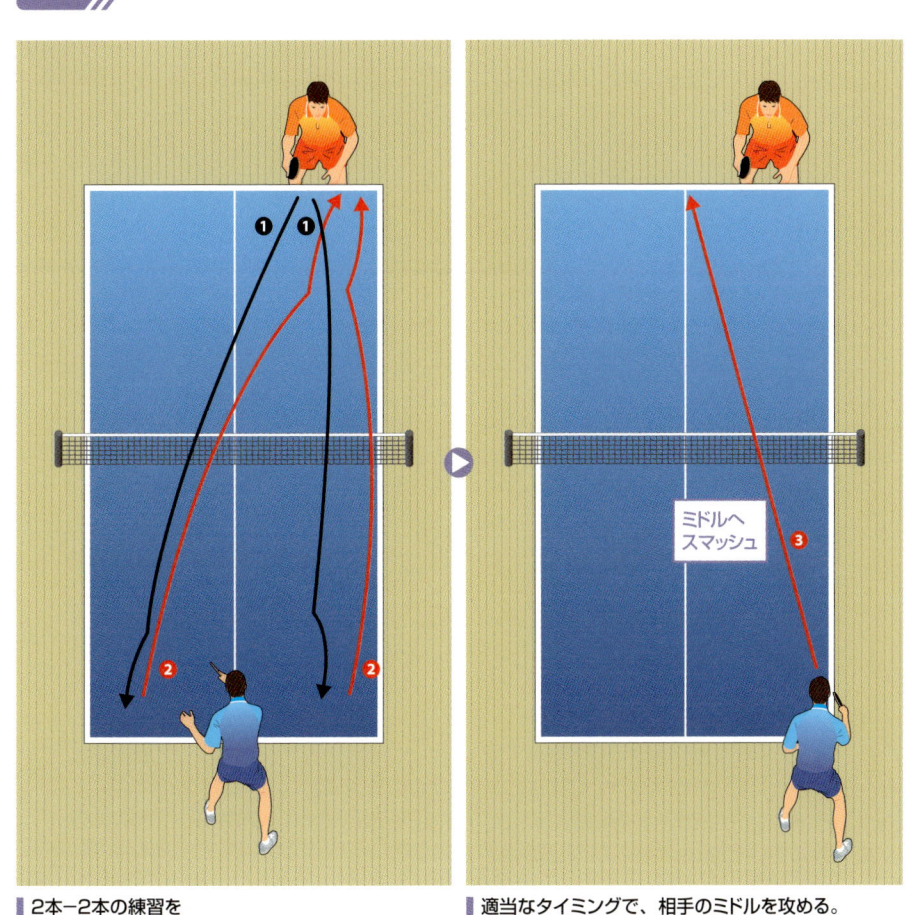

2本-2本の練習を
数セット続ける

適当なタイミングで、相手のミドルを攻める。
これをきっかけにオールコート練習とする

ミドルへ
スマッシュ

手順

① 相手はフォア2本とバック2本を交互に球出し
② 選手は相手のバックに返球
③ 6～7本つなげたら適当なタイミングで、相手のミドルにスマッシュもしくは強ドライブ
④ これをきっかけにオールコートのラリーに入る

指導者MEMO オールコートに入るきっかけは、ここにあげたもの以外にもいく通りも考えられます。それぞれに合ったパターンを考えて、練習に取り入れましょう。

ナショナルチーム

メニュー 126　4点システムからのオールコート

レベル ★★★★
時間　7分
回数　時間内無制限

ねらい 4点セットのシステム練習からのオールコート練習です。

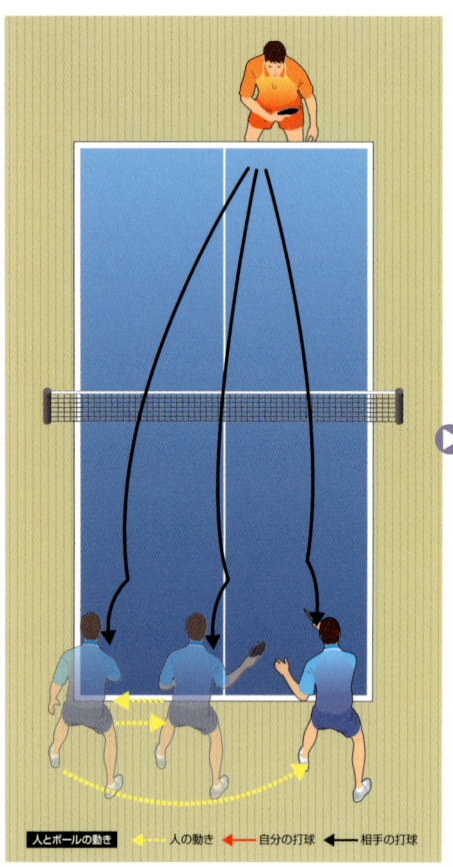

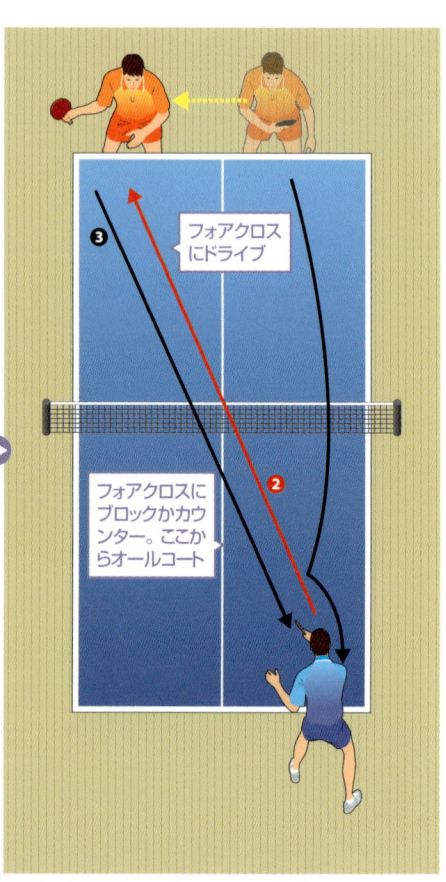

| 人とボールの動き | ◀---- 人の動き | ◀— 自分の打球 | ◀— 相手の打球 |

4点システム練習を
数セット続ける

何セットか終わったら、システム練習の
最後のフォアハンドをクロスに攻撃する

手順

① バック→ミドル（フォアハンド）→バック→飛びつきフォアの4本1セット。返球は相手のバックに集める
② 選手は1〜2セットつながったら、セットの最後のフォアハンドをフォアクロスにドライブで攻撃
③ 相手はフォアクロスにブロックかカウンターで攻撃。この後はオールコートのラリー練習に入る

指導者MEMO　こうしたシステム練習も、このように何本かつながったらオールコートのラリー練習にすることで、より実戦的な練習にすることができます。

ナショナルチーム

メニュー 127

チキータからの
オールコート練習

レベル ★★★★
時間 7分
回数 時間内無制限

ねらい チキータレシーブからのよくある展開を経てオールコートに入る練習です。

■ ミドル―フォア前にショートサービスを出してもらう

■ チキータレシーブで返球

■ バッククロスでのラリーの後、オールコート練習

手順

① 相手はミドルからフォア前あたりにショートサービス。
② 選手はこれをチキータで相手のバックにレシーブ
③ 相手はバックハンドで、バックサイドの深めに返球
④ 選手はすぐさま戻ってブロック、もしくはカウンターで攻撃する。その後はオールコートラリー

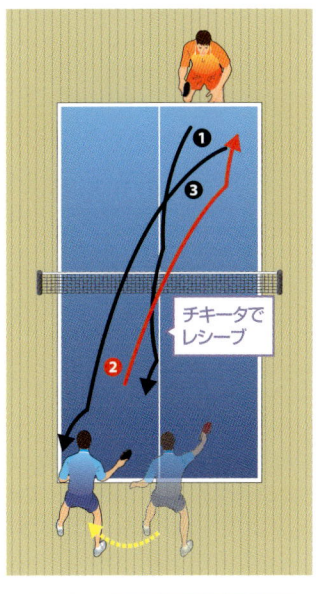

チキータでレシーブ

指導者MEMO チキータレシーブは実戦的で有効な技術ですが、唯一、フォア前のボールを処理した後の、バックの深いところにきたボールへの対処が弱点となります。この練習で克服しましょう。

ナショナルチーム

メニュー 128 チキータからのバックハンドフットワーク練習

レベル ★★★★★
時間 7分
回数 時間内無制限

ねらい チキータレシーブからバックサイドの深いところに戻る展開を経て、オールコートに入る練習です。

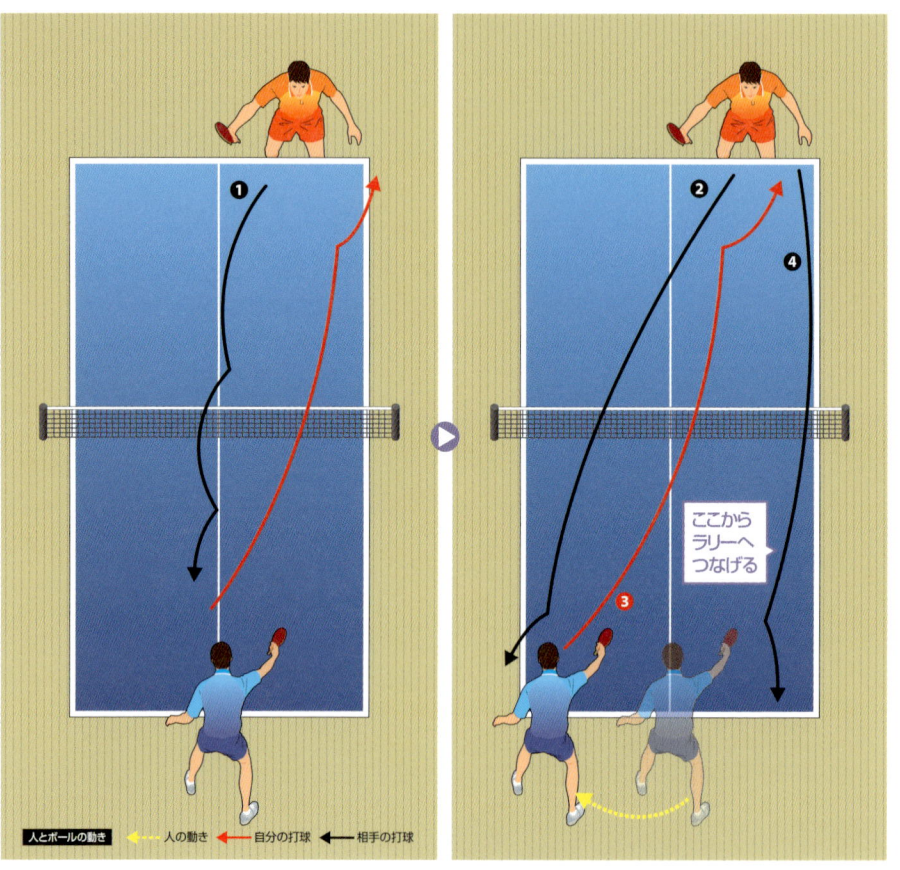

ここからラリーへつなげる

人とボールの動き　人の動き　自分の打球　相手の打球

ショートサービスをチキータでレシーブ

チキータで前に寄ったところからしっかりと戻ってバックハンド

手順

① 相手はミドル～フォア前にショートサービス。選手はそれをチキータで相手のバックにレシーブ
② 相手はバックハンドで、バックサイドの深めに返球
③ すぐさま戻ってバックハンドで返球。その後、バック～ミドルへのボールをバックハンドでラリー
④ 何本かつながったら、相手はフォアサイドを攻撃。その後はオールコートのラリー練習に入る

指導者MEMO 通常フォアハンドでのフットワークシステム練習は多くありますが、これはバックハンドでのフットワークシステム練習になります。

ナショナルチーム

メニュー 129 システム練習からのオールコート

レベル ★★★★
時間 7分
回数 時間内無制限

ねらい 少し長めのシステム練習からの、オールコート練習です。

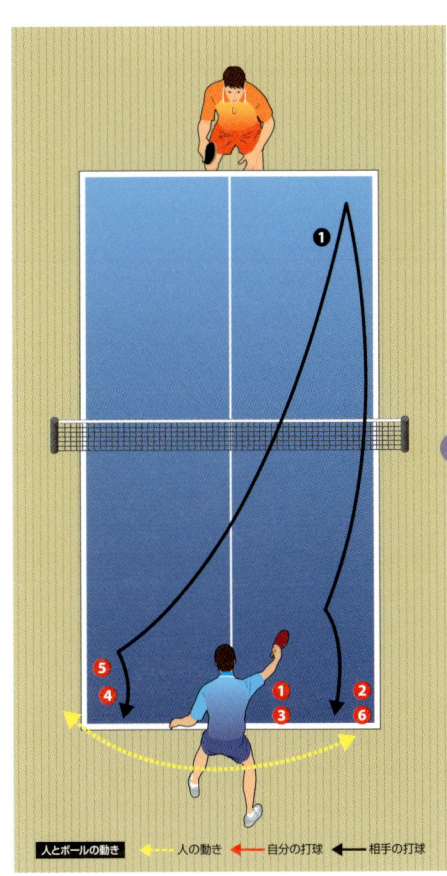

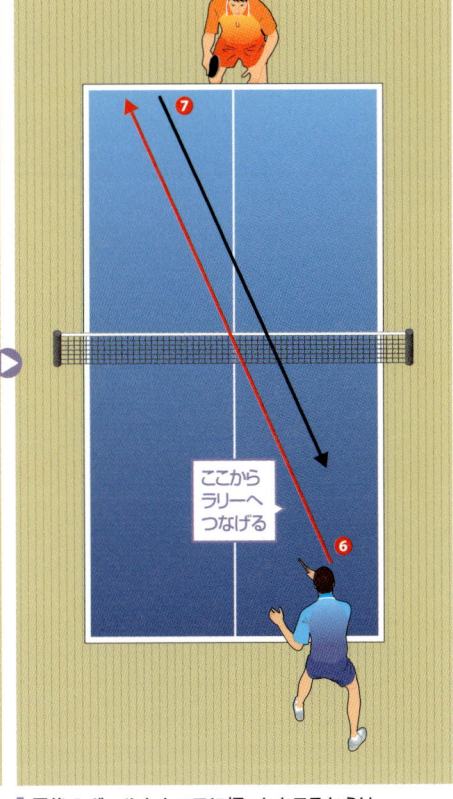

凡例：人とボールの動き／人の動き／自分の打球／相手の打球

6球ワンセットのシステムからスタートするオールコート練習

最後のボールをクロスに打ったところからは試合と同じようなラリーに

ここからラリーへつなげる

手順

① 相手はバックハンドで選手を振る
② 選手は次の順に返球する

❶ ミドルのボールをフォアハンド
❷ フォアサイドのボールをフォアハンド
❸ ミドルのボールをフォアハンド
❹ バックのボールをバックハンド
❺ バックのボールを回り込んでフォアハンド
❻ フォアサイドのボールを飛びついてフォアクロス
❼ 相手は、こちらのフォアクロス（❻）をクロスにカウンターし、オールコートのラリー練習に入る

指導者MEMO 少し長めのシステム練習の最後をオールコートにしたパターンです。②から③への戻りと、⑤から⑥への飛びつきが重要です。

ナショナルチーム

メニュー 130　YGサービスの練習法

レベル ★★★★
時間 1分
回数 10球

ねらい 通常とは逆の横回転をかける、YGサービスの練習です。

| トスを上げる | 手首を内側に引いてテイクバック |
| 懐でボールを捉える | 手首を外に開くようにして、通常と逆の横回転をかける |

手順

① トスをあげる
② 通常とは逆のテイクバックをとる
③ ボールをこするようにして打つ
④ これを10球程度続ける

指導者MEMO

代表選手が使うYGサービスは、憧れる技術でしょう。ですが完成されたYGサービスをマネしても、なかなかうまくいきません。最初はテイクバックを取った状態（3枚目の写真）でトスを上げ、回転をかけてみましょう。それに慣れたら、この練習を実践してください。

第6章
試合に強くなる
It becomes strong in a game.

この章では、試合に勝つための練習をまとめました。
各種のゲーム練習はもちろんのこと、
ダブルスの練習メニューや、
試合会場でのウォーミングアップの方法まで解説しています。

基本概念 レシーブのコツ

▶▶▶ 5種類のレシーブをマスターしよう

レシーブの苦手な選手は、ツッツキだったらツッツキ、フリックだったらフリックというように、あるサービスに対するレシーブの選択肢を1つ、ないしは2つ程度しか持っていないことが多いようです。

しかし、どのようなサービスであっても、レシーブは4種類、ないし5種類ありえます。つまり、トップスピン、バックスピン、左右いずれかの横回転、それからストップです。例えば右利きの選手がフォアハンドから出した順回転の横回転サービスであれば、

- ⓐ 逆の横回転をかける
- ⓑ 順回転をかける
- ⓒ トップスピンで払う（フリック）
- ⓓ バックスピンで切る（カット）
- ⓔ ちょこんと当ててストップさせる

という選択肢があるわけです（下図）。

実際には、これらの5つの中にはやりやすいもの、やりにくいものがあるかもしれません。しかし、これくらいの選択肢があれば、試合でレシーブがうまくいかないときに工夫の余地が生まれるでしょう。

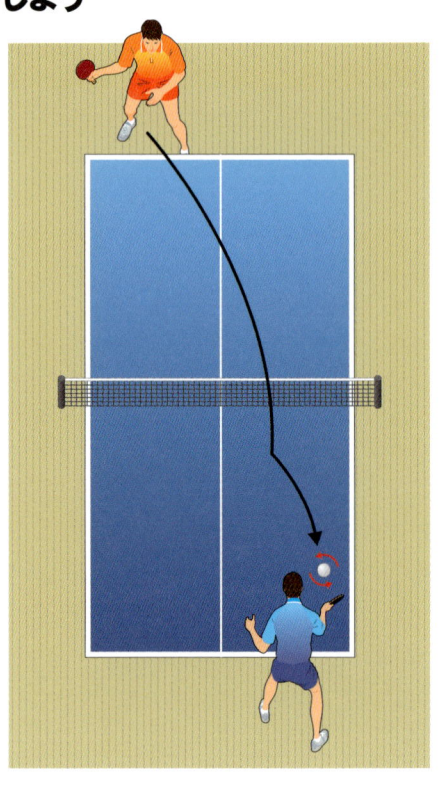

▶▶▶ 回転の打ち分け方

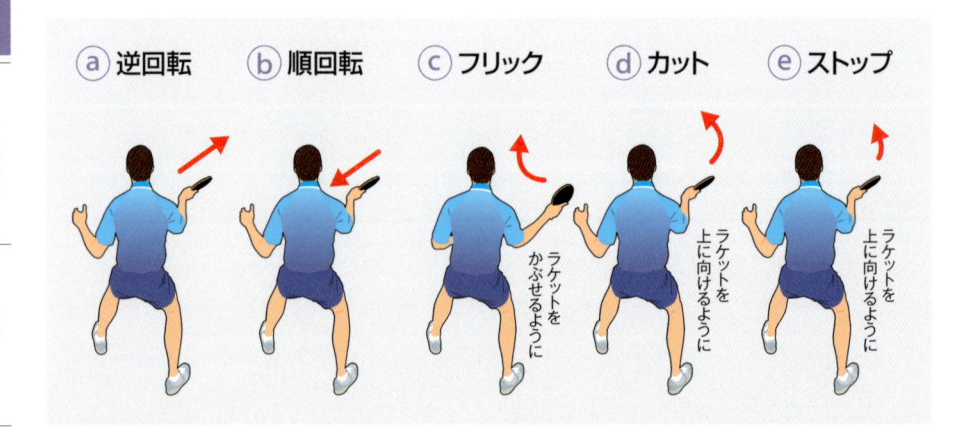

ⓐ 逆回転　ⓑ 順回転　ⓒ フリック　ⓓ カット　ⓔ ストップ

ラケットをかぶせるように／ラケットを上に向けるように／ラケットを上に向けるように

試合

技術解説 レシーブの立ち位置と上回転レシーブ

レシーブの立ち位置

POINT 1 レシーブの際の立ち位置は、フォア前やバックの深いところまで、すべてをカバーできるように

POINT 2 脚を動かして、サービスが出たらすぐに反応できる状態に

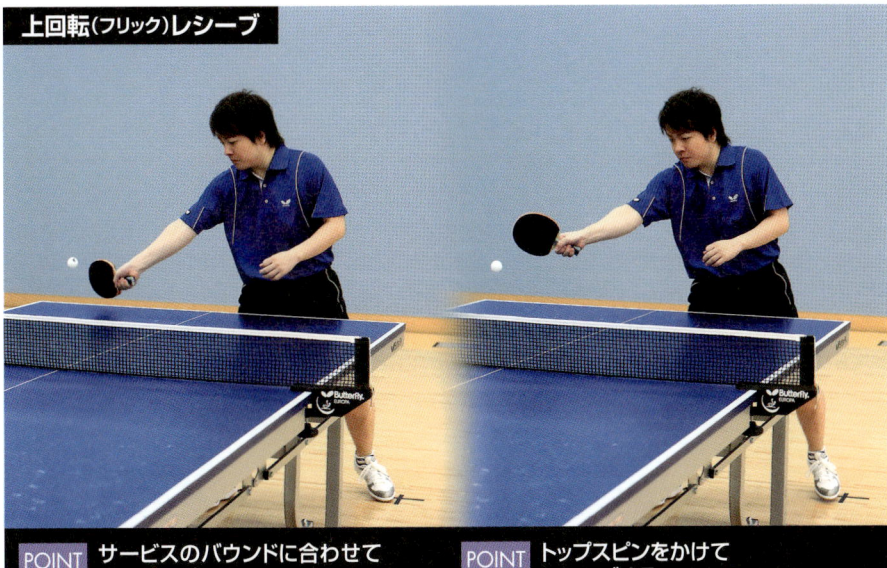

上回転(フリック)レシーブ

POINT 1 サービスのバウンドに合わせてラケットを出す

POINT 2 トップスピンをかけてレシーブする

技術解説 レシーブ：下回転とストップ

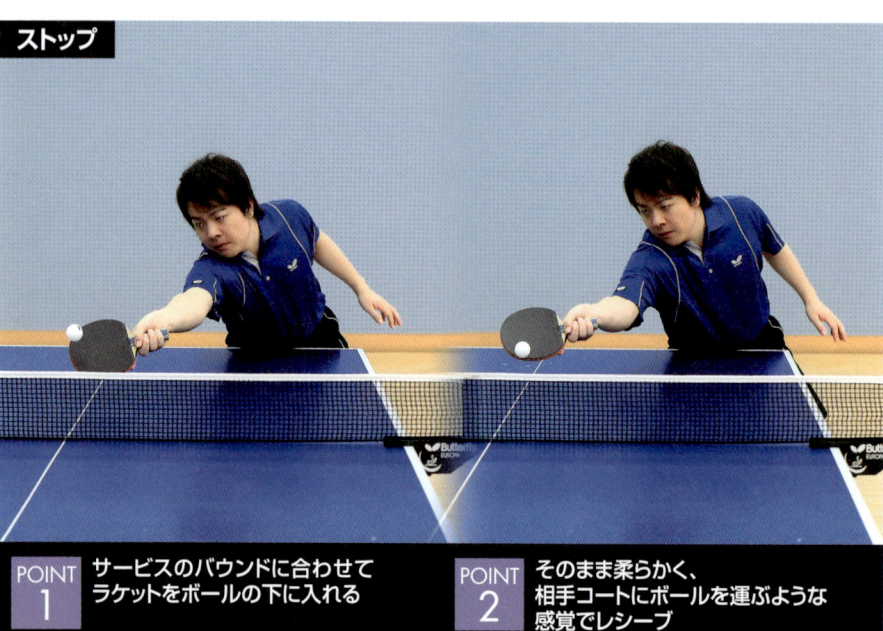

試合

下回転

POINT 1 サービスのバウンドに合わせてラケットをボールの下に入れる

POINT 2 下回転をかけてレシーブ

ストップ

POINT 1 サービスのバウンドに合わせてラケットをボールの下に入れる

POINT 2 そのまま柔らかく、相手コートにボールを運ぶような感覚でレシーブ

試合

技術解説 レシーブ：横回転

順回転

サービスの回転

レシーブしたボールの回転

POINT 1 サービスのバウンドに合わせて手首を開いてテイクバック

POINT 2 そのまま相手の回転にさからわずにレシーブ

逆回転

サービスの回転

レシーブしたボールの回転

POINT 1 サービスに対して外側から巻き込むようにレシーブ

POINT 2 相手の回転に負けないように強いスピンをかける

メニュー 131 試合

公式ルールでのゲーム練習

レベル ★★
時間 15分
回数 5ゲームマッチ

ねらい 公式ルールでのゲーム練習は、本番の試合の雰囲気や戦略に慣れるためにも積極的に取り入れましょう。

手順
① 11本5ゲームマッチ（3ゲーム先取）のゲームを行う
② 台についていない選手は、審判をする。

指導者MEMO 実際のゲームと同じ状況設定でやることに意味があります。審判をつけて、緊張感のあるなかで試合をします。ですがゲーム練習は、時間の効率が悪くなる傾向にあります。メニュー132〜135のやり方と合わせて取り入れてください。

■ ゲームはいつでも真剣勝負

メニュー 132 試合

7オールからのゲーム練習

レベル ★★
時間 2分
回数 1ゲーム

ねらい 試合終盤の決定力やラリー力をつけるためのゲーム練習です。試合終盤のつもりで集中して臨むことが大切です。

手順
① 7-7のスコアから始める。1ゲームマッチ
② ゲームが終わったら、すぐに次の対戦相手とゲームを始める

指導者MEMO 実戦で大切なのは、終盤戦の進め方です。7オールは、ゲーム終盤の緊迫した場面を集中的に練習する方法です。短時間でゲームが終わるため、タイムロスが少ないこともメリットです。また、1ゲームの時間を短くすることで、集中して取り組めます。

■ 7オールからの緊迫した終盤戦を練習する

メニュー 133 ｜ 試合

7-9からのゲーム練習

ねらい 試合終盤に逆転する地力や、リードを守り切る展開を身につける実戦練習です。本番のつもりで臨む意識が重要です。

レベル	★★
時間	2分
回数	1ゲーム

手順
① 7-9のスコアからゲームをはじめる
② 1ゲームマッチを行う

> リードしているほうは「勝ち切る」気持ち、
> リードされているほうは「追い上げる」気持ちを強く持つ

指導者MEMO 中国の代表チームに見られる練習です。9点側が有利ですが、勝ちを意識して守りに入りやすい点数でもあります。7点側は「逆転する力」、9点側は「リードしていても強気に押し切る力」を養うトレーニングになります。

メニュー 134 ｜ 試合

紅白戦・団体戦

ねらい 団体戦に慣れる練習です。意図的に実力差をつけたり、拮抗させることで、いろいろな仮想試合が経験できます。

レベル	★★
時間	1時間
回数	3試合～5試合程度

手順
① チームメンバーを同じ人数で分け、団体戦を行う
② 5人以上になるようであれば、ダブルスの数を増やすなどして、試合数を適正に調整する

> 5人ひとチームであれば、一人がシングルとダブルスに出て、4単1複とするなど、試合数を奇数にすれば、必ず勝負がつく

指導者MEMO 卓球は個人スポーツですが、一方で「チームのため」という意識や、仲間の応援によって思わぬ力が発揮できる側面もあります。合宿などでは紅白戦を行うと盛り上がるでしょう。試合前には円陣を組んで声を合わせれば、気持ちも盛り上がります。

試合

メニュー 135　リーグ戦

レベル ★★

時間　1時間
回数　3試合～5試合

ねらい　本番のリーグ戦に慣れたり、チーム内での対戦をたくさん行うための練習です。

	A	B	C
A		0-3	3-0
B	3-0		3-2
C	0-3	2-3	

リーグ戦は多くても1つのリーグが7人ぐらいまで。それ以上になると効率が悪くなるので、リーグを増やしたほうがよい

手順

①チーム内でリーグ戦表を組み、総当たりで対戦する。
②人数が多い場合や、レベルに差がある場合は、1グループ5～7人程度までで振り分ける

指導者MEMO
リーグ戦によって記録が残ると、モチベーションも高まります。人数が多いチームの場合、1日で全てを終えようとすると、他の練習時間がなくなってしまいます。ですので、1日1試合を1週間かけるくらいの時間のかけ方でもよいでしょう。

メニュー 136　多球で苦手なサービスのレシーブ練習

レベル ★★

時間　5分
回数　100球程度

ねらい　レシーブ力を強化するための練習法です。苦手なサービスを攻略し、レシーブからの攻撃力を高めましょう。

手順

①球出し役には、自分が苦手なサービスを出してもらう
②選手は順回転、逆回転、トップスピン、バックスピン、ストップの5種類のレシーブを試し、有効なものを繰り返し練習する

指導者MEMO
苦手なレシーブを集中的に克服する練習です。取りづらいサービスでも、返球法で順回転、逆回転、トップスピン、バックスピン、ストップの5種類を組み合わせると安定した返球ができてきます。

苦手なサービスを集中的に出してもらう

1つのサービスに対して、最低でも2つ以上の返球方法を練習する

試合

メニュー 137
サービスを見極めてレシーブする多球練習

レベル ★★
時間 5分
回数 −

ねらい レシーブ力を強化するための練習法です。苦手なサービスを攻略し、レシーブからの攻撃力を高めましょう。

手順

① 球出しはミドルに、2バウンド目が台から出るかギリギリの下回転サービス
② 選手は2バウンド目が台から出そうならフォアハンドドライブ。それ以外は台上でストップ
③ 相手がドライブならブロック。ストップが甘ければ攻撃

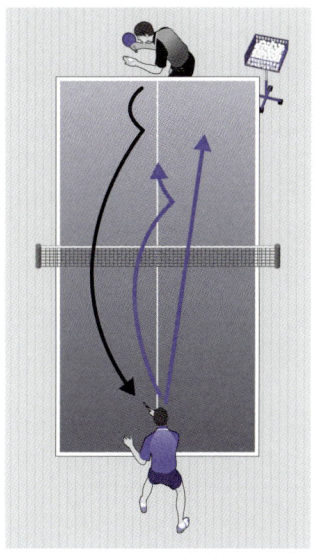

■ 相手のサービスの長さを見極める

ボールの軌道を判断

■ 2バウンド目が台から出るかどうかがポイント

軌道によってドライブかストップ

■ 台から出るようなら思い切ってテイクバックを取り、ドライブする

指導者MEMO
2バウンド目が台から出るかどうかの判断は、非常に重要です。10本中3本程度は当たり、浮いたチャンスボールになります。また相手役は、厳しいコースへサービスを打つ練習になります。2バウンド目が台から出るか出ないか、ギリギリのボールを打てるように練習します。

メニュー 138 下回転のショートサービスをコントロールする

試合 | レベル ★★ | 時間 5分 | 回数 3本連続ノーミス

ねらい 下回転サービスのコントロールを高める練習です。
技術的な内容はP56のポイントを参考にしてください。

手順

① 段ボールで①〜③の的をつくる
② 相手コートの①フォア前、②ミドル前、③バック前に的を置く
③ 下回転のショートサービスを出し、①の位置でバウンドさせる。成功したら②、③と順に狙う
④ 失敗した場合は①からやりなおす。連続して3つの目印に当てる

■ 写真のように、①〜③の的を、ダンボールなどで用意する

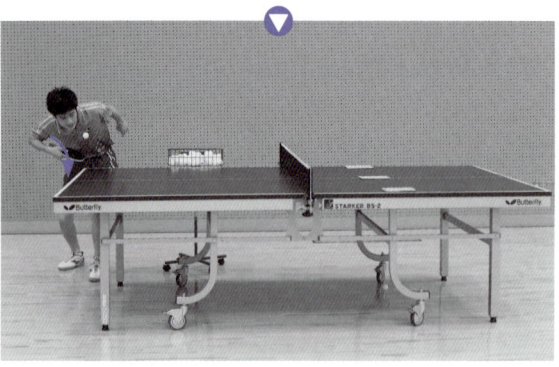

■ ショートサービスを①〜③の的にバウンドさせるように練習する

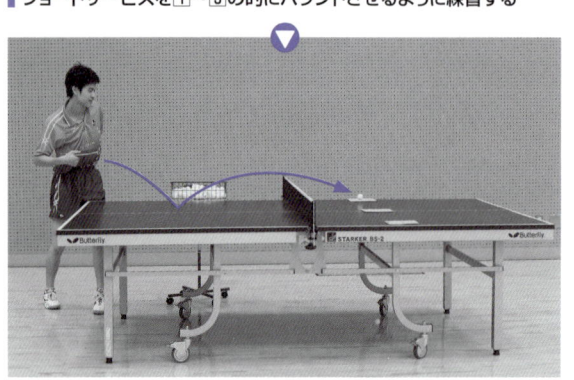

■ 連続して①〜③にあたるようにする

指導者MEMO
サービスでは回転の種類やスピンの強さに関心が集まりがちですが、実戦ではバウンドの高さやコースの正確さも非常に重要です。基本となるバック前の下回転ショートサービスを正確に打てるようにします。その後はサービスの長さや高さを、イメージどおりにコントロールしていきます。

試合

技術解説 横回転サービス

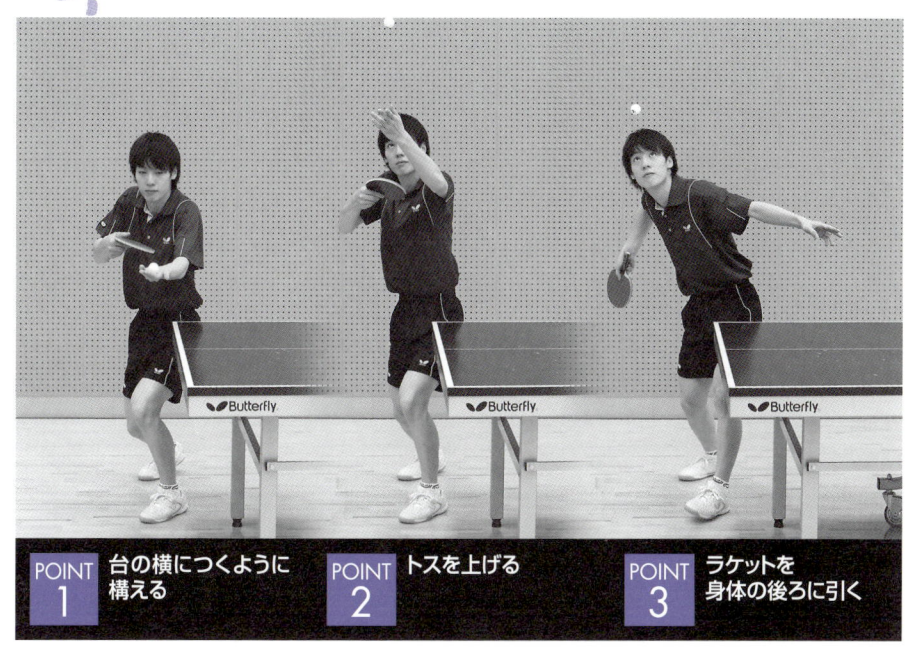

POINT 1	台の横につくように構える
POINT 2	トスを上げる
POINT 3	ラケットを身体の後ろに引く
POINT 4	直前まで回転の種類がばれないように注意
POINT 5	インパクトの瞬間に横回転をかける
POINT 6	横回転を意識させないフォロースルー

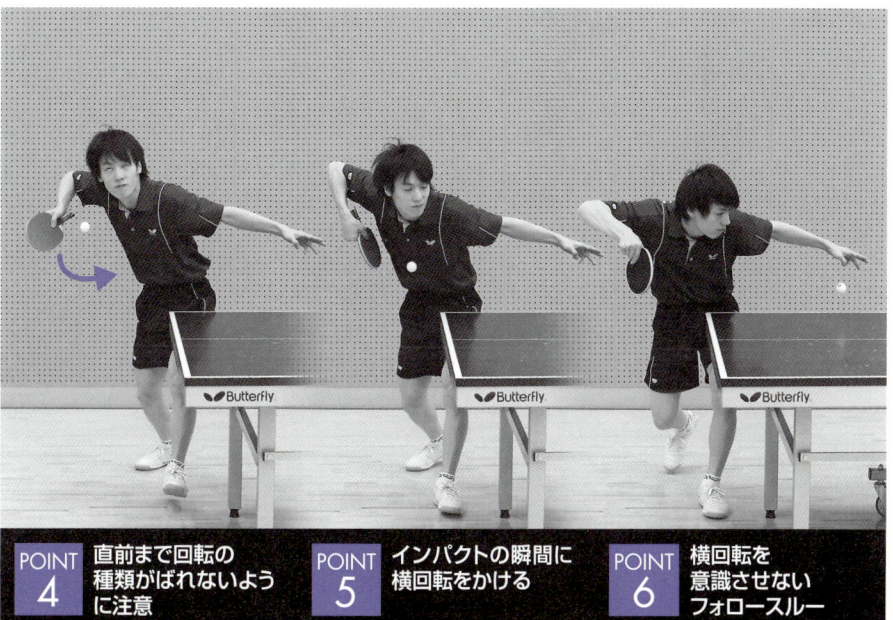

試合 | レベル ★★

メニュー 139 横回転のショートサービスをコントロールする

時間 5分
回数 3本連続ノーミス

ねらい 横回転サービスで、バウンドの高さやコースを正確に狙うコントロールをつける練習です。

的の①、②、③を順に狙う

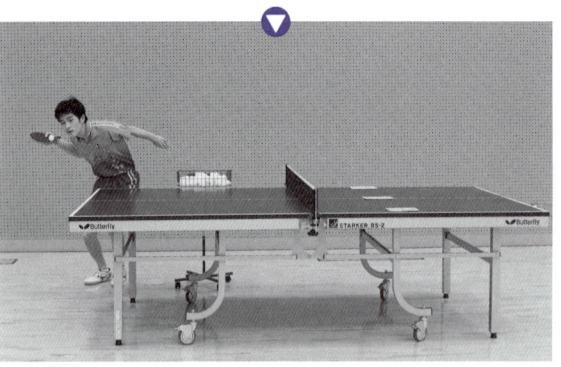

横回転サービスを短く、浮かさずに出す

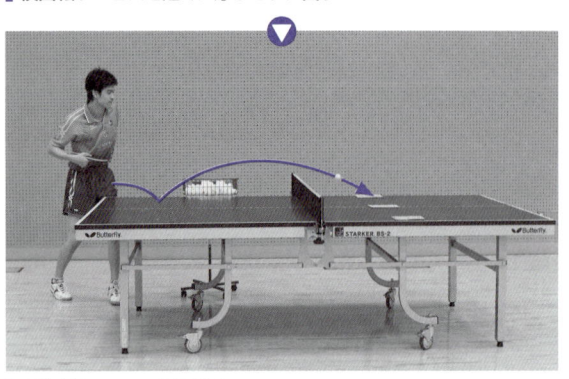

3球連続ノーミスを目指す

手順

① 段ボールで①〜③の的をつくる
② 相手コートの①フォア前、②ミドル前、③バック前に的を置く
③ 横回転系のショートサービスを出し、①の位置でバウンドさせる。成功したら②、③と順に狙う
④ 失敗した場合は①からやりなおす。連続して3つの目印に当てる

One Point! アドバイス

サービスは足の位置がポイント

サービスは、体の向きと足の位置がポイントです。正面を向くとサービスがしにくく、相手に回転やコースが読まれやすくなります。相手に背中を向けるように構えます。

指導者MEMO

横回転サービスは、下回転よりも短くコントロールすることが難しく、同じくらいの高さでも、下回転に比べると攻撃的なレシーブを受けやすくなります。レシーブで攻撃されないためには、インパクトの瞬間を短く、フォロースルーにフェイクモーションを入れるなど、回転を相手に読ませない工夫が必要です。

試合

メニュー 140 ハイトス・サービスの練習

レベル ★★
時間 5分
回数 3本連続ノーミス

ねらい トスの高さを変えたサービスの練習です。
特に高いトス（ハイトス）は、繰り返し練習が必要な難しい技術です。

| ロートスの
サービスを出す

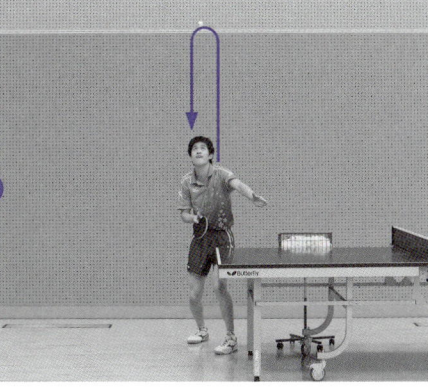

| ミドルトスの
サービスを出す

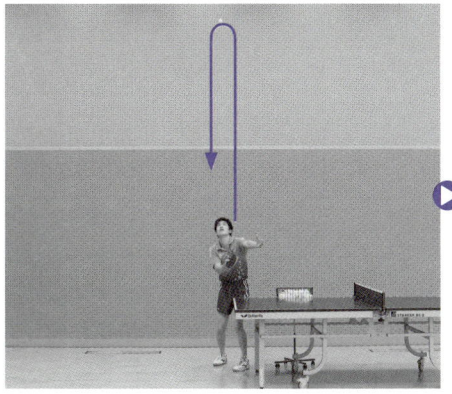

| ハイトスの
サービスを出す

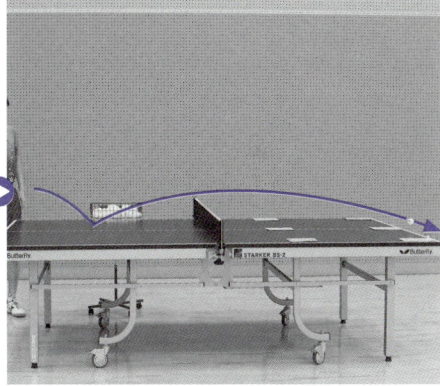

| トスの高さを変えても、
サービスをミスしないように工夫する

手順
①サービスの的を置いておく（P178、180同様）
②通常のトスの高さ（ロートス）でサービスを出す
③頭の高さまでトスを上げて（ミドルトス）サービスを出す
④頭の高さより高くトスを上げて（ハイトス）サービスを出す
⑤②～④を連続して的に当たれば終了

指導者MEMO ルール上、トスの高さはネットの高さ以上と決まっています。そのため高く上げる分には違反になりません。トスが高いほど落下速度を回転に利用できますが、その分安定性が低くなります。このような練習で、高いトスを上げることと、高さによるリズムの違いを覚えましょう。

メニュー 141 ロングサービスの練習

試合 / レベル ★★ / 時間 5分 / 回数 3本連続ノーミス

ねらい
相手のエンドラインを狙った、ロングサービスのコントロールを高める練習です。

手順
① 相手コートのエンドライン付近の①フォアコーナー、②ミドル、③バックコーナーに的を置く
② ①を狙ってロングサービスを打つ。成功したら②、③と続ける。
③ 3本連続で的に当たれば終了

■ エンドラインギリギリに的を並べる

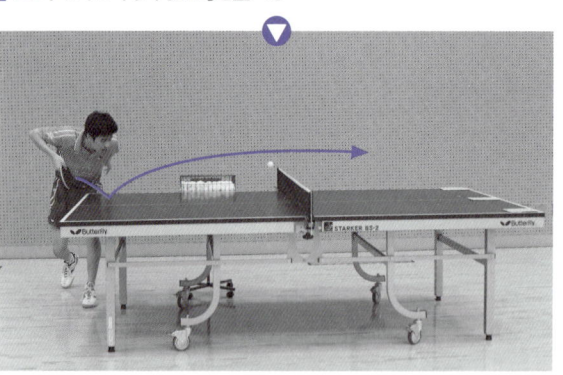

■ ロングサービスで的を狙う

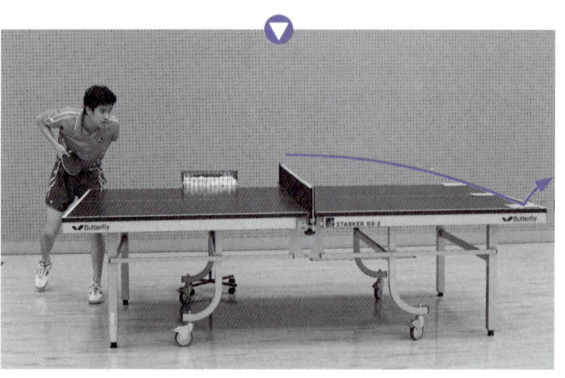

■ 3球連続ノーミスを目指す

One Point! アドバイス
エンドラインぎりぎりに落とす
ショートサービスとは逆に、ロングサービスでは1バウンド目を自分のコートのエンドラインぎりぎりに落とすと、コントロールしやすくなります。

指導者MEMO
ゲームでは、レシーブで攻撃を受けにくいショートサービスが中心となりますが、時折ロングサービスを混ぜないと相手に読まれてしまいます。ロングサービスはショートサービスに比べてスピードの乗った、威力のあるボールを送ることができます。

メニュー 142 試合
同じモーションでサービスを打ち分ける

レベル ★★
時間 5分
回数 100球程度

ねらい 相手にコースと長さを悟らせないために、同じモーションでサービスを打ち分ける練習です。

手順

① レシーバー役を入れ、サービスを打つ。ラリーはせず、レシーブ後は次のサービスを打つ
② サービスは、①フォア前、②バック前、③バックストレートロング、④バッククロスロングをランダムに打ち分ける
③ 5分間サービスを打ったら、レシーバーからアドバイスを受ける

One Point! アドバイス

ロンドン五輪で団体銀メダルを獲得した、平野早矢香選手が素晴らしいサービス練習をしていました。ラケットの上にボールを置き、ボールが動かなくなってからサービスを打つのです。単調になりがちな基本練習ですが、自分で集中力を高める工夫をして取り組んでいました。

指導者MEMO

ショートサービスとロングサービスを、できるだけ同じフォームで出しわける練習です。相手にショートサービスかロングサービスかを悟らせないことが重要ですので、練習相手から正直なフィードバックをもらうことが大切です。

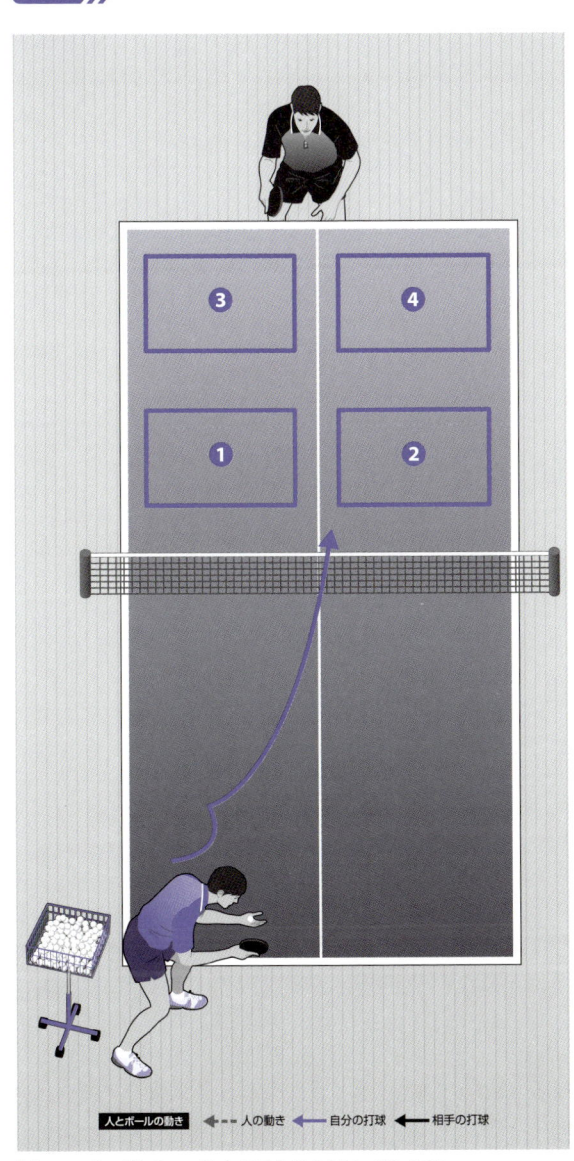

レシーバーがレシーブしたらそれ以上ラリーはしない。
サーブレシーブに特化した練習にする

メニュー 143 試合　同じモーションで回転を打ち分ける

レベル ★★
時間 5分
回数 100球程度

ねらい 相手に回転を悟られないように、同じモーションで様々な回転をかける練習です。また、確実に回転を変えられるかのチェックにもなります。

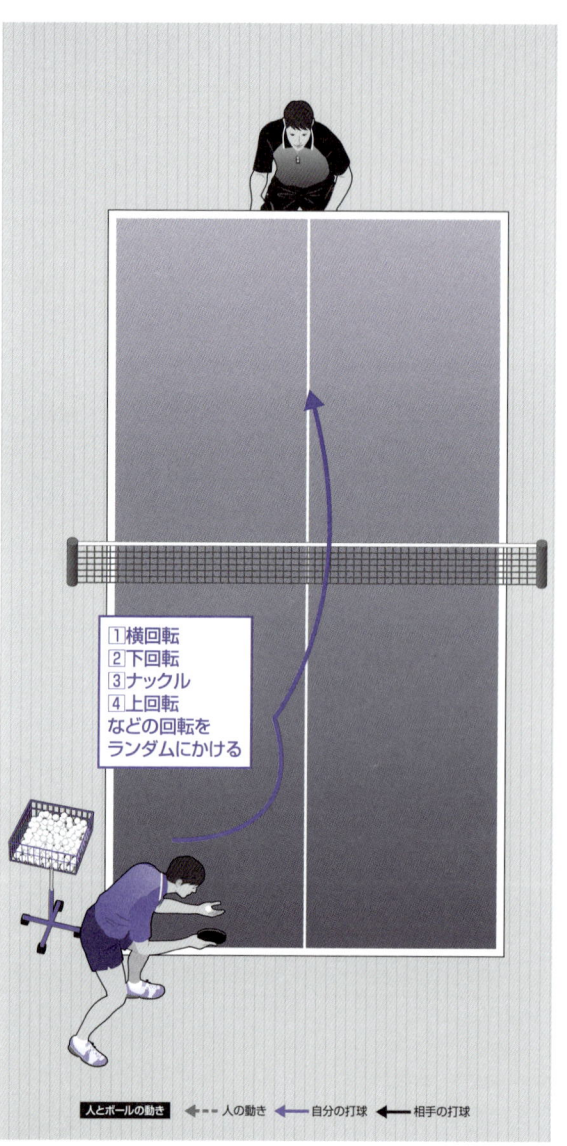

手順

① レシーバー役を入れ、サービスを打つ。ラリーはせず、レシーブ後は次のサービスを打つ
② バック前（バックロング、フォアロング、フォア前などでも可）など、コースを固定する
③ ①横回転、②下回転、③ナックル、④上回転など、回転をランダムに出し分けてサービスを出す
④ 5分経ったら、レシーバーからアドバイスを受ける

①横回転
②下回転
③ナックル
④上回転
などの回転をランダムにかける

人とボールの動き　--- 人の動き　← 自分の打球　← 相手の打球

同じモーションで回転を出し分ける。
練習相手は終了後に回転とモーションについての意見を伝える

One Point! アドバイス

フェイクモーションサービス

上回転を出した後に下回転のモーションを入れたり、実際に切ったのとは逆のモーションを入れて回転を相手にわからなくさせることを、フェイクモーションといいます。フェイクモーションも入れながら、相手に回転がわかりにくいサービスを出せるよう、工夫してみましょう。

指導者MEMO

現在のルールでは、サービス時にインパクトの瞬間を隠すと違反です。以前に比べるとサービスの回転を相手に悟らせないことは難しいのですが、モーションそのものを小さくしたり、微妙なフェイクモーションを入れることで、レシーバーに回転を読ませない動きはできます。

試合

メニュー 144 チキータレシーブの精度を上げる①

レベル ★★
時間 5分
回数 100球程度

ねらい チキータを使った攻撃的なレシーブを覚える練習です。
チキータの技術要素はP73を参考にしてください。

手順

① 球出し役が、バック前にショートサービスを出す
② 選手は甘いサービスであればバックハンドチキータでレシーブ
③ ストレート、クロスなど、コースを狙う
④ 厳しいサービスであればストップレシーブ
⑤ ラリーは行わず、①〜③を繰り返す

▌ 相手はバック前にショートサービスを出す

▼

▌ チキータレシーブでさまざまなコースを狙う

One Point! アドバイス

難しいボールはストップで対応

チキータレシーブができるサービスかの見極めが大切です。基本的にはチキータで攻撃的なレシーブを行うことを狙いつつ、難しいボールはツッツキでストップするとよいでしょう。

指導者MEMO
この練習は積極的に攻めるレシーブの1つです。近年、トップクラスの試合では、チキータが頻繁に見られます。大きなテイクバックが要らずに変化に富んだ打球が打てるため、主にショートサービスに対するレシーブとして非常に有効です。

| メニュー 145 | 試合 | チキータレシーブの精度を上げる② |

レベル	★★
時間	5分
回数	100球程度

ねらい チキータレシーブから、その後の攻撃につなげる練習です。レシーブ後に、フットワークを使って、素早く対応できる位置に戻ることが重要です。

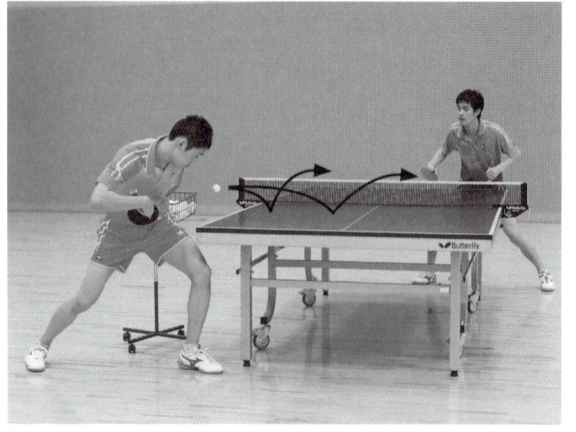

手順

① 相手に、フォア前かバック前にショートサービスを出してもらう
② 選手はチキータで相手のフォア側へレシーブ
③ 相手はバックに返球。すぐに戻って対応する
④ 相手は返球せず、①〜③を繰り返す

▎フォア前かバック前のいずれかにサービスが来る

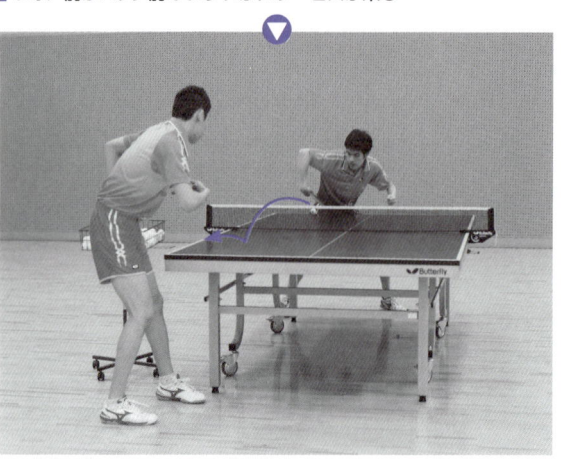

▎チキータでレシーブする

指導者MEMO
チキータレシーブの特徴の1つは、ミドル前辺りであれば、無理をしなくても取れることです。またフォア前であっても、フットワークを使えばレシーブできます。フォアハンドのフリックやストップを読まれている場合に、有効なレシーブとなります。ただし、バック側が空いてしまうので、すぐに戻って対応できるようにしましょう。

One Point! アドバイス

チキータレシーブは台上深くで行うため、どうしても戻りが遅くなりがちです。コツはチキータをしながら戻ることです。こうした練習で、レシーブ後の戻りを意識的に練習しておきましょう。

メニュー 146 試合

フォア前ショートサービスのフリック

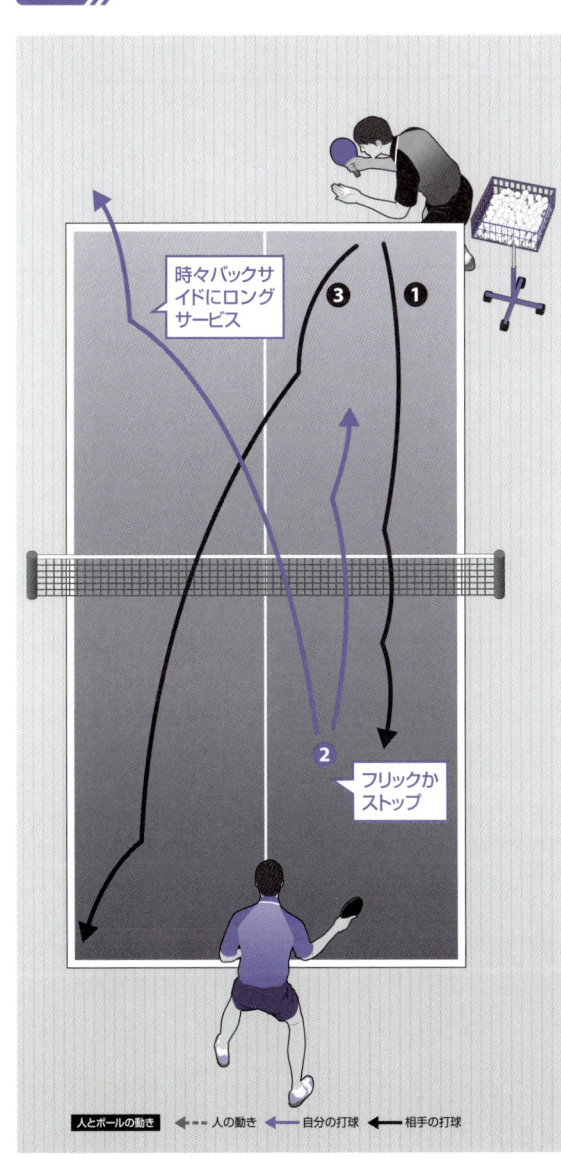

レベル ★★
時間 5分
回数 100球程度

ねらい　ショートサービスにフリックで対応する練習です。台の下まで右脚を大きく踏み込むことが重要です。

手順

① 球出し役はフォア前にショートサービスを出す
② 選手はサービスが甘ければフリック、厳しければストップする。レシーブ後は素早く元に戻る
③ 球出し役は、動きだしが早すぎれば、時折バックサイドにロングサービスを出してけん制する

時々バックサイドにロングサービス
フリックかストップ
人とボールの動き　人の動き　自分の打球　相手の打球

サービスが甘ければフリック、厳しければストップと、状況判断する

One Point! アドバイス

2段モーションで相手の逆をとる

ツッツキと見せかけて入り、もう一度テイクバックをとってフリックをします。これによって、ツッツキと判断した相手の逆をとることができます。

指導者MEMO

フリックできるボールかの見極めと、無理なボールを確実にストップすることがポイントです。また、フォア前に足を踏み出すとバック側がおろそかになりがちです。きちんとサービスのコースを見極めてから、足を動かします。

メニュー147 サービスのコースを正確にコントロールする

試合 / レベル ★★ / 時間 5分 / 回数 6本連続ノーミス

ねらい
相手にコースと長さを悟らせないフォームから、狙ったところへサービスを打つ練習法です。サービスのコントロール力を高めます。

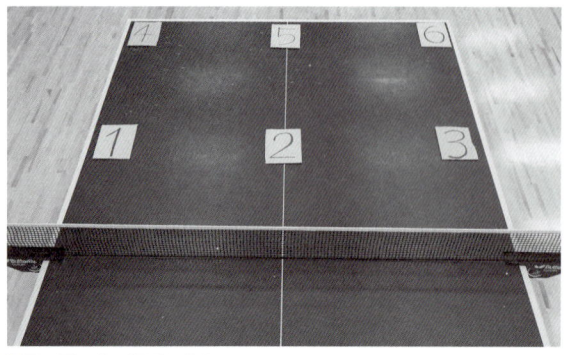

手順
① ダンボールで①〜⑥の的をつくる。
② ショートサービスで①〜③、ロングサービスで④〜⑥を順に狙う
③ ノーミスで⑥まで当てれば合格

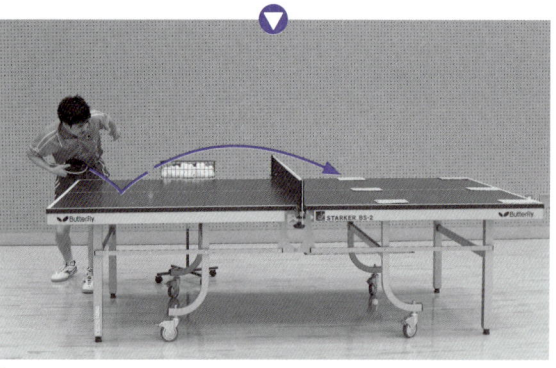

■ ①〜⑥の的を順番に狙う

■ サービスのコース、長さをコントロールする

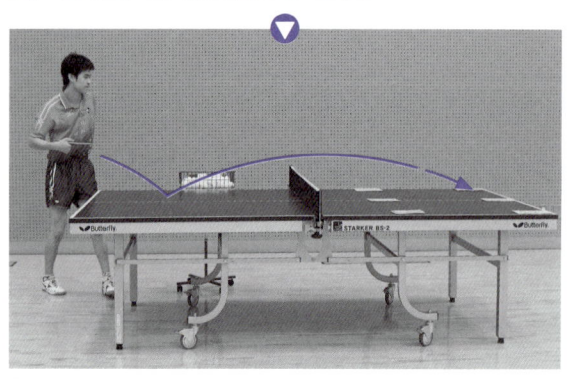

■ 6球連続ノーミスを目指す

指導者MEMO
サービスの狙いをつける練習です。ノーミスならたった6球で終わりという練習ですが、失敗したら、①からやりなおしですので、集中力を鍛えられる練習となります。また、レシーバーに立ってもらい、サービスを出す前にコースがばれていないか、確認してもらうのもいいでしょう。

| メニュー 148 | 試合 | 相手の動きでサービスのコースを変える |

レベル ★★
時間 5分
回数 100球程度

ねらい 相手の動きを見極めてから、サービスのコースを決めて打つ練習です。

手順

① 相手にコートの向こう側に立ってもらう

② 選手は相手に動きがなければバック側にショートサービスを出す。相手が回り込もうとしていたら、フォア側にロングサービスを出す

※練習相手は、バック側のサービスに対して、常に回り込んでのレシーブを狙う

■ コーチや選手がレシーブ役として構えを取る

相手の動きを見る

■ トスを上げてから、インパクトの瞬間まで、相手の動きに注意しておく

■ 相手が回り込んだら、すかさずストレートにサービスを出し、コースを外す

指導者MEMO
相手にサービスコースを読ませないための練習です。相手の動きをよくみて、相手に回り込ませず、また回り込んできたら逆にフォアサイドをつけるように練習しましょう。

試合

メニュー 149

瞬時にサービスのコースを変える

レベル ★★
時間 5分
回数 100球程度

ねらい コーチの声に合わせて瞬時にサービスのコースを変える練習です。相手の動きを見てから、瞬間的にサービスのコースを変えられるようになります。

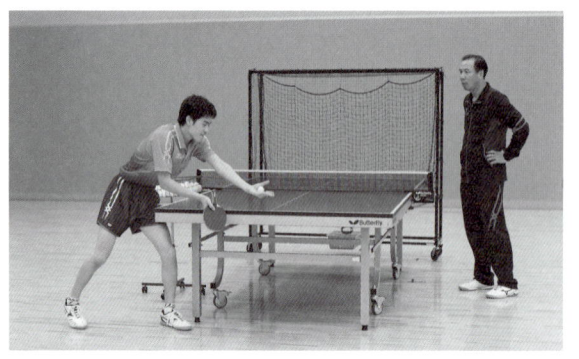

手順

①サービスのコースを2つ決める。
※ここではフォア前のショートとバックのロング
②トスを上げて落ちてくる瞬間に、コーチが「フォア」といえばフォア前、「バック」と言えばバックロングにサービスを出す

■ サービスのコースを決める

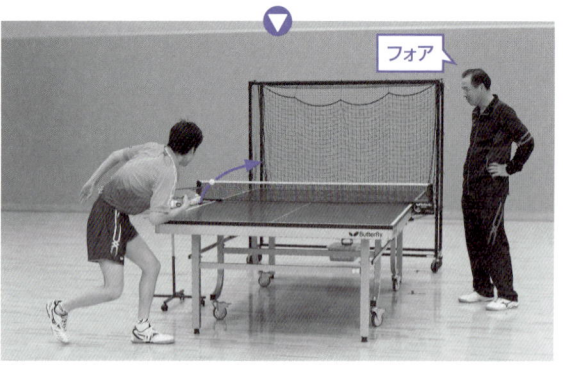

フォア
■ コーチが「フォア」と言ったらフォア前に

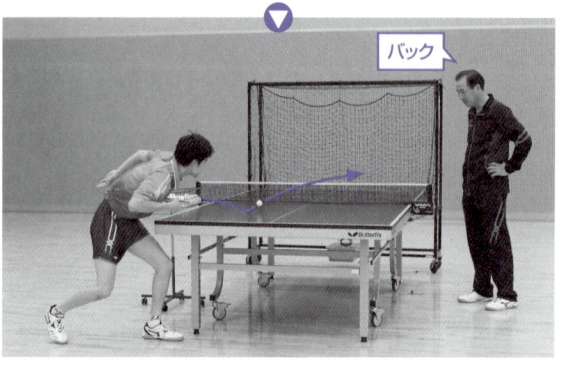

バック
■ コーチが「バック」と言ったらバックロングに

指導者MEMO

サービスを出す瞬間にコースを変えられるようにする練習です。この練習をしておくと、相手の動きを見て、裏をかくことができるようになります。

試合

メニュー 150 バックスピンサービスをネットに当てる

レベル ★★
時間 5分
回数 4人連続ノーミス

ねらい 下回転を正確にかけるための練習です。
4人組のチーム戦にすると盛り上がりながら練習できます。

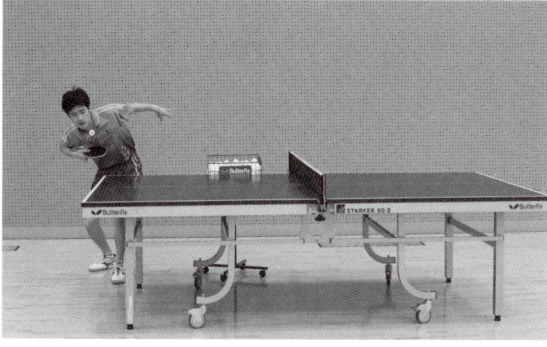

手順

① 4人ひと組で、一人ずつ順番に下回転サービスを出す
② 台上でバックスピンによってボールが戻ってネットにあたればクリア
③ 4人が連続で成功すればクリア

■ バックスピンサービスを出す

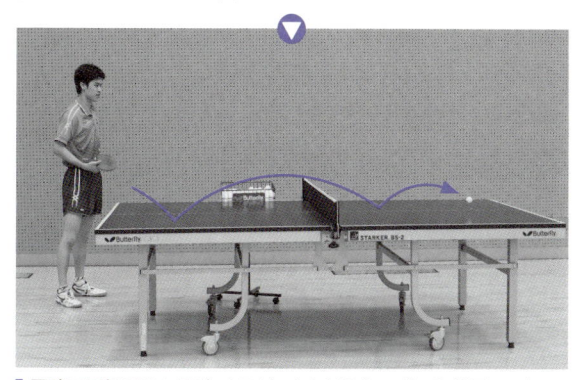

■ 正確で回転量のあるバックスピンをかけると、ボールが戻ってくる

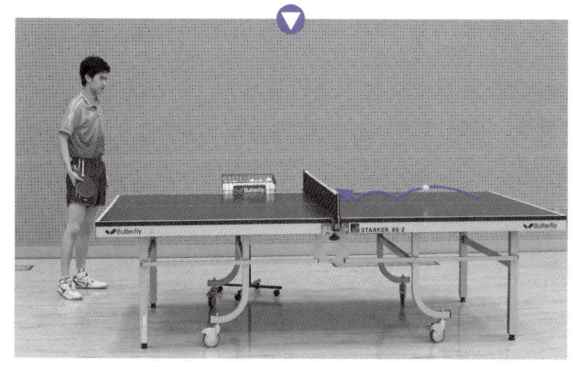

■ ネットにあたれば成功

指導者MEMO 一人でもできますが、この練習のように、4人1チームを複数作って、対抗戦方式にすると盛り上ります。課題としてはこのほか「的に当てる」「ボールを的にして当てる」なども設定できます。「5球連続成功」など目標を変えることで、難易度に変化もつけられます。

試合

メニュー 151 相手の待ちを外すレシーブ練習

レベル ★★★

時間 5分
回数 100球程度

ねらい 相手の待ちを外すレシーブ練習です。

手順

① 相手にバック前のショートサービスを出してもらう
② 選手はバッククロスにツッツキを出す。相手は回り込んで三球目攻撃。その後はラリー練習
※時々、相手の待ちを外すようにレシーブコースをフォア側に変えたり、チキータレシーブで攻撃する
③ 相手は待ちを外されても対応できるよう、ギリギリまで回り込まず、こちらのレシーブを判断する

■ 基本的には通常の、三球目回り込み攻撃のパターン

■ ときどき、チキータでレシーブしたり、フォアストレートに出すなど、変化をつける

One Point! アドバイス

回り込みのタイミングがあまりに早すぎると、レシーバーに読まれてコースを外されてしまいます。この練習では、互いに三球目のコース取りを緊張感を持って鍛えることができます。

指導者MEMO

互いにコースを読ませないための、実戦的な練習です。片方は、相手が回り込み方向に「動いた」と感じた瞬間に、コースを変えるように意識します。三球目側はバックに来ることを想定せずに、ボールが来てから動き出すことを心がけましょう。

試合

メニュー 152 10オールからのゲーム練習

レベル	★★★
時間	30秒～1分
回数	1～10ゲーム

ねらい 終盤戦の力をつけるメニューです。

手順
① 10オールのデュース状態でゲームを始める
② 2ポイントリードした側の勝ち

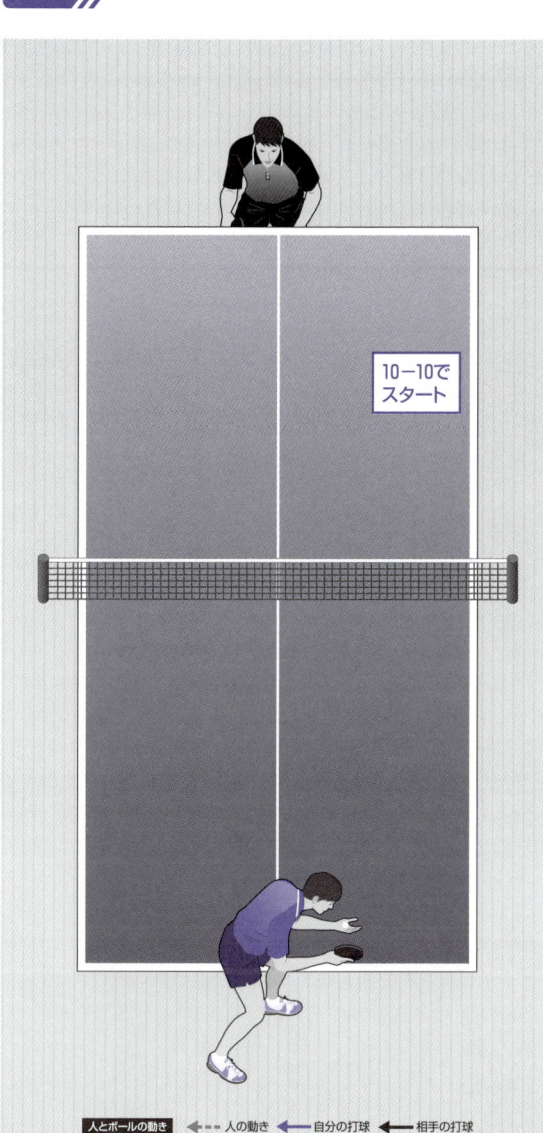

10-10でスタート

人とボールの動き　---▶ 人の動き　◀— 自分の打球　◀— 相手の打球

実戦のゲームオールデュースをイメージして、集中してゲームする

One Point! アドバイス

11本ゲームでは、実力が競っていればデュースになることは決して珍しくありません。最後の一本を勝ちきれるよう、デュースを勝ちきることができる技術、戦術を蓄えておきましょう。

指導者MEMO

10オールデュースの状況からのゲーム練習です。終盤の競り合いを想定した状況設定で、力量差があっても勝ち負けの結果が読めず、緊張感が出ます。早ければ1ゲーム15秒で終わります。休憩前などにこの練習を入れるなど、ルール化してもいいでしょう。

基本概念 ダブルスで気をつけること

▶▶▶ ダブルスは団体戦の要

　卓球のダブルスでは、テニスやバドミントンなどの競技とは異なり、ペアが一球交代で打たなければならないというルールがあります。そのため、一般的には右利き同士の選手がペアを組むより、左利きと右利きの選手が組んだほうが、ラリー中に両者が重なり合うことが少ないため、有利とされています。

　ダブルスのサービスは図のように、コートの半分にしか出してはいけないことになっています。そのため、一般的には、シングルスよりもダブルスのほうが、レシーブ側が有利とされており、レシーブ力が重要視されます。

　団体戦では多くの場合、ダブルスの試合が含まれます。ダブルスの勝敗が団体としての勝敗を分けることは非常に多く、ダブルスが苦手なチームは団体戦で勝つことはできません。ぜひ、ダブルスの練習メニューを組んでおきましょう。

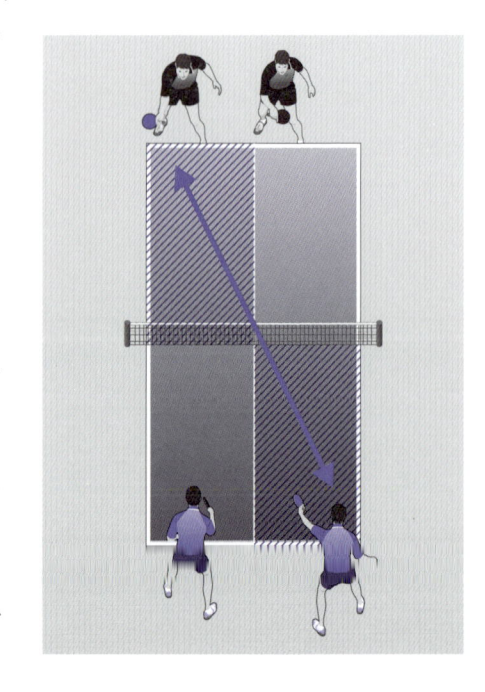

▶▶▶ ダブルスのサインは、三球目を打つ選手が出す

　ダブルスでは、多くの場合、サービスを出す人がサインを出しているのではないでしょうか。しかし、近年、代表チームでは、サービスを出す人ではなく、三球目を打つ選手がサインを出すことにしています。自分が打つ三球目攻撃をイメージし、その展開に持ち込みやすいサービスを、サーバーに要求するという形です。このほうが、ラリー展開をイメージした戦略を立てやすいと思います。

　一方、レシーブの際にも、サインを出すことがあります。この場合も、レシーブする人よりも、その次の4球目を打つ選手が、レシーブのコースなどをサインとして出すほうが合理的ではないかと思います。

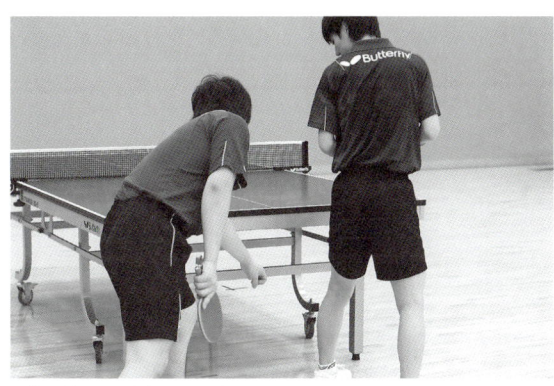

3球目を打つ選手がサインを出す

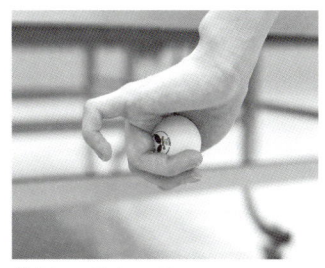

ダブルスのサインの例

▶▶▶ 右利き＋左利きの組み合わせが有利

　ダブルスは右利き同士でも組むことができますが、右利きと左利きで組んだほうが合理的です。世界のトップクラスで勝ち続けるダブルスも、その多くが右利きと左利きのコンビです。

　その理由は、ワンコースのラリーを行ってみるとよくわかります。たとえばフォアクロスでラリーした場合、右利き同士のダブルスでは、図のように、回り込まなければいけません。お互いがどうしても重なってしまいますのでボールも見づらく、不利となってしまいます。

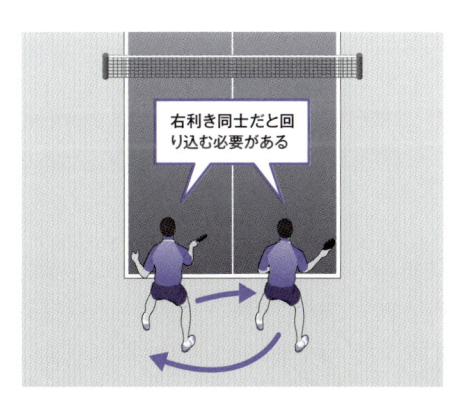

右利きと左利きの組み合わせが有利

右利き同士だと回り込む必要がある

試合

メニュー 153 ダブルスのフォアクロスラリー

レベル ★★

時間 3分
回数 時間内無制限

ねらい ダブルスの基本的なラリー力をつくるための練習です。ウォーミングアップにもよいでしょう。

手順
① ダブルス同士、フォアクロスでラリーをする
② ミスをしても球拾いはせず、次のボールで練習する
③ 3分間打ち合う

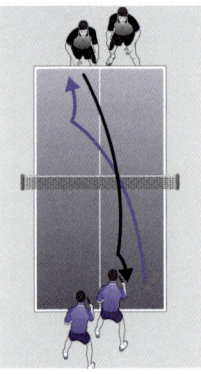

右利き同士のペアには必須の練習。
右利き同士のペアは、一人が前衛、もう一人が後衛で打球する

指導者MEMO 左利きと右利きのペアの場合は、大きく動く必要はありませんが、小さくステップを踏んで足を動かし続けることを忘れないようにしましょう。一方、右利きペアの場合は、前衛と後衛の役割を決める必要があります。

試合

メニュー 154 ダブルスのバッククロスラリー

レベル ★★★

時間 3分
回数 時間内無制限

ねらい ダブルスの基本的なラリー力をつくるための練習です。ウォーミングアップにもよいでしょう。

手順
① ダブルス同士、バッククロスでラリーをする
② ミスをしても球拾いはせず、次のボールで練習する
③ 3分間、バッククロスで打ち合う。余裕があればフォアハンドで回り込む

右利き同士のペアは、一人がバックハンド、もう一人はフォアハンドにすれば、スムーズに打てる。

指導者MEMO ダブルスでは、時間の余裕があります。右利きはバックサイドでもフォアハンドでプレーすることを基本にします。もちろんラリーでは、バックハンドを使ってもかまいません。

メニュー 155　試合：ダブルスの飛びつきフォアハンド練習

レベル ★★★
時間 3分
回数 時間内無制限

ねらい　ダブルスの基本的なラリー力をつくるための練習です。ウォーミングアップにもよいでしょう。

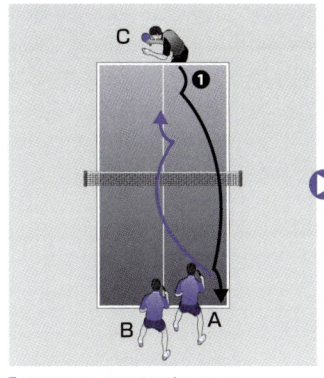

手順
① Cのフォアクロスへのロングサービスでスタート。Aはフォアハンドで返球
② Cは強めのドライブでフォアサイドのコーナーを狙う
③ Bが飛びつきフォアクロスへドライブ。以降オールコートのラリーへ

指導者MEMO　逆をつかれないように、ぎりぎりまでコースを見極めてから動きます。これは右利きペアの例ですが、左利き選手との場合は、左利き選手が飛びつくコースなどにアレンジします。

- Aはフォアハンドを打ったらすぐに真っすぐ後ろに下がる
- BはAの前を通過してフォアクロスに飛びつく

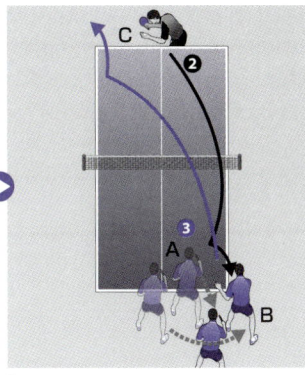

メニュー 156　試合：ダブルスのサービスレシーブ

レベル ★★★
時間 3分
回数 時間内無制限

ねらい　ダブルスでもっとも重要な、サービスレシーブの練習です。レシーブ側が有利にラリーを進められるように技術を磨きます。

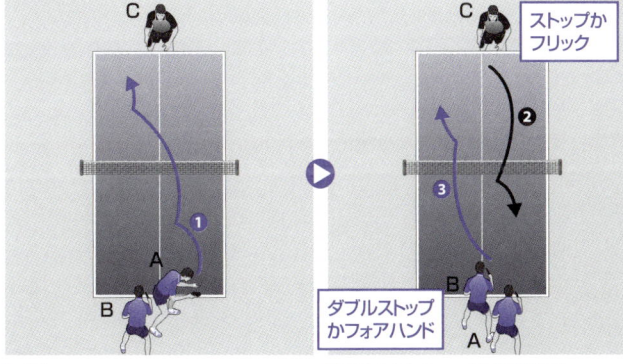

手順
① Aのサービスでスタート
② Cのレシーブはストップかフリック
③ Bはストップにはダブルストップ、フリックにはフォアハンド。その後②に戻る

指導者MEMO　レシーブの基本はストップです。相手に強い攻撃をされない返球を重視し、甘い場合はフリックで払います。一方、サービスのポイントは「低く、短く」です。レシーブエースを取られないことが重要です。

- Aはショートサービスを出す
- BはCのレシーブを見極めて対応する
- ストップかフリック
- ダブルストップかフォアハンド

メニュー 157 ダブルスの三球目攻撃①

試合

レベル ★★★
時間 3分
回数 時間内無制限

ねらい
ダブルスでも戦術の基本となる、実戦的な三球目攻撃パターンを覚えます。
Aは右利き、Bは左利きの攻撃です。

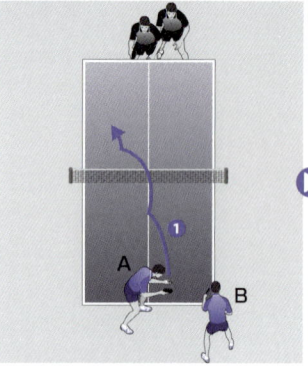

手順
① A（右利き）のショートサービスでスタート
② 相手はストレートにツッツキレシーブ
③ B（左利き）は飛びつき気味にバッククロスにドライブ攻撃

- Aはショートサービスを出してすぐに後ろに下がる
- Bは、ストレートに返って来たレシーブを飛びついてドライブ 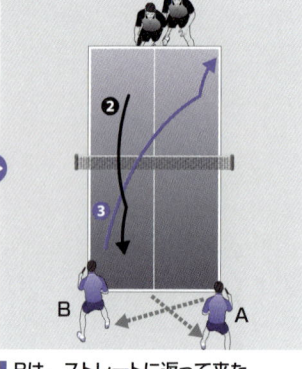

指導者MEMO
Bの飛びつき出しは、逆コースをつかれないように、ぎりぎりまで引きます。相手は、Bの飛びつきが早すぎるようであれば、フォアクロスに長いツッツキやフリックなどを出し、逆をついていきます。

メニュー 158 ダブルスの三球目攻撃②

試合

レベル ★★★
時間 3分
回数 時間内無制限

ねらい
ダブルスでの実戦的な三球目攻撃パターンです。
A、Bともに右利きの攻撃です。

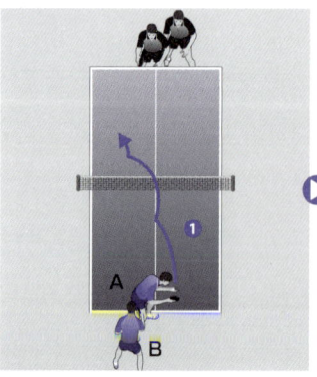

手順
① A（右利き）のショートサービスでスタート
② 相手はクロスにフリックレシーブ
③ B（右利き）は飛びつき気味にフォアクロスにドライブ攻撃

- Aはショートサービスを出し、すぐに後ろに下がる
- Bは三球目をドライブで攻撃する 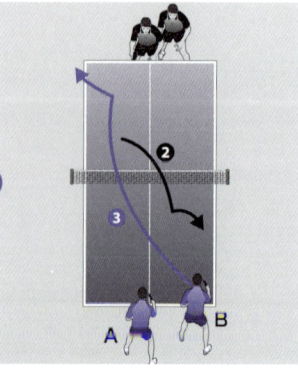

指導者MEMO
メニュー157とは逆に、右利きの選手が飛びつかなければいけないパターンです。さまざまなパターンを組み合わせて、苦手コースをなくすよう、練習してください。

メニュー 159 ダブルスのゲーム練習

試合

レベル ★★★
時間 3分
回数 時間内無制限

ねらい ダブルスでの実戦的なゲーム練習です。

手順
① 互いにダブルスで3ゲームマッチのゲームを行う
② ゲームが終われば、ペアを組みかえて試合する

ダブルスは何よりゲーム練習が基本

指導者MEMO ダブルス練習でいちばん基本となるのはゲーム練習です。ダブルス独特のサービスレシーブや、ラリーのリズムといったことは、ゲーム練習のなかで自然と培っていくのがよいでしょう。

メニュー 160 ダブルスでのカット打ち

試合

レベル ★★★
時間 3分
回数 10本連続ノーミス

ねらい ダブルスでのカット打ちの練習です。カットマンを相手にすると、テンポを落としたラリー練習ができます。

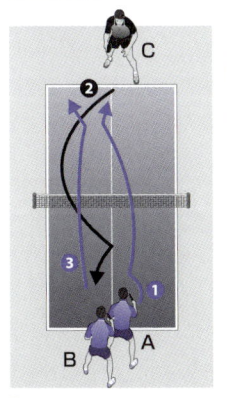

手順
① A、Bはダブルス、C（カットマン）はシングルスで台につく。Aがロングサービスを出す。
② Cはカットで返球
③ Cが出すカットボールを、AとBはドライブで順に返球
④ 10本程度つながったら、強いドライブやスマッシュなどで攻撃する

カットのコースは決めず、オールコート

カットボールをつなぐのはダブルスのよい練習になる

指導者MEMO 練習相手のカットマンは、相手のドライブが甘ければドライブで反撃するなど、実戦的な対応をするようにします。チームにカットマンがいなければ、多球でもOKです。

| 試合 | | レベル ★★★ |

メニュー 161　試合前の練習法① ウォームアップ

時間　3分
回数　状況に合わせて

ねらい　試合前の短時間で、十分な練習ができるウォーミングアップメニューです。

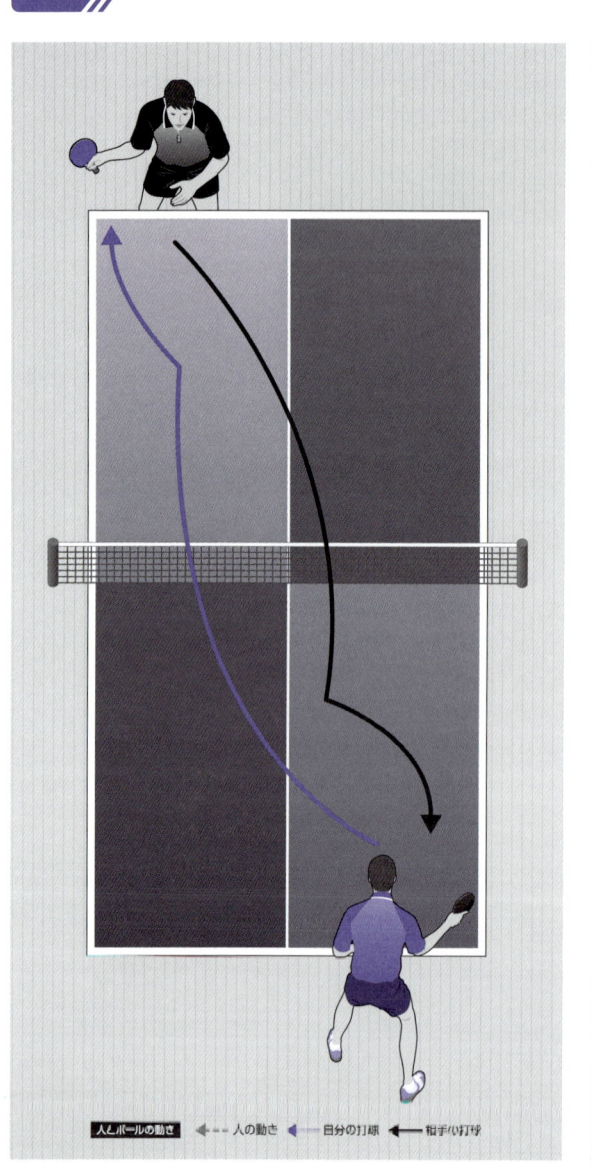

手順

① フォアクロス半面で、フォアハンドを打ち合う
② 10球程度打ったら、片方がフォアとショートを切り替えるフットワークを行う
③ ミスで交代し、片方が切り替えのフットワークを行う
④ 体が温まったら、お互いにツッツキを数本続けた後、ドライブでツッツキを打ち、上記の動作を繰り返す

One Point! アドバイス

試合会場では練習の時間・場所は限られています。事前にやっておくべき練習を決めておき、ロスのないように練習しましょう。この後の項目でも、試合前の練習としてお勧めのメニューを紹介します。

指導者MEMO

ゲーム前に、身体を温めておく練習です。フォアハンド、バックハンドおよび下回転系のツッツキは、試合前に数球でもいいので、合わせておきましょう。

台の半分だけでもフォアハンド、バックハンド、ドライブなど、さまざまな練習ができる

人とボールの動き　---▶ 人の動き　━▶ 自分の打球　━▶ 相手の打球

試合

メニュー 162 試合前の練習法② 感覚を整える

レベル ★★★
時間 3分
回数 状況に合わせて

ねらい 試合前の短時間に、ゲームで使う技術のボールタッチを確認しておきます。

手順
① 互いに三球目攻撃をする
② ボールの飛び具合、インパクトの感覚などを確認しておく
③ なるべくコースを決めて相手が返球できるように工夫し、1本でも多くボールが打てるようにする

三球目攻撃!
サービス!

One Point! アドバイス

試合前の練習において、三球目攻撃は重要です。ただし、普段の練習とは違い、その日のボールのタッチ、飛び具合などを確認することに集中しましょう。

指導者MEMO

当日の会場の湿気や台の状態などによって、ラケットや台の弾み方は違います。試合前には大きなラリー練習だけではなく、三球目攻撃など実戦的なボールを打つ中で、その日の状態について確認し、調整をしましょう。

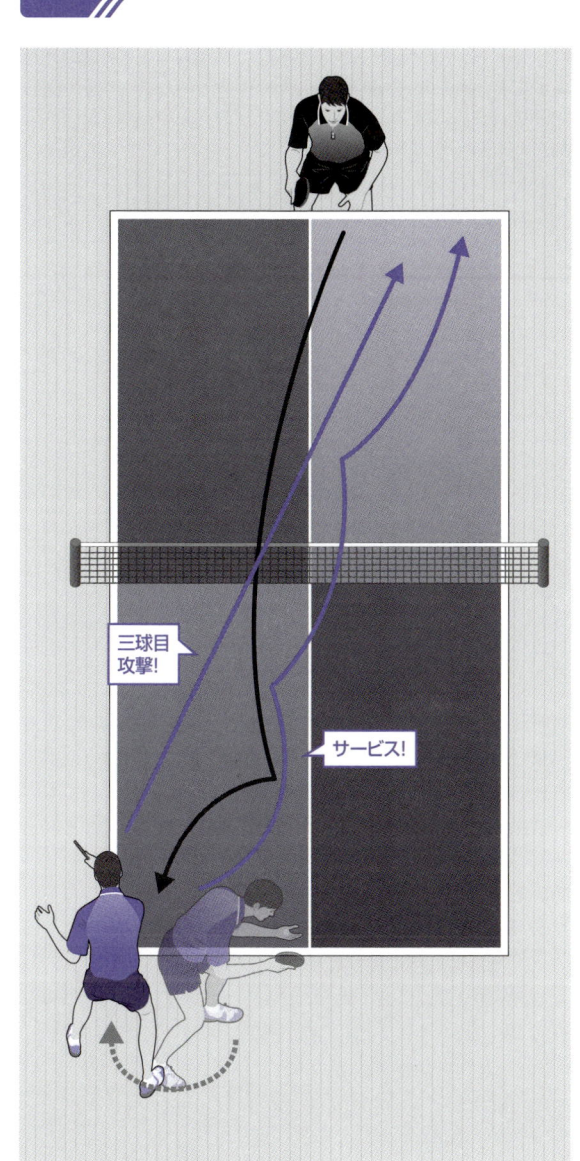

台の半面でも三球目攻撃はできる

試合

メニュー 163 試合前の練習法③ ゲーム練習

レベル ★★★

時間 3分
回数 状況に合わせて

ねらい 試合前の練習を充実させるために、ハーフコートを使って実戦形式で打ち合う練習方法です。

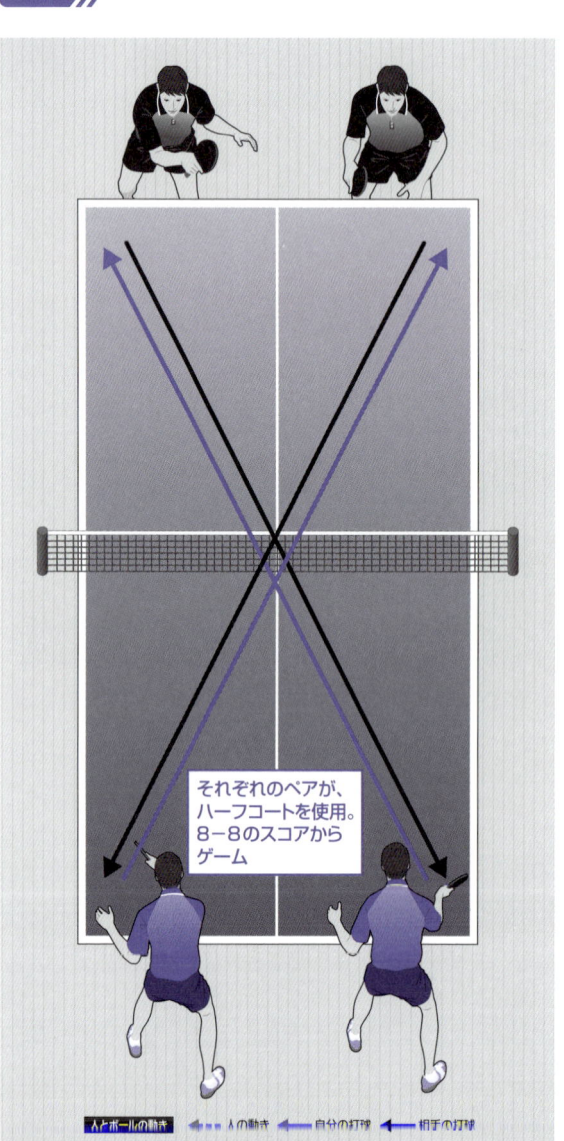

手順

① 2人ずつのペアに分かれる。ペアごとにハーフコートを使用
② 8-8からのゲーム練習をする
③ 時間があればペアを入れ変えて同じ練習をする

それぞれのペアが、ハーフコートを使用。8-8のスコアからゲーム

人とボールの動き　人の動き　自分の打球　相手の打球

台の半面でも、ゲーム練習は可能

One Point! アドバイス

試合前のハーフコートでのゲーム練習は8オールからなど、短時間で終わるものにしましょう。半面でもスコアをつけることで、実際のゲームの感覚をつかみやすくなります。

指導者MEMO

試合前の練習は、ゲーム練習にかぎります。1球交代の台でなければ、半面しか取れていない場合でもその範囲でゲーム練習は可能です。身体が温まってきたら8オールからの試合など、すぐに終わる形式で試合をしましょう。

第7章
弱点を克服する
A Weak Point is Conquered.

カットマンや粒高選手など、
特定の戦型が苦手、という選手は少なくありません。
そうした苦手な戦型を克服する練習や、
よくミスしてしまうコースなどをピックアップした練習法を紹介します。

弱点克服

基本概念 粒高とカットマン

▶▶▶ 少なくなりつつある戦型だが対策は必要

トップ選手の戦型を見ると、粒高やカットマンは年々、少なくなっています。とはいえ、女子ではまだまだトップクラスに食い込む選手もいますし、男子でも、試合でこれらの戦型の選手にあたると、普段戦い慣れていないために思わぬ苦戦を強いられてしまうことがあります。

カットマン、粒高ともに、対策は、それらの戦型の選手とゲーム練習を繰り返し、弱点や攻略法を身体で覚えるのが一番です。ただ、チーム内にそういった戦型の選手がいない場合には練習法の工夫が必要です。

カットマンとのラリー練習（P212〜215）

チームにカットマンがいる場合や、指導者がカットを打てる場合には、カットマン対策の練習相手をしてもらいましょう。

多球でカットを出してもらう

チームにカットマンがいなければ、多球で練習します。少し台の離れたところから、強く下回転をかけたボールを出してもらい、カット打ちの練習をします。

粒高とのラリー練習（P208〜211）

チームに粒高選手がいる場合や、指導者が粒高が使える場合には、粒高対策の練習相手をしてもらいましょう。

粒高の多球練習

チームに粒高選手がいない場合には、古くなったラケットでもいいので、粒高ラバーを貼ったラケットを作っておき、多球練習時に活用しましょう。長いラリーができなくても、多球であればすぐに練習相手を努めることはできるようになります。

弱点克服

基本概念 苦手対策の考え方

▶▶▶ まずは苦手な相手とのゲーム練習

　ゲーム練習を繰り返し行っているうちに、次第に自分が苦手なタイプ、あるいは得意なタイプがわかってきます。そして、自分が苦手なタイプとの試合を分析していくと、強化すべきポイントや、量を増やすべき練習メニューがわかってきます。

　例えば、ブロックの得意な選手にどうしても勝ちきれないとすれば、三球目攻撃だけではなく、五球目攻撃やラリー練習を強化していかなくてはいけないことがわかります。あるいは、サービスが得意な選手に弱いようであれば、レシーブ練習を増やしていく必要があるでしょう。

　一方で、弱点をなくしていくのと同時に「強みを伸ばす」ことも、苦手克服の有効な方法です。例えば、相手の三球目攻撃をなかなかブロックできずに負けてしまうことが多い場合、すぐに思いつくのはブロック力の強化です。しかし、レシーブを強化してそもそも三球目を打たせないことや、自分がサービスを持ったときの得点力を強化することによって、試合全体を優位に進めることができるかもしれません。「苦手」「得意」といったことにとらわれず、総合力をアップさせることも忘れないようにしましょう。

POINT ❶
課題をはっきりさせる

　同じ練習でも、何を意識して取り組むかによって、練習の成果が変わります。同じレシーブ練習でも、「相手に三球目を打たせない」練習なのか、「レシーブミスを減らす」練習なのかなど、課題意識をはっきりさせることが、苦手克服の近道です。

POINT ❷
武器をつくる

　自分の弱点や苦手なポイントばかりに目を向けていては、スケールの大きい選手になれません。まずは自分の武器、強みは何かを見極め、それを磨いていきましょう。そうすればおのずと自分に足りないものが明確になり、練習へのモチベーションも高まってくるはずです。

弱点克服

メニュー 164 フォア前からの戻りを強化する①

レベル ★★★
時間 3分
回数 50〜100球

ねらい フォア前からの戻りを強化する練習です。

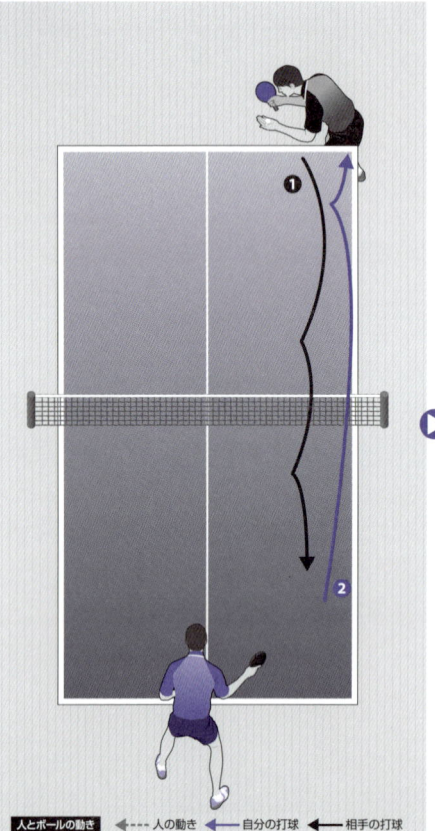

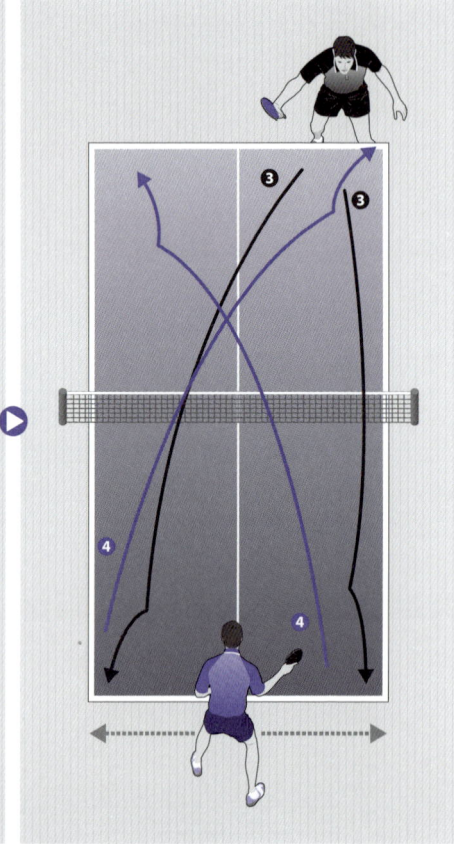

人とボールの動き　‐‐‐▶ 人の動き　━▶ 自分の打球　━▶ 相手の打球

フォア前の浅いボールをフリックすると、フォア、バックの深いボールに対応しにくくなる

すぐに戻ってバックハンド、フォアハンドで対応する

手順
① 相手はフォア前にショートサービス
② 選手はフォアハンドでストレートにフリック
③ 相手はバックハンドでバックサイド、もしくはフォアサイドに深いボールを返球
④ バックドライブかフォアハンドドライブでこれに対応
⑤ ラリーは続けず、①に戻る

指導者MEMO フォア前に寄せられた後の「戻り」を強化する練習メニューです。メニュー165と組み合わせて練習するとよいでしょう。

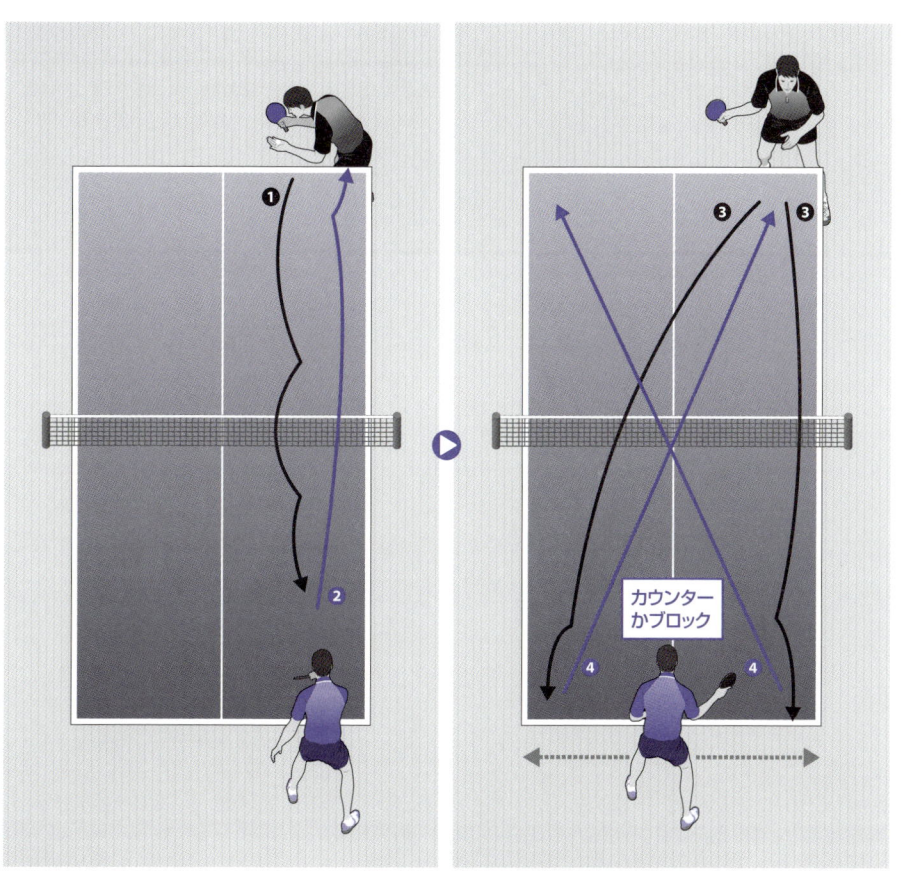

弱点克服

メニュー 165 フォア前からの戻りを強化する②

レベル	★★★
時間	3分
回数	50〜100球

ねらい フォア前からの戻りを強化する練習です。

フォア前のサービスを
バック側に長くツッツキ

ドライブしてきたボールをブロック、
もしくはカウンターで攻撃する

カウンター
かブロック

手順

① 相手はフォア前へショートサービス
② 選手はツッツキで相手のバックへ長めにレシーブ
③ 相手は回りこみ、70％程度の力でドライブ
④ フォアに来たらカウンター、バックに来たらショートでブロック、もしくはバックハンドでのカウンタードライブ

指導者MEMO
「戻り」といっても、必ずしも元の位置に戻らなくてはならないわけではありません。相手のフォームなどから次のコースを予測し、移動するようにしましょう。

メニュー166 粒高ラバー対策① フォアハンドで打つ

弱点克服

レベル ★★★
時間 3分
回数 50〜100球

ねらい
粒高ラバーへの対策練習です。
トップスピンを強くかけず、ゆっくりとした回転のボールを送ることがポイントです。

手順
① 相手は粒高ラバーを使用。バックハンドショートでバッククロスへ返球してもらう
② 選手はフォアハンドで、軽くトップスピンをかけながらつなぐ
③ 20本程度、ノーミスでつなぐことを目標にする

■ 粒高のショートのボールはナックル性（無回転）

■ オーバーミスをしない程度にトップスピンをかけてつなぐ

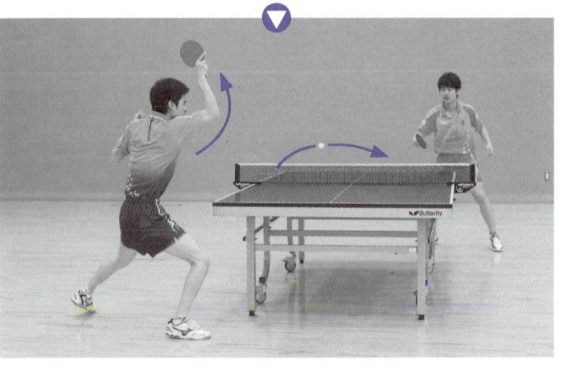

■ まずはミスをせずつなげるようになることを目指す

指導者MEMO
男子のトップクラスでは見かけなくなりましたが、女子や男子中学生では、粒高ラバーを貼った選手がたくさんいます。粒高ラバーへの苦手意識を克服するには、粒高ラバーの変化に慣れるしかありません。

弱点克服

メニュー 167 粒高ラバー対策② バックハンドでの対応

レベル ★★★
時間 3分
回数 50～100球

ねらい 粒高特有の回転の変化に対して、ツッツキとバックハンドで対応する練習です。

■ 粒高のボールをバックドライブで返球する

■ こちらがトップスピンをかけた分、粒高の返球はバックスピンになる

■ ツッツキでつないだあと、トップスピンで返ってきたボールをバックハンドで返球

手順

① 相手は粒高ラバーを使用。バッククロスにバックハンドショートで返球してもらう
② 選手は軽めのバックハンドドライブで返球
③ バックスピン気味で返ってきたボールを、ツッツキで返球
④ 相手がプッシュ性のショートで返球してきたボールをバックハンドで返球

One Point! アドバイス

粒高の性質を理解しよう

粒高ラバーはラバー表面の粒が高いためにボールが滑り、回転がかからないため、こちらがトップスピンを強くかけると、返球はバックスピンで返ってきます。逆に、下回転を強くかけると、トップスピンで返ってきます。

指導者MEMO

粒高ラバーは、こちらが強いドライブを打つと、強い下回転ボールが返ってくることがあります。こういうときは、1本ツッツキを入れると、相手はプッシュ性のショートで返球します。これに対して通常のフォアハンド・バックハンドで対応したり、スマッシュなどで攻めることができます。

弱点克服

メニュー 168

粒高ラバー対策③
粒高を攻める

レベル ★★★

時間 3分
回数 50〜100球

ねらい ゆるい返球でつなぎ、チャンスボールを待って攻めるという、粒高ラバー対策のパターンを練習します。

手順

① 選手はナックル（無回転）サービスをバックに出す
② 相手のレシーブをゆるいバックドライブでバックサイドへ
③ 何本かバッククロスでつなぐ
④ 相手のショートが甘くなってきたところを狙って回り込み、フォアハンドドライブでストレートに攻撃

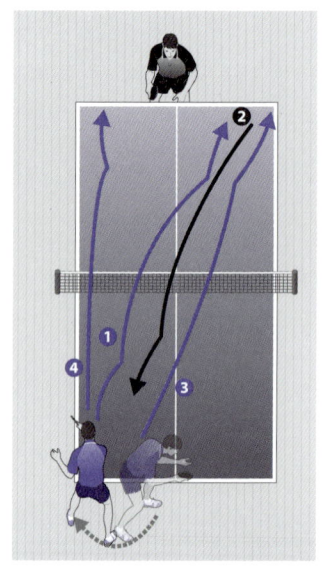

▌バックサイドにナックルサービス

▌何本かバックハンドでつなぐ

▌甘くなったボールを回り込んでストレートに攻撃

指導者MEMO

粒高のボールに慣れてきたら、今度は実際の試合でよく遭遇するラリーのなかで、粒高攻略技術を磨いていきましょう。この練習では、甘くなったボールを、粒高選手が苦手とするフォアストレートに狙って攻撃します。

弱点克服

メニュー 169
粒高ラバー対策④ 三球目攻撃

レベル ★★★
時間 3分
回数 50～100球

ねらい フォアサイドに大きく振ってからミドルを攻める、粒高ラバー攻略の攻撃パターンを覚えます。

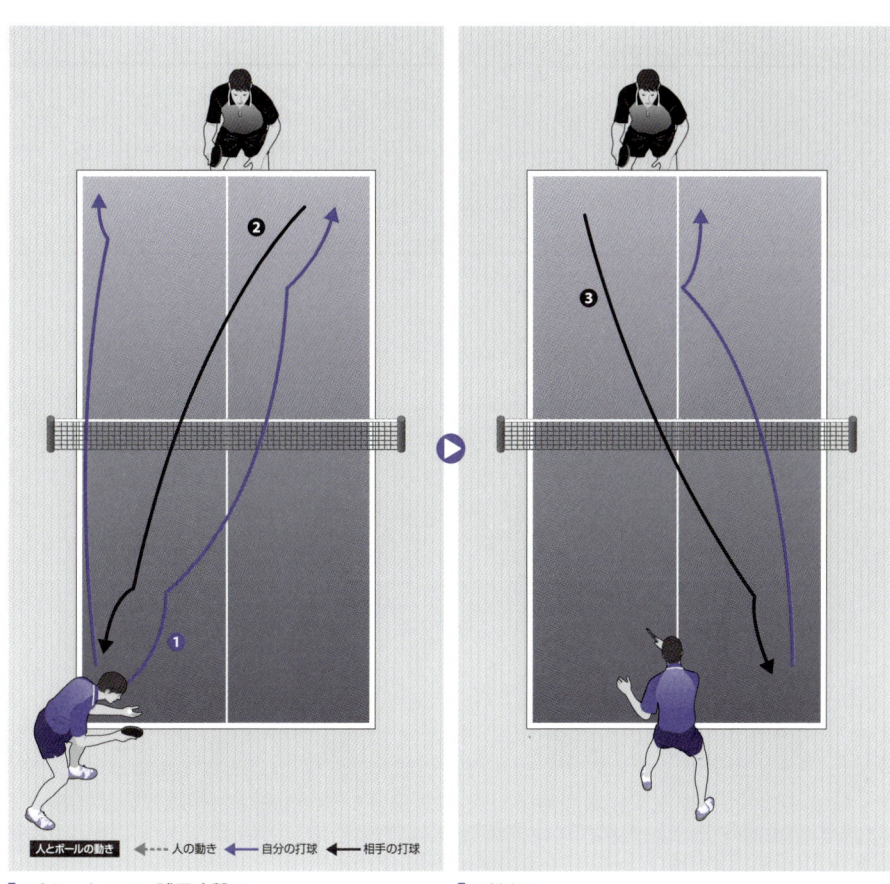

人とボールの動き ---- 人の動き ← 自分の打球 ← 相手の打球

▎ストレートへの三球目攻撃で相手のフォアを狙う

▎ミドルに攻撃する

手順

①選手はバックサイドにナックル（無回転）サービスを出す
②クロスに返ってきたレシーブをバックハンドドライブでストレートに攻撃
③フォアクロスに返ってきたボールをミドルに攻撃

指導者MEMO 粒高ラバーの選手は、身体に近いボールや台上を得意とします。特にブロックに回ったときに強さが発揮されるため、三球目でミドルを狙ってもブロックされがちです。いったんフォアサイドに大きく振った後、ミドルを攻めると効果的です。

弱点克服

メニュー 170

カットマン対策①
カット打ちで粘る

レベル ★★★

時間 7分

回数 時間内無制限

ねらい カットマンに対して粘り強くラリーを戦うための練習です。

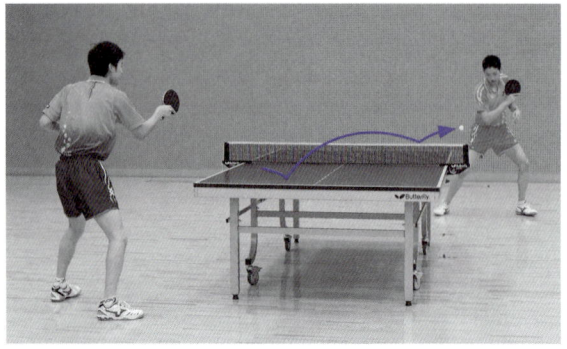

手順

① 選手はバッククロスへロングサービス
② 相手がバックハンドでカットしてきたボールを、回り込んでフォアハンドドライブ
③ 選手はドライブでつなぎながら、甘いボールはストレートに攻撃、厳しいボールはストップでつなぐ

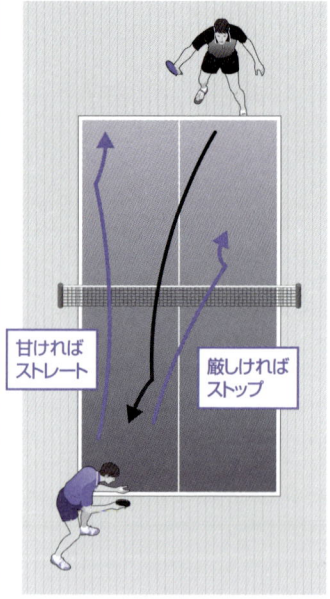

▌バックサイドにロングサービスを出す

▌相手はバックハンドでカット

▌回り込んでフォアハンドドライブ

甘ければストレート　厳しければストップ

指導者MEMO カットボールに対しては、①弱いドライブでつなぐ、②強いドライブで攻める、③台上にストップする、という3つの選択肢があります。これを頭に入れて、ゆとりをもって対応しましょう。

弱点克服

メニュー 171 カットマン対策② 攻撃への対応

レベル ★★★
時間 7分
回数 時間内無制限

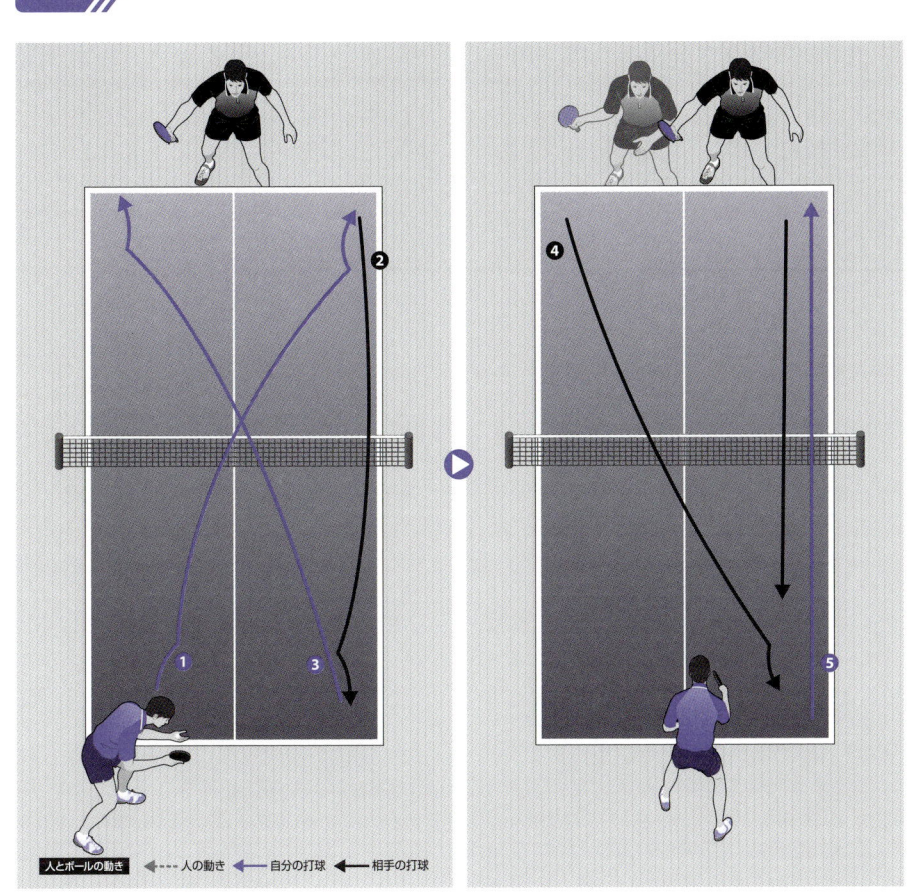

ねらい フォアハンドでの攻撃が得意なカットマンに対抗するための練習です。

人とボールの動き　---→ 人の動き　←── 自分の打球　←── 相手の打球

ストレートに返ってきたカットを
フォアクロスへドライブで攻撃

フォアクロスにカウンターで返ってきたボールを、
ストレートにブロック

手順

①選手はバッククロスへロングサービス
②相手はバックハンドカットでストレートに返球
③選手はフォアクロスへドライブ攻撃
④相手はフォアハンドでクロスカウンター攻撃
⑤選手はこれをストレートにブロック。相手はバックハンドカットでストレートに返球

指導者MEMO 近年は、カットマンもフォアハンドではカットせず、攻撃することが増えています。こういったパターンで、カットマンからの攻撃に対応する練習をしておくことが、より実戦的なカットマン対策ということになります。

弱点克服

メニュー 172 カットマン対策③ 前後にゆさぶる

レベル ★★★
時間 7分
回数 時間内無制限

ねらい カットマン対策の典型である、前後のゆさぶりの練習です。

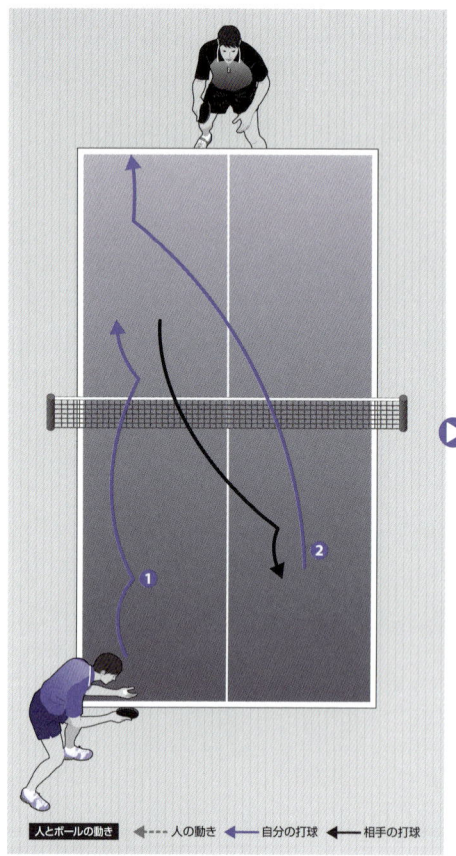

人とボールの動き ←--- 人の動き ← 自分の打球 ← 相手の打球

三球目を
フォアクロスに攻める

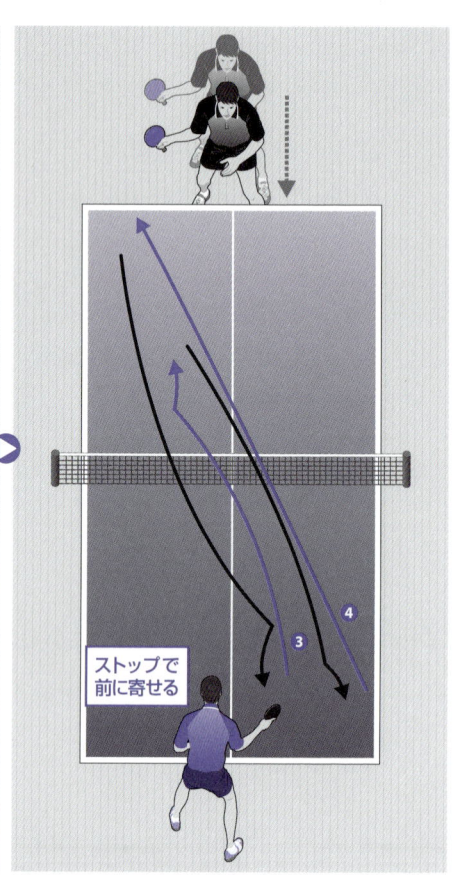

相手のカットをストップして
カットマンを前に寄せる

ストップで
前に寄せる

手順

① 選手はフォア前にショートサービスを出す
② レシーブがフォア前に来たらフリックか、フォアハンドドライブでフォアクロスを攻める
③ カットの返球をストップし、カットマンを前に寄せる
④ 再び、ドライブでフォアかバックを攻める。この動きを繰り返して、カットマンを前後にゆさぶる

指導者MEMO カット打ちに慣れたら、カットマンを前後にゆさぶる練習に取り組みます。この練習の動きは、カットマンの攻め方の基本です。ただし近年は、カットマンもフォアサイドをドライブで攻めることが当たり前ですので、反撃にも備えておきます。

弱点克服

メニュー 173 カットマン対策④ 左右にゆさぶる

レベル ★★★
時間 7分
回数 時間内無制限

ねらい カットマン対策の典型である、左右のゆさぶりの練習です。

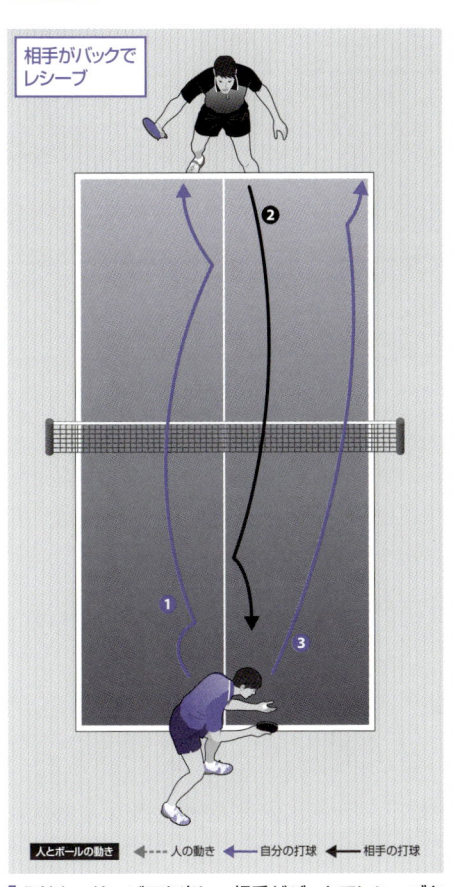

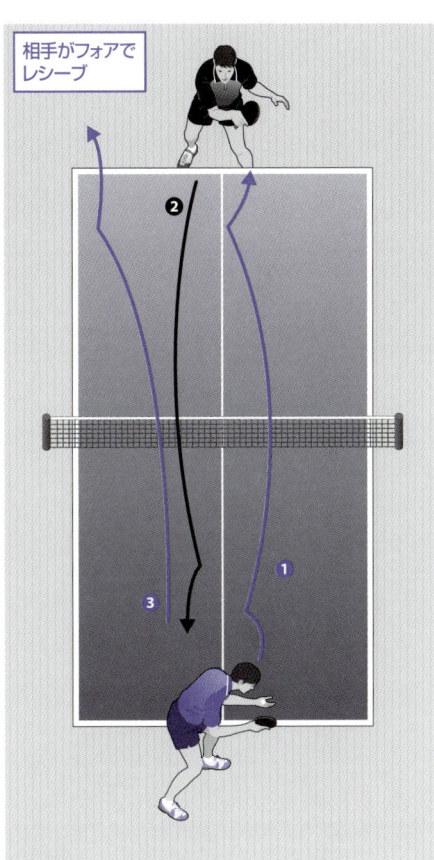

相手がバックでレシーブ

相手がフォアでレシーブ

人とボールの動き ---- 人の動き ← 自分の打球 ← 相手の打球

ミドルへサービスを出し、相手がバックでレシーブをしたら、三球目をバックの深いところに攻める

相手がフォアでレシーブしたら、三球目をフォアサイドの深いところに攻める

手順

① 選手はミドルにロングサービスを出す
② 相手はバックかフォアでレシーブ
③ 相手がバックでレシーブしたら、バッククロスの深いところへドライブ。フォアでレシーブしたら、フォアの深いところへドライブ
④ その後は左右にドライブでゆさぶる

指導者MEMO ミドルから、フォア・バック両サイドへの攻撃は誰にとっても厳しいものですが、特にカットマンにとっては厳しい攻めとなりますので、ぜひ覚えておきましょう。

弱点克服

メニュー 174 カットマン対策⑤ ドライブで打ちぬく

レベル ★★★
時間 7分
回数 時間内無制限

ねらい カットマンを力で打ちぬく練習です。

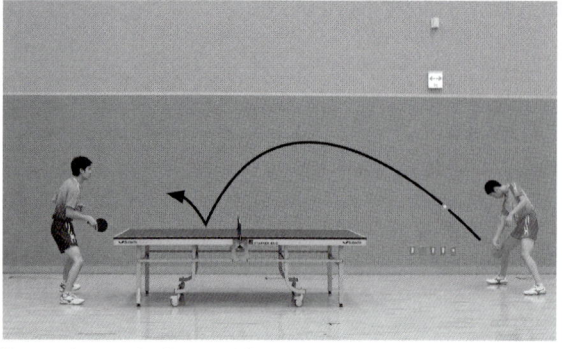

手順
① 通常のフォアクロスのラリーからはじめ、相手がフォアクロスへカット
② 選手はフォアハンドでフォアクロスにドライブで返球
③ チャンスボールがあれば強ドライブorスマッシュで打ちぬく
④ コースは基本的に変えない

▍フォアクロスにカットしてもらう

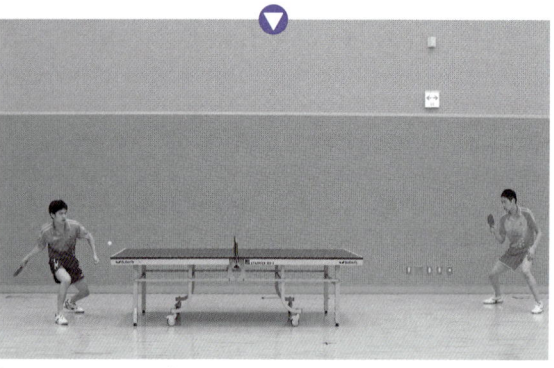

▍フォアハンドドライブでフォアクロスに攻撃する

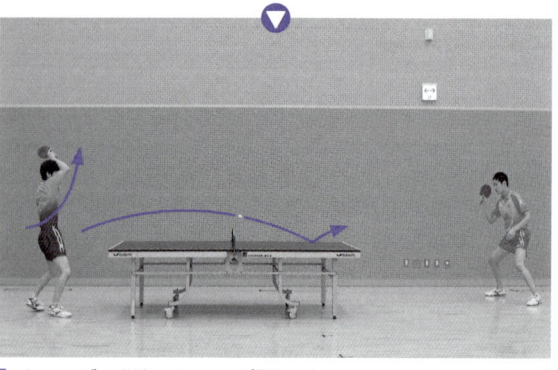

▍チャンスボールはスマッシュで打ちぬく

One Point! アドバイス

コースの変化をつけずにカットマンを打ちぬくにはドライブの強弱が必要です。ゆるいドライブ、速いドライブ、回転量のあるドライブなど、さまざまなドライブを打ち分けられるようになりましょう。

指導者MEMO

前後左右のゆさぶりではなく、力でカットマンを打ちぬく練習です。カットマンとの勝負は長丁場であり、ときにはこうした力で打ちぬくことも必要になります。

弱点克服

メニュー 175 攻撃できるボールを見極める

レベル ★★★
時間 5分
回数 時間内無制限

ねらい 攻められるボールと攻められないボールを見極める練習です。

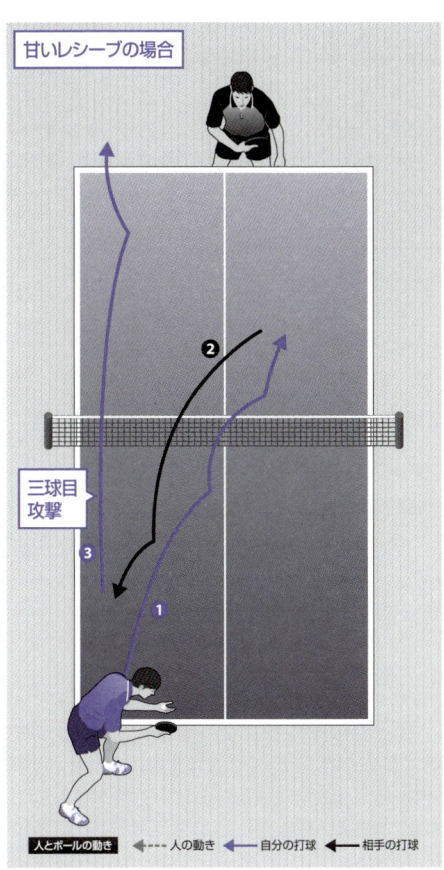

甘いレシーブの場合
三球目攻撃

ショートサービスを出し、相手のレシーブが甘ければ三球目攻撃

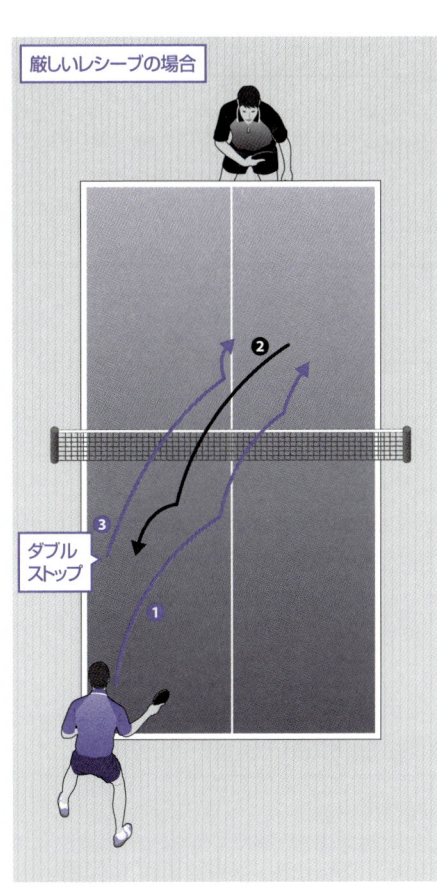

厳しいレシーブの場合
ダブルストップ

相手のレシーブが厳しければ、ダブルストップでチャンスを待つ

凡例：人とボールの動き ←--- 人の動き ←— 自分の打球 ←— 相手の打球

手順
① 選手はバックサイドにショートサービス
② 相手はストップレシーブ
③ レシーブが甘ければ3球目攻撃。厳しいレシーブが返ってきたらダブルストップ
④ 相手もこちらの打球に対して、甘ければ攻撃、厳しければさらにストップ

指導者MEMO 初心者のうちは攻撃せずに相手のミスを待つ方が勝率が上がる傾向もありますが、それでは上位の選手には勝てません。この練習で攻撃できるボールと、攻撃してはいけないボールの見極めを覚えましょう。

弱点克服

メニュー 176 ブロックからの逆襲

レベル ★★★
時間 5分
回数 時間内無制限

ねらい 相手の攻撃をブロックでしのぐだけでなく、チャンスを見て攻撃に転じる動きを覚えます。

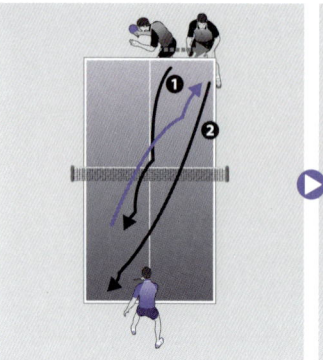

手順
① 相手はショートサービス。選手はそれをツッツキでレシーブ
② 相手は三球目をバックサイドに攻撃
③ ブロックをバッククロスに返球。相手はさらに攻撃
④ 何球目かで、相手は攻撃コースをミドルに変更
⑤ ミドルに来たボールをフォアハンドで逆襲する

相手に三球目攻撃をしてもらい、ブロックする

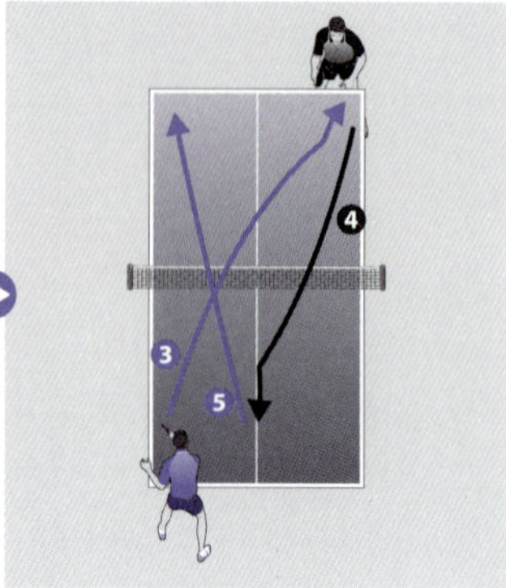

ミドルに攻撃されたらカウンター攻撃

弱点克服

メニュー 177 ロビング打ち

レベル ★★★
時間 5分
回数 30本程度

ねらい 中級者でも難しい、高いロビングを確実に狙い打つ練習です。チャンスボールだと気を抜かず、正確なスマッシュを打っていきます。

手順
① 相手はロビングを上げる
② 選手は冷静に対処し、正確にスマッシュを打つ
※ロビング打ち：通常、ラケットは下から上へとスイングしますが、ロビングを打つ場合は、肩の上から下へと振り下ろします

ロビング打ちは肩の高さから下に打ちおろす

しっかりとタイミングを見極めないとミスにつながる

第8章
体作り
Physical Training

技術の向上には、土台となる体力や筋力の強化が不可欠です。
この章では、卓球に必要な筋力や柔軟性、
体力を上げるトレーニングと、
練習前後のウォーミングアップやクールダウンを紹介します。

トレーニングの目的と効果

基本概念 / 体作り

▶▶▶ トレーニングの目的

どのようなスポーツでも、技術と体力は密接しています。そのため、技術と体力のどちらかが不足していると、質の高い技術（高いパフォーマンス）が習得できません。この関係を表したのが右の図です。

またトレーニング効果を最大限引き出すには、筋力を鍛えることだけではいけません。筋肉に刺激を与えたら、その部分に栄養を補給し、休養を入れることではじめて筋力が上がります。栄養補給や休養がないとオーバーワークになってしまい、かえって体力を落とすことになります。トレーニングとは、①全ての体力要素（筋力、瞬発力、敏捷性、筋持久力、全身持久力、柔軟性、身体組成）を鍛えるトレーニング　②栄養の補給　③休養の三位一体ということを理解しておいてください。

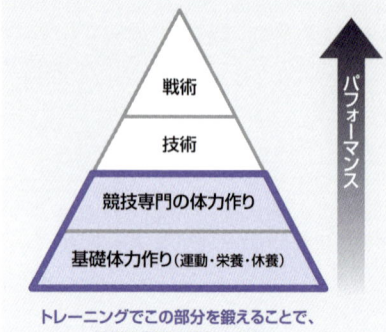

ピラミッド図：
- 戦術
- 技術
- 競技専門の体力作り
- 基礎体力作り（運動・栄養・休養）

トレーニングでこの部分を鍛えることで、技術や戦術の質も上がる
＝パフォーマンスの向上

▶▶▶ トレーニングの効果

卓球で特に必要な体力要素は、筋力と瞬発力、敏捷性です。この2つの土台となるのが筋力で、筋力が増えると、それに伴って瞬発力と敏捷性も上がります。

筋力は、①下半身　②体幹　③上半身の3つに分かれています。下半身はパワーの土台になる部分です。この土台から生まれたパワーを上半身に伝えるのが体幹です。上半身では、下半身や体幹から伝わってきたパワーを回旋系（ひねり）の動きに変換し、ボールに伝えるのです。

このように3つの筋肉が連動して動いた結果、より高いパフォーマンスが発揮できます。卓球がうまくなるように、3つの筋力をまんべんなく鍛えていきましょう。

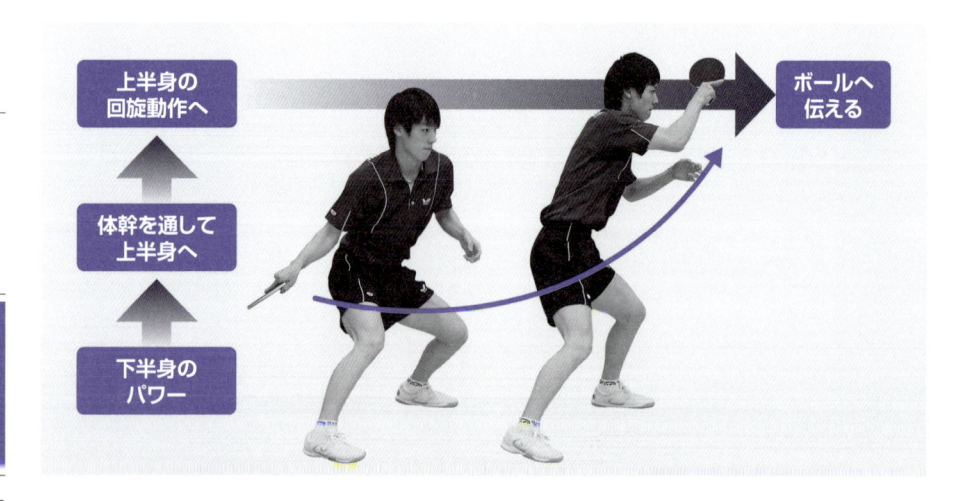

下半身のパワー → 体幹を通して上半身へ → 上半身の回旋動作へ → ボールへ伝える

ウォーミングアップとクールダウン

基本概念 / 体作り

▶▶▶ ウォーミングアップ

　運動前に行うウォーミングアップには、5つの目的があります。それは①体を温める、②体の動く範囲を広げる、③動きをスムーズにする、④ケガの予防、⑤心の準備です。選手たちは、すぐに動き出したい気持ちが強いものです。ですが十分なウォーミングアップをしておかないと、ケガにつながります。下の図にもありますが、ケガの原因で多いのがウォーミングアップの不足です。一度ケガをすると、長期間練習ができなくなってしまいます。選手たちも頭ではわかっていますが、はじめはなかなか実行できません。そのため、選手たちが習慣化するまでは、指導者が何度も言い続けることが大切です。

ウォーミングアップのポイント
1. 正しい姿勢で行う
2. 使っている部位(筋肉)を意識する
3. 遅い動きから速い動きへ移す
4. 脈拍を上げる(結果、汗をかく)
5. 常に練習や試合をイメージして行う

ケガの原因
1. ウォーミングアップの不足 — アップの習慣化で改善
2. 体が硬い — トレーニングで改善
3. 左右のバランスが悪い
4. 使いすぎ — 練習の量、強度、種類に強弱をつけることで改善

▶▶▶ クールダウン

　クールダウンには、①体を運動前の状態に戻す ②疲労から回復させる ③次の練習や試合に向けた準備という3つの目的があります。
　なかでも①と②が重要です。①の運動前の状態に戻すのは、主に筋や神経、呼吸器です。特に運動後の神経は、興奮した状態にあります。これを上手に運動前の落ち着いた状態に戻さないと、寝つけなかったり、食欲がわかなかったりもします。同様に重要な②の疲労からの回復ですが、クールダウンによって疲労物質の除去を促進できます。その結果、翌日に疲労が残りにくくなります。
　クールダウンの種目としては、①静的ストレッチ ②ジョギング ③アイシングやエクササイズがあります。これらをセットにして習慣化すると、慢性的な疲労を防げます。

卓球に多いケガ
1位 腰
2位 肩
3位 手首
4位 ヒジ

そのうち
急性的な外傷　約30%
慢性的な外傷　約70%
アップやダウンによる予防が必要な要素

クールダウンのポイント
1. ジョギングや体操を入れて、徐々に心拍数を下げる
2. 全身のストレッチング
3. アイシングを行えない環境や寒冷アレルギーを持つ選手は、エクササイズ(※)を中心に、短時間で行う

※肩、体幹、脚部を中心としたストレッチ

体作り

メニュー 178 ウォーミングアップ①

レベル ★
時間 全体で10分
回数 各種目5〜10回

ねらい 体を動かしながら行うストレッチで、練習にのぞむ準備をします。関節の可動域を広げ、体の動きをコントロールする準備にもなります。

トゥーウォーク ── 体幹と肩周り、体前面の動きを高める
❶ 両腕を回しながらつま先で前に進む
❷ 進行方向が左右にぶれないように注意

ヒールウォーク ── 体幹と肩周り、体背面の動きを高める
❶ 両腕を回しながらカカトで後ろに進む
❷ 進行方向が左右にぶれないように注意

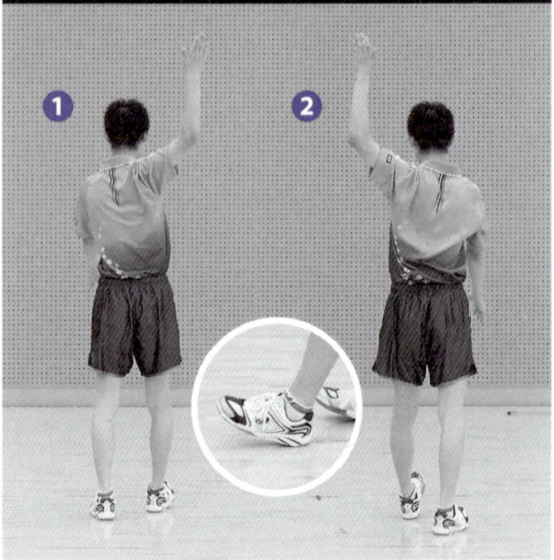

ワームウォーク ── 全身の動きを高める
❶ 両脚の前、できるだけ体の近くに両手を置く
❷ うでの位置を徐々に前に動かす
❸ 体を床と水平にして3秒静止。①に戻り動きを繰り返す

ヒールtoヒップ ── 股関節とヒザ周りの動きを高める
❶ 1歩前に脚を踏み出す
❷ 後ろ脚のヒザを、曲げる
❸ 両手でつま先を持って3秒静止。①に戻り反対も行う

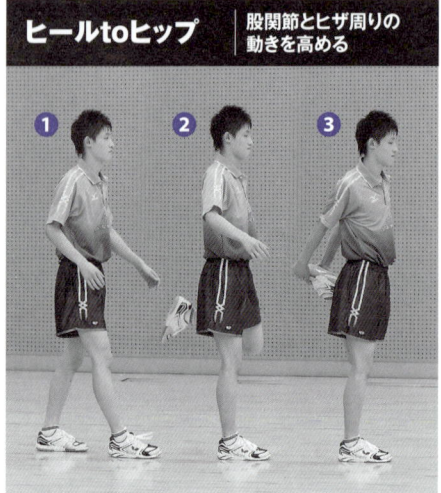

メニュー 179 ウォーミングアップ②

体作り

レベル ★
時間 全体で10分
回数 各種目5〜10回

ねらい 体を動かしながら行うストレッチの続きです。
ここに挙げた7種目を練習前に実施します。

ニーtoチェスト
股関節周りの動きを高める

❶ 1歩前に脚を踏み出す
❷ もう一方の脚を胸に近づける
❸ 両手でヒザを抱えて3秒静止。①に戻り反対も行う

オーバーハードル（前）
体幹と股関節周りの動きを高める

❶ 両手を広げ、前に1歩踏み出す
❷ もう一方の脚を体の横に上げ、回しながら前に持ってくる
❸ 脚を下ろし、反対側の脚も行う

オーバーハードル（後）
体幹と股関節周りの動きを高める

❶ 両手を広げ、脚を上げる
❷ 上げた脚を体の横に回しながら後ろに持ってくる
❸ 脚を後ろ側へ伸ばしながら、上半身を前に倒していく
❹ 体と床を平行にして3秒静止。体を起こし①の動きに戻る

体作り

メニュー180 肩周りのストレッチ

レベル ★
時間 全体で2分
回数 各種目5〜10回

ねらい 卓球では特に肩周りと上半身、背中周りを酷使します。その部位を温め、可動域広げるストレッチです。故障の予防にもつながります。

スキャプラローテーション

腰幅程度に脚を開いて立つ。
両方の手を肩につける

指先が肩から離れないようにしながら、
両ヒジで円を描く

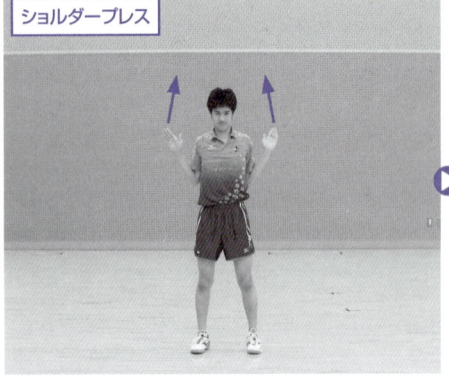

ショルダープレス

腰幅程度に脚を開き、手の平を開く。
中指の先を天井へ向ける

肩を中心に動かし、両ヒジを伸ばしきる。
伸ばしきったら静止してから戻る

手順

【スキャプラローテーション】
①両方の手を、それぞれ肩につける
②両ヒジを動かして大きな円を描く
③これを5〜10回行う

【ショルダープレス】
①両ヒジを体の横につけ、手の平を広げる
②重いものを持つつもりで、両ヒジを伸ばしきる
③これを5〜10回行う

指導者MEMO 全身のストレッチはほとんどのチームが行っています。その一方で肩周りのストレッチをおろそかにしているチームも時々見かけます。肩周りは卓球で酷使する部位ですので、しっかりほぐしてから練習に臨みましょう。

体作り

メニュー 181

アジリティ①
ミラードリル

レベル ★★

時間 10〜15秒
回数 2〜3セット

ねらい 鏡や前に立った人の動きに合わせて、できるだけ同時に動くトレーニングです。トップ選手も、毎日実施しています。

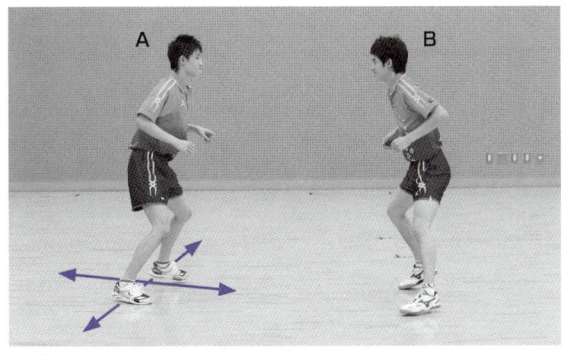

手順

① 相手（A）と向かい合って立つ
② BはAの動きに合わせて素早く動く。例えば、Aは下の＜動き方の例＞のように動く。
③ 10〜15秒で終え、AとBの役割を交代
④ これを2〜3セット繰り返す

＜動き方の例＞
① 左右に動く
② 左右＋前後に動く
③ 左右＋前後＋斜めに動く
④ 左右＋前後＋斜め＋スイング動作（※）

※ラケットを振る動き（素振り）。実際にラケットを持たなくてもよい

■ 肩幅程度に脚を開き、向かい合って立つ

相手が左右に動いたら自分も合わせて動く!

■ 初めに動く人に合わせて動く

■ 慣れないうちは、動くスピードを落として行う

指導者MEMO
アジリティとは、俊敏性や機敏性、巧緻性（器用さ）など、スピードや瞬発力を鍛えるトレーニングです。このトレーニングでは、相手の動きに合わせて動くという卓球に必要な要素が盛り込まれていますので、全ての選手におすすめです。

体作り

メニュー 182 アジリティ② フロント&バック

レベル ★★
時間 10～15秒
回数 2～3セット

ねらい 前後への素早い動きを鍛えるトレーニングです。俊敏性が養え、体全体を活性化できます。

手順
① 目印を決める
② 合図で前後に素早く動く
③ 1セット（10～15秒）後に休けいを入れ、2～3セット繰り返す
※腰の位置を前後させない

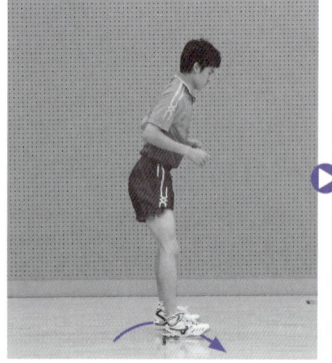

目の前に目印を置く。
合図で棒の前後に跳ぶ

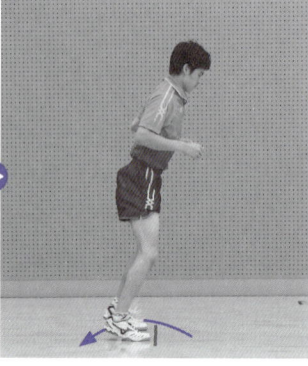

1秒で2往復のリズム。
頭の位置を極端に変えない

指導者MEMO 止まった状態からの動作や、動く状態からの静止など、動きの変化に対する速さが身につきます。上半身が安定することで、視線がぶれずに動けるようになります。

体作り

メニュー 183 アジリティ③ ライト&レフト

レベル ★★
時間 10～15秒
回数 2～3セット

ねらい 左右への素早い動きを鍛えるトレーニングです。俊敏性が養え、体全体を活性化できます。

手順
① 目印を決める
② 合図で左右に素早く動く
③ 1セット（10～15秒）後に休けいを入れ、2～3セット繰り返す

目印の棒をまたいで立つ。
合図で左右にステップする

極端に上に跳ばない。
1秒で1往復程度のリズムで続ける

指導者MEMO アジリティトレーニングには、体を動かす命令系統である神経系を鍛える要素も含まれています。そのため、繰り返し練習することで、考えたことを体に伝える速度が上がっていきます。

メニュー 184 体作り

アジリティ④ 8の字コーン

レベル ★★
時間 ―
回数 2〜3セット

ねらい 前後左右斜めへの俊敏な動きを鍛えるトレーニングです。タイムをはかることで競争したり、自分の成長度合いを実感できます。

手順
① カラーコーンを2つ置く
② 合図でスタートし、8の字に1周する。右回りと左回り1回ずつで1セット
③ 1セット後に休けいを入れ、2〜3セット繰り返す

指導者MEMO 体を横向きや後ろ向きにすることで、別の練習になります。また、リレー形式にしたり、笛の合図で逆回りなど、工夫次第でいろいろなアレンジができます。

▌サイドステップを繰り返して8の字で動く

メニュー 185 体作り

アジリティ⑤ 星形コーン

レベル ★★
時間 ―
回数 2〜3セット

ねらい 複雑に置かれたコーンに対して、前後左右斜めに効率よく体を動かすトレーニングです。体の機敏性と同時に、判断力も鍛えられます。

手順
① カラーコーンを星形に置く
② 合図でスタート。胸の向きは常に正面。写真のようにステップする
③ 1セット後に休けいを入れ、2〜3セット繰り返す

指導者MEMO これも動く方向や体の向きを変えることで、アレンジ練習ができます。また、様々なコーンの置き方をしてみるのもよいでしょう。

▌体の向きは常に正面。前後左右へのステップで星形に動く

体作り

メニュー 186 下肢のトレーニング① スクワット

レベル ★★
時間 10～15回
回数 2～3セット

ねらい 股関節を中心に、下半身の大きな筋肉を鍛えるトレーニングです。

肩幅程度に脚を開き、両腕を前に伸ばす

ヒザがつま先よりも前に出ないようにしてしゃがむ

手順
① 肩幅程度に脚を開いて立つ
② 胸を張って腕を伸ばし、ヒザがつま先よりも前にでないようにしゃがむ。ヒザとつま先は常に同じ向き
③ ゆっくりと元の姿勢に戻る
④ 1セット10～15回を、2～3セット繰り返す

指導者MEMO 下半身の筋肉の質や量は、打球の強さに影響します。定番のトレーニングですが、高い効果が得られます。自分の体重を利用するので、小中学生でもケガの心配なくできるトレーニングです。

メニュー 187 下肢のトレーニング② カーフレイズ

レベル ★★
時間 10～15回
回数 2～3セット

ねらい ふくらはぎの筋肉を鍛えるトレーニングです。専用の器具がない場合には、階段を利用してもよいでしょう。

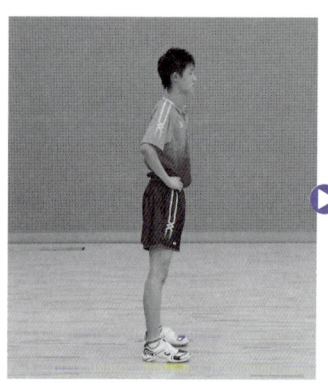

腰幅に立ち、両手を腰に当てる

ヒザを伸ばしたまま、ゆっくりとカカトを上げる

手順
① 腰幅程度で立ち、手を腰に当てる
② ヒザを伸ばしたまま、ゆっくりとカカトを上げる
③ ゆっくりとはじめの姿勢に戻る
④ 1セット10～15回を、2～3セット繰り返す

指導者MEMO ふくらはぎの筋力が弱いと、軽やかなフットワークができません。筋力が足りない子どもがフットワーク練習をする場合は、このトレーニングを取り入れましょう。

メニュー 188 体作り
下肢のトレーニング③ ヒップアブダクション

ねらい お尻の筋肉を、効果的に鍛えるトレーニングです。ステップから止まるときなどに必要な筋肉を鍛えます。

レベル ★★
時間 10～15回
回数 2～3セット

手順
① 横向きになり、下の腕を枕にして寝る
② 反対側の手をおへその前に置き、つま先を伸ばしたまま脚を上げ、元に戻る
③ 左右1セット10～15回を、2～3セット繰り返す

横向きに寝て、上側の足首を90°に固定する

つま先を伸ばしたまま、上側の脚をカカトから上げる

指導者MEMO 選手がトレーニングをするときは、正しい姿勢で行っているかを確認しましょう。間違った姿勢では効果がでないばかりか、ケガにつながることもあります。

メニュー 189 体作り
下肢のトレーニング④ ヒップアダクション

ねらい 太ももの内側の筋肉を、効果的に鍛えるトレーニングです。脚の筋力を上半身に伝えたり、ステップを踏みだすときに必要になります。

レベル ★★
時間 10回程度
回数 2～3セット

手順
① 横向きになる。ヒザの下から上側の腕を通して足首を持つ
② 下側の脚をゆっくりと上げ、ゆっくりと戻す
③ 10回繰り返し、向きを変えて逆の脚を上げる
④ これを2～3セット繰り返す

上側の手は、ヒザの下を通して足首を持つ。体をまっすぐに保つ

体をまっすぐに保ったまま、下側の脚を上げる

指導者MEMO 体側が曲がっていると効果が得られません。体側がまっすぐになっていることを確認してください。難しければ腕を曲げ、ヒジで体を支えましょう。

体作り

メニュー 190 体幹のトレーニング① クランチ

レベル ★★★
時間 10回程度
回数 2〜3セット

ねらい 下半身の力を、ロスなく上半身に伝えるために必要な、体幹を鍛える代表的なトレーニングです。

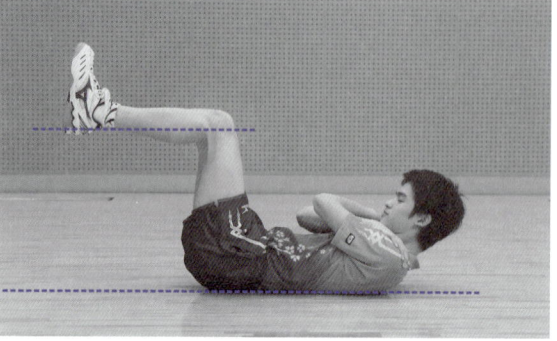

手順

① 仰向けに寝て、両腕を胸の前で交差させる
② 両ヒザを持ち上げて、足首とヒザ、股関節を90°にする
③ この状態からゆっくりと上半身を起こす
④ ゆっくりとはじめの姿勢に戻る
⑤ これを1セット10回、2〜3セット繰り返す

■ 両腕を胸の前で交差して脚を持ち上げ、ヒザから下を床と水平にする

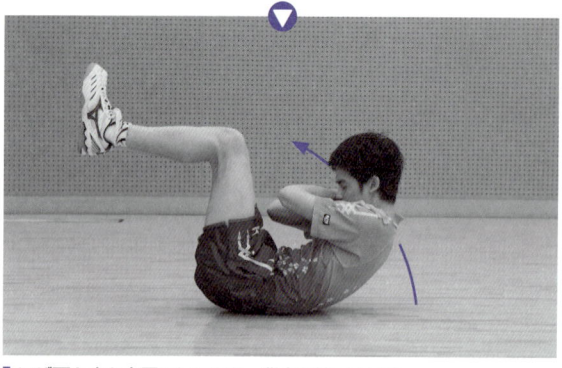

■ ヒザ下を床と水平にしたまま、背中を持ち上げる

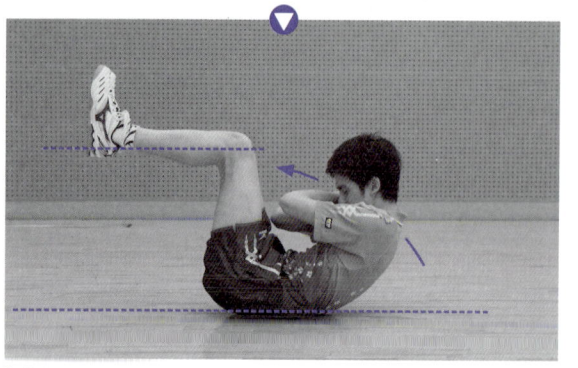

■ 背中を持ち上げた状態で1〜2秒静止し、元の姿勢に戻る

指導者MEMO 小中高生にとっては、見た目以上にきついトレーニングです。はじめのうちは、背中が軽く浮く程度から始めましょう。上半身を起こしているときは、呼吸を止めないことも大切です。

メニュー 191 体幹のトレーニング② フロントブリッジ

体作り

レベル ★★★

時間 10回程度
回数 2〜3セット

ねらい 体幹を鍛えるトレーニングです。体幹が鍛えられるとバランスが安定し、正しい姿勢を保てるようになります。

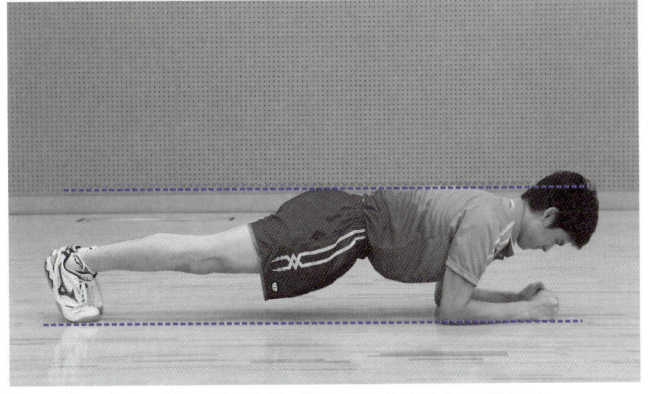

手順
1. ヒジとつま先で体を支え、背中から脚にかけてを一直線にする
2. この状態から、ゆっくりとおへそを床に近づける
3. ゆっくりとはじめの姿勢に戻る
4. 1セット10回とし、繰り返す

指導者MEMO 腰を丸めたり、反らしたりしないようにします。特にきつくなると、お腹が下がり、腰が反りやすくなります。このような場合は、回数を減らしてもよいでしょう。

両ヒジから先とつま先で体を支え、背中のラインを床と水平にする

メニュー 192 体幹のトレーニング③ サイドブリッジ

体作り

レベル ★★★

時間 30〜60秒
回数 2〜3セット

ねらい 3つ目の体幹トレーニングです。体幹に刺激を入れて、体の正しい軸を作ることが目的です。

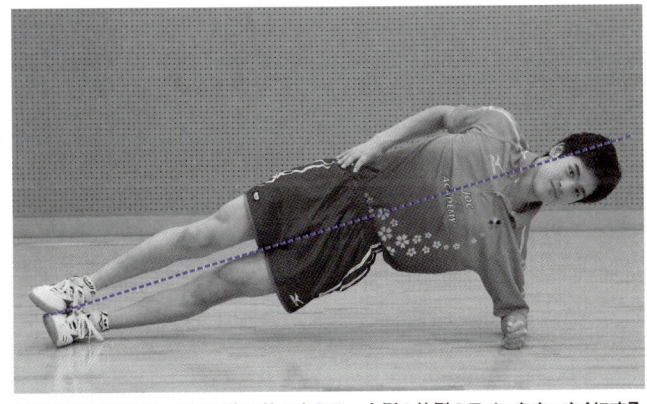

手順
1. 横向きになり、ヒジと片足の外側を床につける
2. 体を一直線にしたまま、30秒〜60秒キープする
3. ゆっくりと楽な姿勢に戻る
4. これを2〜3セット繰り返す

指導者MEMO このように姿勢をキープするトレーニングでは、呼吸を続けることが大切です。呼吸を止めてしまうと無理な力が入り、正しい姿勢が崩れてしまいます。

下側の足の外側とヒジから先で体を支える。上側の体側のラインをまっすぐにする

メニュー 193 — 上肢のトレーニング① プッシュアップ

体作り

レベル ★★
時間 10〜15回
回数 2〜3セット

ねらい
上半身の前面、胸周りを鍛えるトレーニングです（うで立て伏せ）。勢いで行うのではなく、正しい姿勢で行ってください。

手順
① ヒジを外側に向けて伸ばし、体をまっすぐにする
② 体を一直線に保ったまま、ヒジを曲げていく
③ ゆっくりとはじめの姿勢に戻る
④ これを1セット10〜15回、2〜3セット繰り返す

- 背中のラインをまっすぐにし、両手と両つま先で体を支える
- 両ヒジを曲げて体の重さを支える。体は床と水平、軽くワキをしめる

指導者MEMO
勢いや反動をつけると、効果がないだけでなく、腰を痛めることもあります。1回1回をゆっくりと行ってください。

メニュー 194 — 上肢のトレーニング② MRベントオーバーロウ

体作り

レベル ★★★
時間 10〜15回
回数 2〜3セット

ねらい
2人ペアになり、ペアの体重を利用する上半身のトレーニングです。下にマットを敷くなど、安全に気をつけて行ってください。背部の筋肉を鍛えられます。

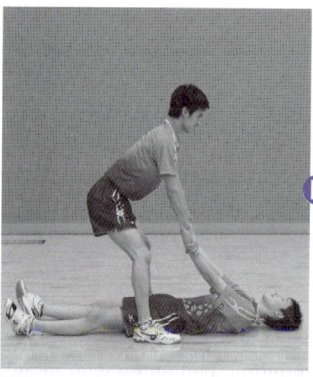

手順
① 一人は仰向けに寝る。その人をまたぎ、両手を握る
② 肩甲骨を引き寄せるようにして、ゆっくりと相手の手を引っぱって起こす
③ ゆっくりと元の姿勢に戻る
④ これを1セット10〜15回、2〜3セット繰り返す

- 寝ている人をまたいで立つ。お互いの手首をしっかりと握る
- 背中から引き上げるようにして相手を持ち上げる。上半身が反らないよう注意

指導者MEMO
相手の体重がおもりになるため、誰とペアにするかに注意が必要です。また、ふざけたり、途中で手を放すとケガをする危険があるため、事前に注意してください。

体作り

メニュー 195 肩甲帯のトレーニング① WTYA

レベル ★★
時間 3〜5秒を3〜5回
回数 2〜3セット

ねらい 肩周りの筋力トレーニングです。肩周りの筋力は、障害予防に直結します。また打球は上半身を回旋させて打つため、柔軟性も重要になります。

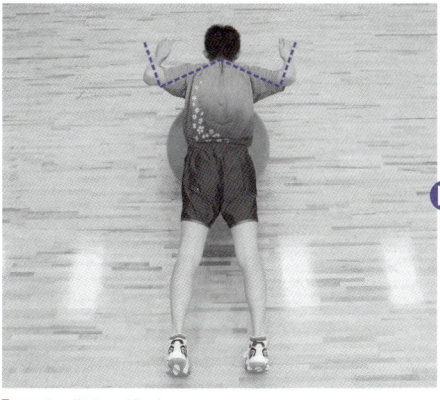

両手の指先を伸ばしたまま
Wを作る

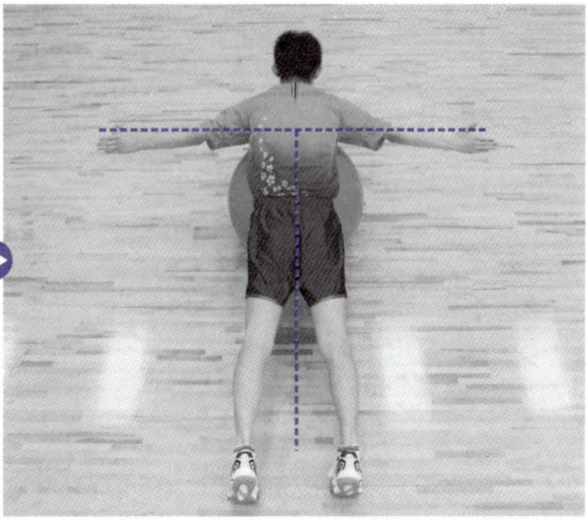

両手を横に広げて
Tを作る

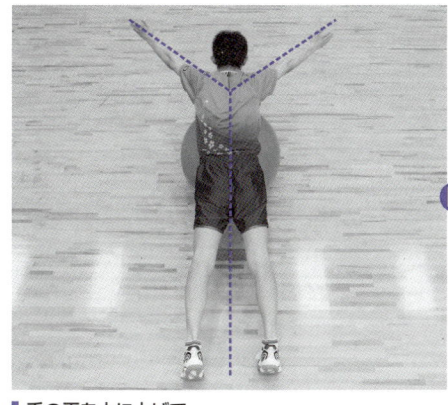

手の平を上に上げて
Yを作る

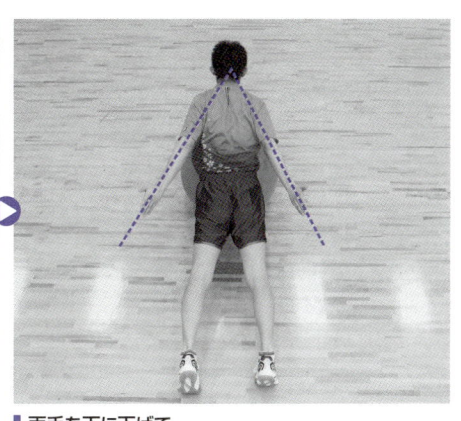

両手を下に下げて
Aを作る

手順

①バランスボールにお腹を乗せて寝る。ない場合は床でもよい

②両手で順に、アルファベットのW、T、Y、Aを作る

③1つの文字ごとに3〜5秒キープする

④これを1セット3〜5回、2〜3セット繰り返す

指導者MEMO このトレーニングのバリエーションとして、YTAやYWTAYがあります。またペットボトルに少量の水を入れて持たせるなど、負荷も調節できます。これらも取り入れてみてください。

体作り

メニュー 196　肩甲帯のトレーニング② エクスターナルローテーション

レベル ★★
時間 10〜15回
回数 2〜3セット

ねらい　肩の内側にある筋肉を鍛えるトレーニングです。それほど大きな筋肉ではないため、慣れないうちは、大きな負荷をかけないように注意してください（500gから2kg）。

手順
①横向きに寝て、上側のワキにタオルをはさむ
②おもりを持ち、ヒジを90°に曲げる
③ヒジとタオルが離れないように注意し、腕をゆっくり上下させる
④左右を入れ替え1セット10〜15回、2〜3セット繰り返す

おもりを持ってタオルをワキにはさみ、ヒジを90°に曲げる

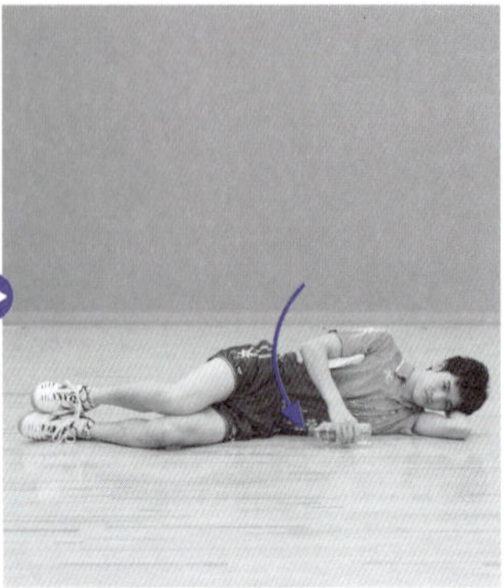

ゆっくりとヒジから先を下に下ろす

指導者MEMO　おもりのダンベルがなければ、ペットボトルに水を入れて代用できます。はじめのうちは持ちやすい500mlがよいでしょう。

メニュー 197　肩甲帯のトレーニング③ エレベーション

レベル ★★
時間 15〜20回
回数 2〜3セット

ねらい　肩周りと肩甲骨の内側の筋肉を鍛えられます。肩の関節を安定させたり、ケガの予防などに効果を発揮します。

手順
①横向きに寝て、腕を伸ばしておもりを持つ
②腕を伸ばしたまま、腕を上げる。おろすときはゆっくりと
③左右を入れ替えて1セット15〜20回、2〜3セット繰り返す

おもりを持ち、肩幅程度に脚を開く。反対側の手を肩に当てる

ヒジを伸ばしたまま、腕を上に上げる

指導者MEMO　トレーニングの目的には、パフォーマンスを上げることだけでなく、ケガの予防もあります。このトレーニングは、肩周りの故障の予防におすすめのトレーニングです。

体作り

メニュー 198 クールダウン①

レベル ★
時間 全体で15～30分
回数 20～30秒

ねらい 体を運動前の安定した状態に戻すことが、ストレッチの大きな目的の1つです。反動をつけずに、ゆっくりと筋肉を伸ばしていきます。

❶ モモの裏
つま先を持って脚を伸ばす

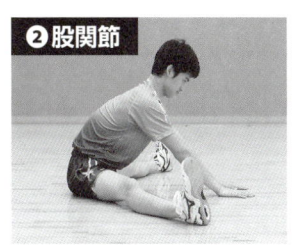

❷ 股関節
両脚を開いて両手を前につく

❸ 股関節
脚の裏をつけ、両手を足首に置いて前傾する

❹ お尻
あぐらを組んだ姿勢から片脚を立て、ヒザを胸に押しつける

❺ 背中～首
仰向けに寝た状態から両脚を上げ、頭の上にもってくる

❻ 腰
大の字に寝た状態から、片脚を真横に倒して太モモに手を置く

❼ モモの前
横向きに寝る。上側の脚のヒザを曲げ、つま先を体側に引き寄せる

❽ 肩
横向きに寝る。下になった肩に頭を乗せ、上側の手で下側の手首を引き上げる

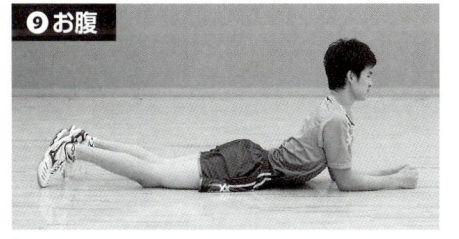

❾ お腹
うつ伏せに寝た状態から上半身を起こし、両手のヒジから先で体を支える

❿ 前腕（手の平）
四つんばいになる。両手の指先を体側へ向け、手の平全体を床につける

体作り

メニュー 199 クールダウン②

レベル ★

時間 全体で15～30分
回数 20～30秒

ねらい ストレッチの2つ目の大きな目的は、疲労物質の除去を促進させ、疲労回復を早めることです。おろそかにしないようにしましょう。

❶ アキレス腱
正座から片脚を前に立てる。立てた脚にヒジを当てて下方向に押しつける

❷ 腸腰筋
片脚を前、片脚を後ろに広げる。両手を組んで大きく上に伸ばす

❸ ふくらはぎ
脚を1歩前に出し、背中から後ろ脚までを一直線にする。モモに両手を置く

❹ 胸
両手を後ろで組み、肩甲骨の間をせばめるようにして胸を広げる

❺ 背中
体の前で腕を組み、背中を丸め、おへそをのぞきこむ

❻ 体側
背筋を伸ばし、上半身を横に傾ける。上側の手首を持ち、斜め上に引っぱる

❼ 腕の裏
頭の後ろで腕を組み、片方のヒジに手を置き、ヒジを下方向へ押す

❽ 首
両手を体の前で組み、親指を立てる。親指をアゴに当てて上に持ち上げる

❾ 首の前
頭の後ろで両手を組み、前に押しつける

❿ 首の横
背筋を伸ばし、頭の横に手を当てて引き寄せる

メニュー 200 体作り
アクティブレストとアイシング

レベル ★
時間 20〜30分
回数 —

ねらい アクティブレストは、休養する体を作るための軽い運動(ランニング、プールなど)です。また、酷使して熱を持った部位は、アイシングで炎症を抑えることが大切です。

アクティブレスト
- グループになり、ゆったりとしたペースで走る
- 会話ができる程度のペースが理想

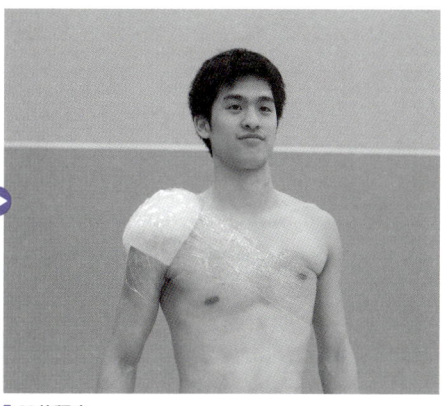

アイシング
- 氷のうがなければ、袋に氷を入れ、ラップで巻くことで代用できる
- 20分程度冷やした状態にしておく

手順

【アクティブレスト】
①ゆっくりしたペースで、ランニング、水泳などを行う
②20〜30分続ける

【アイシング】
①熱を持った部位に氷の入った袋を当てる
②15〜30分冷やし続ける

指導者MEMO やみくもに練習をすれば上手くなるものではありません。適度な休養を与えないと、体が壊れてしまいます。アクティブレストは、休前日の練習に取り入れると理想的です。

おわりに

　私は2001年の10月1日に、ナショナルチーム男子監督へ就任しました。就任以来11年間、世界の卓球の動きを目で見て、そして肌で感じながらナショナルチームの指導にあたってきました。

　世界の卓球は年々進化し、卓球スタイルだけでなく戦術までもが、昔とは相当違うものになりました。その世界の流れに遅れないように、我々も、ナショナルチームの選手たちも新しい技術を習得し、自分の卓球スタイルを変化させながら日々成長しています。

　そして、私は2012年の9月末で、全日本男子監督という役目を倉嶋洋介新監督に引き継ぎ、JOCエリートアカデミーの総監督に就任しました。今後は、次の世代の代表選手を育てる役目を果たしたいと決意しています。

　今回は、日本のトップの指導者として11年間、世界と戦う中で勉強してきたことを、少しでも日本の卓球ファンに伝えたいという思いで本書を監修しました。

　この本をいかに活用するかは皆さん次第です。

　私の11年間の経験の「伝承者」になる意気ごみで、この本をご活用いただければ幸いです。

JOCエリートアカデミー総監督
元日本代表男子監督　　**宮﨑 義仁**

監修者 宮﨑 義仁（みやざき よしひと）

1959年生まれ。長崎県出身。鎮西学院高等学校から近畿大学に入学、トップ選手として活躍し、ソウル五輪にも出場。その後指導者となる。2008年の世界選手権では男子ナショナルチームを率い、8年ぶりのメダル獲得（銅）に導いた。2008年北京オリンピック、2012年ロンドンオリンピックでは、男子日本代表監督を務める。2012年11月にJOCエリートアカデミーの総監督に就任。次世代選手育成の最先端に立っている。主な著書に『勝つための卓球 ラリー＆多球練習法』（毎日コミュニケーションズ）、主な監修書に『DVD付き 絶対うまくなる！卓球』（主婦の友社）、『もっとうまくなる！「勝てる卓球」のコツ50』（メイツ出版）などがある。

監修協力 田中 礼人（たなか あやと）

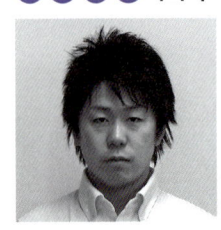

日本卓球協会トレーナー。第8章を担当。仙台大学体育学部体育学科卒業。平成22年4月より、公益財団法人日本卓球協会の専任スタッフとなり、男子ナショナルチームをはじめ、U-18やU12、エリートアカデミー練習生への指導を行っている。

モデル

岸川 聖也（きしかわ せいや）
日本代表。北京オリンピック、ロンドンオリンピックに出場。2009年世界卓球選手権では、水谷隼とのダブルスで銅メダルを獲得。同年10月のイングランドオープンでは、ベスト4入りを果たす。2012年のロンドンオリンピックでは、シングルス5位入賞を果たす。

松平 健太（まつだいら けんた）
日本代表。2006年世界ジュニア選手権男子シングルスで優勝を果たす。日本人選手としては、実に27年ぶりの快挙であった。2010年の世界選手権モスクワ大会では銅メダルを獲得。荻村杯国際卓球選手権大会では丹羽孝希とペアを組み、ダブルスで優勝を飾る。

JOCエリートアカデミー所属選手（写真左から）
松村 雄斗
酒井 明日翔
松田 尚樹
大塚 大寛
東 勇渡

STAFF

編集・制作
佐藤 紀隆（Ski-est）

デザイン
Design Office TERRA

イラスト
内山 弘隆

DTP
オノ・エーワン

撮影
真嶋 和隆

撮影協力
株式会社タマス（Butterfly）

卓球 練習メニュー200
打ち方と戦術の基本

監修者　宮﨑 義仁
発行者　池田 士文
印刷所　株式会社光邦
製本所　株式会社光邦
発行所　株式会社池田書店

〒162-0851 東京都新宿区弁天町43番地
電話03-3267-6821（代）／振替00120-9-60072
落丁・乱丁はおとりかえいたします。

©K.K.Ikeda Shoten 2013, Printed in Japan
ISBN978-4-262-16370-6

本書のコピー、スキャン、デジタル化等の無断複製は著作権法上での例外を除き禁じられています。
本書を代行業者等の第三者に依頼してスキャンやデジタル化することは、たとえ個人や家庭内での利用でも著作権法違反です。

24015701